ものが語る歴史 5
黒潮の考古学

橋口尚武

同成社

目次

第Ⅰ章　列島の古代文化と伊豆諸島
　　　　──先史・古代史への島の役割── ················· 3

　　第1節　古代の伊豆諸島　　3
　　第2節　古代文化形成への伊豆諸島の役割　　9
　　第3節　東国経営による海路の確保と祭祀遺跡　　22
　　第4節　伊豆諸島の亀ト　　41

第Ⅱ章　黒潮沿岸の交流文化──縄文時代の交流・交易── ············ 51

　　第1節　海に進出した縄文人　　51
　　第2節　黒曜石の交易　　68
　　第3節　土器からみた縄文時代後期・晩期の交流　　77

第Ⅲ章　弥生時代の伊豆諸島──西からの文化伝播── ················ 93

　　第1節　弥生時代前期の伊豆諸島　　93
　　第2節　弥生時代中期の伊豆諸島　　106
　　第3節　弥生時代中期末から後期の伊豆諸島　　128
　　第4節　弥生時代から古墳時代へ　　134
　　第5節　弥生時代以降の島の生活　　136

第Ⅳ章　渡海の考古学──東日本の丸木舟・準構造船── ················ 151

　　第1節　黒潮本流を越えた人びとと貝の道　　151

第2節　丸木舟と準構造船の問題　　157

第Ⅴ章　律令体制の地域的展開
　　　──伊豆諸島の堅魚節生産と平城京── …………… 173

　第1節　鍋形土器をめぐる若干の研究史　　173
　第2節　鍋形土器の編年と分布　　175
　第3節　税制からみた伊豆国　　181
　第4節　堅魚の漁期と税の運脚　　185
　第5節　鰹節製造の民俗例と鍋形土器　　188
　第6節　堅魚の木簡　　190
　第7節　税の運脚と海上交通　　192
　第8節　若干のまとめと問題点　　195

第Ⅵ章　江戸湾への道──中世の伊豆の海と伊勢商人── …………… 199

　第1節　伊豆東海岸の中世の遺跡と遺物　　199
　第2節　伊豆諸島の中世の遺跡と遺物　　209
　第3節　中世の船名と海難　　235
　第4節　中世の海運　　237
　第5節　中世の津・湊　　241
　第6節　中世の船　　249
　第7節　まとめ　　254

参考文献　　267
あとがき　　277

カバー写真：伊豆諸島南端の鳥島（東京都八丈支庁提供）

第Ⅰ章　列島の古代文化と伊豆諸島
―― 先史・古代史への島の役割 ――

第1節　古代の伊豆諸島

(1)　伊豆諸島研究の先駆け

　わが国の考古学研究に科学的手法が導入されたのは、1877年（明治10）、エドワード・モース（1838～1925）によって大森貝塚が発掘調査されたことにはじまる。伊豆諸島の考古学的研究はそれより遅れること24年、1901年（明治34）に坪井正五郎（1863～1913）によって、大島のタツノクチ（龍の口）遺跡が紹介されたことで開始され（坪井　1901）、その翌年までに8編の論文や踏査報告が発表された。
　このタツノクチ遺跡で特徴的なことは、溶岩流の上層と下層の両方から土器、石器などが発見され、さらに、下層から人骨が検出されて注目を集めたことであり、火砕流や溶岩が襲うなかで人びとがどう生き、あるいはどのような災害に遭遇したのかが、論議の中心となった。
　一方、火山活動に遭遇した人びとがどのような人種であったのか、日本人の人種論とも結びついて活発に議論されることになった。なかでも鳥居龍藏（1870～1953）は、溶岩流の上層と下層からの遺物の出土状況をつぶさに観察し、「恰も上古の年表をみるようなもの」と考えながら、この出土土器の違いを人種論に結びつけた。溶岩流の上層出土のものを日本人の遺跡とし、下層出土のものを先住民、言外にコロボックル人（アイヌ説話に登場する小人）のものとして位置づけ（鳥居　1901）てしまったのである。
　研究のすすんだ今日からみれば、前者が古墳時代のもの、後者が縄文時代中

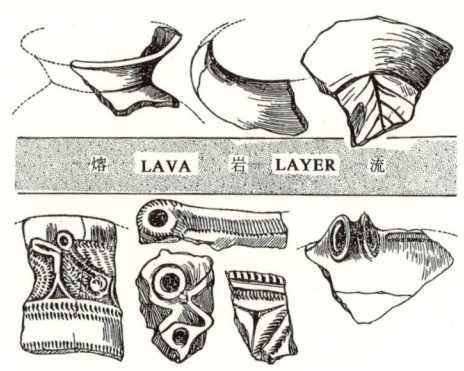

図1　タツノクチ遺跡出土土器

期の勝坂式土器（神奈川県相模原市勝坂遺跡出土の土器を標式とする）や加曽利E式土器（千葉市加曽利貝塚出土土器を標式とする）だったのである（図1）。このタツノクチ遺跡の発見が、伊豆諸島の考古学研究の先駆けになったのである。

第二次世界大戦後、科学的な歴史研究が進められるなかで、昭和20年代は、日本人のルーツをめぐる研究、いいかえれば、縄文時代の開始がどこまでさかのぼれるかが研究の主題となった。すでに1939年（昭和14）に発見されていた縄文時代はじめの撚糸文土器の分布状況やその古さの追及が、南関東地方を中心に展開されていたのである。

この撚糸文土器は、今では関東地方に分布の中心をもつ縄文時代早期の土器であることが判明しているが、その一連の研究の推移のなかで、撚糸文土器が南方系の土器ではないかとする風潮となり、伊豆諸島があらためてローズアップされてきた。

昭和20年代後半にはいよいよその機運が熟し、東京都教育委員会による伊豆諸島の総合調査となっていく。実施されたのは1956年（昭和31）から1958年にかけてで、調査団には在京6社の新聞記者、放送関係者が同行し、渡島に際しては、海上保安庁の協力まであった。

ちなみに当時の新聞をひもといてみると、「学術調査団・三宅島の前半を終わる。"南方説"に裏づけ―調査団御蔵島に向う―（『朝日新聞』1956年7月21日付）となっており、今でも各島に当時の写真などが残されている。

もちろん、調査の結果、南方説は打ち消され、八丈島や八丈小島、青ヶ島には、考古学の対象となるような遺跡は一カ所も発見されなかったが、御蔵島までが完全に本州島（以下、本土という）の文化圏に入ることが確認され、伊豆

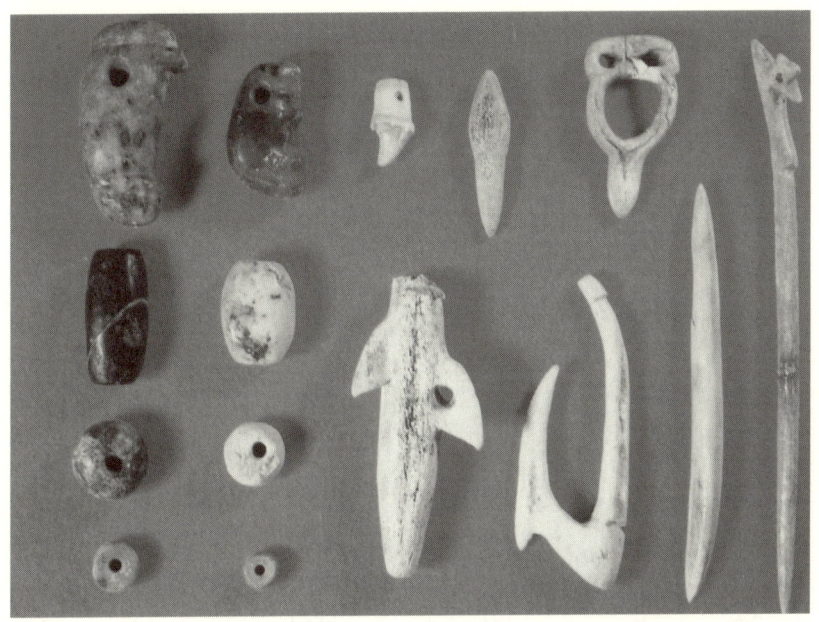

図2 渡浮根遺跡出土の遺物（右の鹿角製髪飾りの長さ：13.2cm）

諸島の考古学研究が発展していく土台を築いたのである。

その後、八丈島では、厚手の無文土器を出土する湯浜遺跡、縄文時代前期後半から中期前半の倉輪遺跡、弥生時代後期・古墳時代中期から律令時代の八重根遺跡などが発掘調査され、これらも含めて伊豆諸島全体の考古学的研究は飛躍的な進歩をとげて、伊豆諸島の考古学を概観できる出版物（橋口　1988）に恵まれるようになった。

図3 渡浮根遺跡出土の氷Ⅰ式土器

以上のような研究略史を振り返ってみると、それまでの研究はまさに遺物と遺跡の発見の時代とよぶにふさわしい状況で、このことは島の人びとが自らの祖先を追及する要求とマッチするものであった。発掘調査を実施するたびに島の歴史を明らかにしてくれる調査団に対して、島の人びとの期待は多きかった

のである。

　もともと伊豆諸島の研究は、島の人びとの遺跡への関心に端を発している。すなわち、明治34年の大島タツノクチ遺跡の発見は、島の人から東京帝国大学への一通の手紙が端緒となっている。また、三宅島ココマノコシ遺跡（弥生時代中期後半、人の歯が出土）、大島・大久保遺跡（古墳時代の住居址）、御蔵島・ゾウ遺跡（縄文時代早期末、前期の住居址）などをはじめとして、新島・田原遺跡（縄文時代中期から弥生時代）・渡浮根遺跡（縄文時代後期・晩期・弥生時代前期）などの情報も、すべて島の人びとから寄せられたものであった。

　なかでも渡浮根遺跡（川崎　1984）については、未報告の部分が多く、鹿角製の完全な髪飾りや弥生史時代前期に相当する氷Ⅰ式土器（長野県氷遺跡出土を標式とする）・その他の骨角製品・玉類など（図2・3）は、眠ったままの考古学資料であった。

　これまでの研究過程のある時期、とくに1975年（昭和50）以降しばらくの間、島の遺跡はそのときどきの一時的なキャンプ地にすぎないという研究者もいたが、今では発掘されるほとんどの遺跡で人びとが定住していたことが確認され、発掘調査によって遺跡の全容が明確になればなるほど、定住に対して異論をはさむ研究者がいなくなっている。

　今後は、遺跡が偶然にそこに残されたのではなく、人びとが意識的に渡島し、そこで生活を営んだからこそ遺跡が残されるのであり、その人びとは、わが国の先史・古代史が形成される上で、かなり重要な役割を果たしたことを見出していこうとする立場が、要求されると思っている。言葉をかえれば、伊豆諸島に遺跡を残した人びとが、わが国の先史・古代史の形成にどう寄与してきたかを考えて行こうというのである。これからの伊豆諸島の考古学研究にはこの立場が要求されるであろう。

(2)　伊豆諸島への渡島

　伊豆諸島に人びとが渡島したのは、2万年以上も前の後期旧石器時代のこととされ、当時はヴェルム氷河期の真っ直中にあたり、今よりも海面が100m以

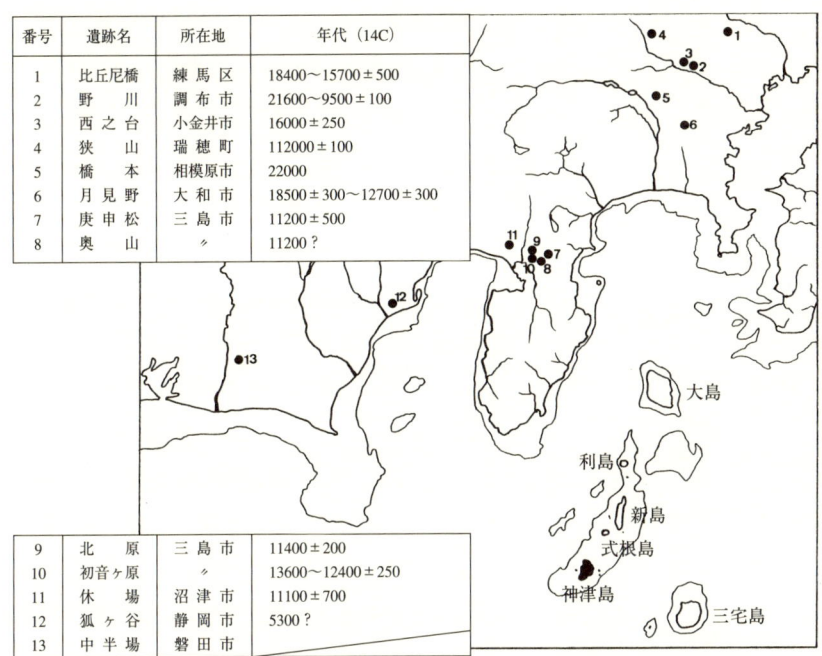

図4 旧石器時代の地形(細線)と同時代の神津産黒曜石分布

上も低くなっていた。伊豆諸島と伊豆半島との間は、約30kmの海峡となり、利根川、荒川、多摩川などは東京湾で合流し、古東京川となって太平洋に注いでいた。まだ、現在の利島、新島、式根島、神津島や神津島の南西にある恩馳島は陸続きで、大きな古伊豆島となっていた。この古伊豆島に渡った人びとが、現在の砂糠埼（神津島）や恩馳島の黒曜石を採取し、その黒曜石は石器の材料として本土に運ばれていった。南関東から東海地方東部にかけての旧石器時代の遺跡から、この黒曜石（図4）が発見されている。しかし、残念ながら旧石器時代に黒曜石を採りにきた人びとの遺跡は、伊豆諸島では未発見なのである。海の底に遺跡が残されている可能性すらあるのである。

　伊豆諸島でもっとも古い遺跡が確認されたのは1974年（昭和49）のことで、その年代は縄文時代早期中葉のことである。三宅島の釜の尻遺跡と西原遺跡で山形押型文土器が確認されたからである。このことが分った時には小躍りして

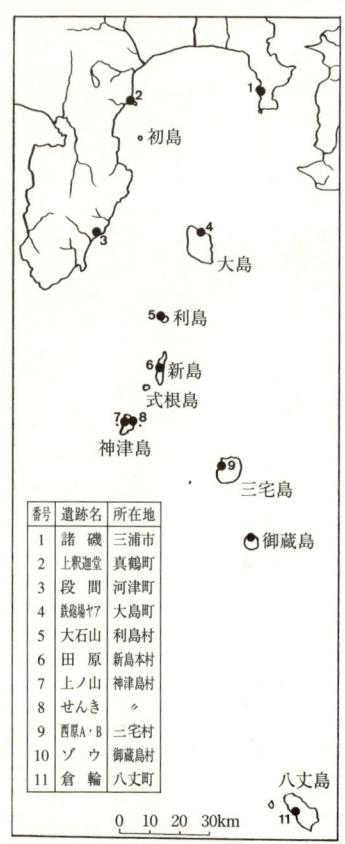

図5　伊豆諸島における縄文前期後半の遺跡

喜んだことを記憶している。その後、大島の下高洞遺跡C地点からも多くの無文土器とともに押型文土器が発見され、神津島のせんき遺跡にもあることが確認されて、この時期に人びとが伊豆諸島に進出し、定住するようになったことがわかってきた（橋口　1985）。

八丈島の湯浜遺跡にも厚手の無文土器をもつ人びとが生活しているのであるが、八丈島に人びとの進出したその時期については不明である。

八丈島において時期の明確なものは、縄文時代前期末、人びとが早潮の黒潮本流を乗り切って渡島し、中期の初めにいたるまでの間、住居をつくり、墓地を残すほどの定住生活が行われていた。倉輪遺跡（永峯　1987）である。

これによって伊豆諸島の主要な島じまに遺跡が残されることになり、いわゆる空白の島はなくなった（図5）。このような人びとの動態を大局的にみれば、縄文時代早期末から前期にかけての縄文社会の発展の状況が、伊豆諸島にも反映したものと解釈することができる。人びとが定住し、各島間はもとより本土とも往来を蜜にするようになってくると、それが目的をもっての行動となり、先述の島の人びとがわが国の先史・古代文化の形成にどのような貢献をしているかと考えたときの、主要な研究題目となっていく。それらを要約すると、次の4点になると思われる。

(1) 旧石器時代以来、弥生時代中期にいたるまで、石器の素材として神津島産黒曜石が本土に運ばれ、人びとの生活に大きく貢献したことである。

同時にそれは縄文人の交流・交易の実態を反映していることにもなる。
(2) 縄文時代早期以来、古墳時代の終末に至るまで、オオツタノハガイ製貝輪に象徴さる貝製品の東日本での普及に、伊豆諸島の存在をあらためて意識しなければならなくなったこと。さらに縄文時代の交流・交易の面からもこのオオツタノハガイの問題は重要な研究課題でもある。
(3) 古墳時代から律令時代にかけて、東国経営にまつわって、伊豆諸島は海路の確保に欠かすことのできない島じまであり、そこに国家的な祭祀が行われた遺跡が分布している。
(4) 律令時代の祭祀集団として亀卜に長じた卜部を対馬、壱岐とともに平城京・平安京（朝廷）の神祇官のもとに派遣した島じまである。

以上を「わが国の先史・古代文化の形成に伊豆諸島が果たした4つの役割」とよぶとともに、遠大な研究課題でもある。これらについては現在の知見で個々に検討を加えることとするが、(1)の黒曜石を巡る諸問題については、島が果たした役割りを考える上でかなりのウェイトを占めるので、第Ⅳ章で詳細に述べることにしたい。

したがってここでは、(2)・(3)・(4)について、できるかぎり詳しく検討することにしたいと思う。なかでも(4)の亀卜は、伊豆諸島では明治時代（1868～1912）の初めに旧習の廃止命令がでるまで継続されていたことをつけ加えておきたい。

第2節　古代文化形成への伊豆諸島の役割

(1)　オオツタノハガイ製貝輪をめぐる諸問題

縄文時代以降の日本人は、折にふれて貝製の装身具類を珍重した歴史をもっている。考古学的にみると、その典型が貝輪（ブレスレッド）と垂飾品（ペンダント）である。東日本の太平洋岸の貝輪の素材は、サルボウガイ・イタボガキ・アカガイ・アカニシ・オオツタノハガイで、垂飾品の素材はおもにタカラ

ガイやイモガイなどである。これに主として西日本で採用された南海産の貝であるゴホウラ・オオツタノハガイ・ダイミョウイモガイ・スイジガイなどを入れると、貝輪の素材は実に多彩であることに気づく。なかでもこれらの素材のうちでもっとも美しいのはゴホウラで、その神秘的な輝きは人びとを魅了し、一時期、もっとも珍重されていた歴史をもっている。

　これらの南海産の貝は、主として弥生時代以降から古墳時代にかけて、九州一円に流布し、さらに西日本一帯に広がりをみせ、その一部は対馬海流にのって北海道南部の噴火湾沿岸に達しているのである。

　北海道伊達市有珠モシリ（有珠10）遺跡からは、縄文時代終末期の女性人骨に、オオツタノハガイ製貝輪が着装された状態で発見され、引きつづいて弥生時代のダイミョウイモガイ製貝輪が検出された（大島　1989）、（大島他　1990）。このうちオオツタノハガイについては、すぐあとに述べるように伊豆諸島から運ばれたと考えるのが、もっとも無理がない解釈であろう。

　これに対して東日本では、縄文時代早期から貝輪が出現するようになり、なかでももっとも注目を集めたのはオオツタノキガイ製貝輪である。東日本におけるオオツタノハガイ製貝輪の西限は、愛知県渥美町の伊川津貝塚（縄文時代後・晩期）で、北限は先述の有珠モシリ遺跡（縄文時代晩期末）である。この間の分布状況を追及してみると、実に53ケ所の遺跡から、オオツタノハガイそのものや貝輪が検出されている。

　オオツタノハガイはかつてツタノハガイの老体といわれる時期があり、久しい間、その凄息地が南西諸島の奄美大島以南と考えられいた。そのため仙台湾沿岸の里浜貝塚（宮城県桃生郡鳴瀬町）出土のオオツタノハガイ製貝輪は南海産のものと解釈され、その伝播の長大さから、ドラマチックな物語が潜んでいるように受け止められていたほどである。

　近年の研究によって、ツタノハガイの老体とされたオオツタノハガイの棲息域があらためて把握され、貝の分類の上で、別種であることが明確（黒住　1994）、（佐々木・草刈他　1995）になりつつある。

(2) 東の貝の道

　縄文時代を通じてもっともダイナミックな交流・交易の事例となるのが、伊豆諸島からの貝の道である。ここでは南島からの貝の道に対して、伊豆諸島からの貝の道を「東の貝の道」と題して言及し、東日本・北日本にまで運ばれた貝の道について追及することで、貝および貝輪の交易の道をも探ろうとするものである。

　伊豆諸島からは縄文時代早期以降、弥生時代から古墳時代にかけて約8,000年、オオツタノハガイ製貝輪を中心にハチジョウタカラガイなどの貝やその他の貝製品が連綿として東日本と北日本に運び出されていた。

　なかでもオオツタノハガイについては、その棲息域の特定にはじまり、採取、東日本への運搬、貝輪の製作遺跡、製品の流通、一時的な貯蔵、貝輪を利用する人びとの身分、貝輪をつける人の性別など、考察すべき多くの問題点を含んでいる。しかし、ここではオオツタノハガイ製貝輪の東日本と北日本における分布を中心に追求し、伊豆諸島からの貝の道を考察してみたい。

　日本の考古学界にオオツタノハガイの出土が報告されたのは、1928年（昭和3）千葉県船橋市古作貝塚（八幡　1928）においてである。古作貝塚からは2つの蓋付き土器に収められた、サルボウガイ製貝輪3点、ベンケイガイ製貝輪21点、オオツタノハガイ製貝輪9点が発見（図6）された。その後もオオツタノハガイ製貝輪は、東日本に相次いで発見されることになった。

　ところが長い間、オオツタノハガイの棲息域がはっきりしない時代がつづき、漠然と鹿児島県奄美大島以南、すなわち南島にその供給源を求める見解が多かった。

　このような見解に一石を投じたのが、1980年（昭和55）に発表された「オオツタノハガイ製貝輪の特殊性について」（今橋　1980）である。この論文で初めて東日本のオオツタノハガイの棲息域が伊豆諸島ではないかと推定されたのである。

　その後、10数年をへた1993年（平成5）、伊豆諸島の最南端、鳥島の汀線に

図6　古作貝塚出土の土器と貝輪(右がオオツタノハガイ)
(東京大学蔵)

へばりついていたオオツタノハガイが東京都の漁業調査船"みやこ"の乗務員によって採取され、伊豆大島の貝の博物館パレ・ラメールの草刈正館長に届けられていた。早速、大島に飛んで草刈館長に面会を求め、貝の身がついたものや貝殻だけのオオツタノハガイ約40個を実見した。わざわざ鳥島で採取した船員をよんでいただき、鳥島の貝の棲息状況をうかがうことができた。その結果、鳥島の全域で棲息しているのではなく、島の小さな岩礁の入り江にのみ棲息し、フジツボとの生存競争をしているとのことであった。

　さっそく日本考古学協会で、「東の貝の道—伊豆諸島から東日本へ—」（橋口1994）を発表することになった。これを機に伊豆諸島の南端の鳥島に原産地があることが考古学界で認知されることになった。これらの成果をもとに新たに加わったオオツタノハガイ製貝輪の出土遺跡（図7）を加えて、考察してみたい。

（3）　オオツタノハガイの原産地を求めて

　縄文時代早期から弥生時代、古墳時代にかけての東日本・北日本におけるオオツタノハガイ製貝輪の出土遺跡は、現時点では53遺跡にのぼっている。このなかには、先述した古作貝塚や茨城県五霞町冬木Ａ貝塚（茨城県教育財団1980）のように、土器のなかに貝輪を貯蔵した例もある。

　ちなみにオオツタノハガイは、南島からは縄文時代後期に南九州にもたらされて貝輪として使用されているが、東日本においてはそれよりも約3,000年も古い縄文時代早期後半からすでに利用されはじめ、弥生時代をへて古墳時代後半まで活用されていた。明らかに九州と東日本とでは、使用時期が異なっていることがわかる。また、東日本におけるオオツタノハガイの利用は、圧倒的に

第 2 節 古代文化形成への伊豆諸島の役割 13

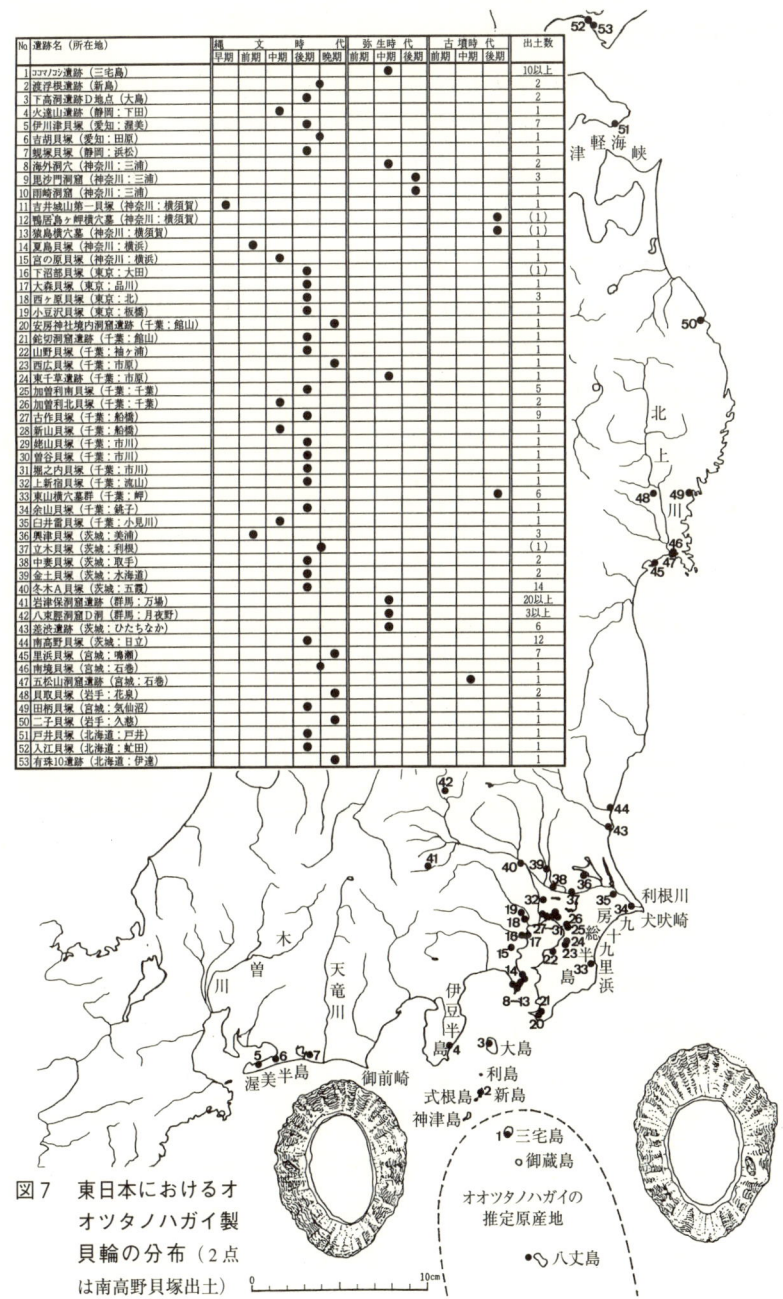

図7 東日本におけるオオツタノハガイ製貝輪の分布（2点は南高野貝塚出土）

太平洋岸に遍在するのを特徴とする。

　オオツタノハガイ製貝輪のもっとも古い例は、今から約7,000年前の縄文時代早期後半、横須賀市吉井城山貝塚から検出されたものである（川口　1981）。このころ、縄文人が黒潮本流を乗り切り、八丈島からさらに約300kmも離れている鳥島にオオツタノハガイを採取に行ったとは、どうしても考えられない。それよりも縄文時代早期の人びとが生活圏としていた南伊豆諸島（三宅島・御蔵島・八丈島・八丈小島・青ヶ島）に、オオツタノハガイの棲息域があったのではないか、と考えるのが自然である。当時すでに伊豆諸島のうち、本土から数えて8番目にあたる三宅島とその先の御蔵島まで、人びとは渡って定住生活を始めているからである。おそらく彼らによってオオツタノハガイが採取され、本土までもたらされたものであったろう。

　縄文時代前期におけるオオツタノハガイ製貝輪の検出遺跡は、今のところ茨城県美浦村興津貝塚が唯一の例であるが、この時期にも三宅島・御蔵島に縄文人が生活した痕跡があるので、彼らによって採取された可能性が高い。縄文時代前期後半になると八丈島の倉輪においても定住生活が開始される。倉輪の縄文人はオオツタノハガイを求めて、黒潮本流を乗り切り、八丈島に渡った人びとだったかも知れないのである。こうした状況は縄文時代中期前半にいたるまでの数百年間、変わることなくつづく。

　縄文時代中期前半になると、伊豆半島の下田市火達山遺跡や神奈川県横浜市宮の原遺跡、千葉県船橋市新山貝塚、小見川町白井雷貝塚などから、オオツタノハガイ製貝輪が検出されている。

　縄文時代中期中葉になると、八丈島・御蔵島は無人島となり、人びとの生活域は三宅島まで後退する。しかし、それでも十分にオオツタノハガイの棲息域に縄文人が生活していたことになる。こうしたことからオオツタノハガイの棲息域は、後述するように黒潮本流が直接あたる三宅島以南の南伊豆諸島の島じまだったのではないか。三宅島には縄文時代後期から晩期、さらには弥生時代中期・後期にかけて、人びとが生活した遺跡が残されており、その後は古墳時代前期の遺跡が未発見であるものの、古墳時代中期以降、今日にいたるまで空

白期をつくることなく人びとが生活していた。

　これに対して八丈島では縄文時代中期中葉以降、約2,000年も無人島となり、弥生時代後期になってやっと人びとが渡島し、古墳時代から律令時代にかけて生活の痕跡を残しているが、これとてオオツタノハガイを採集した可能性がないわけではない。

（4）オオツタノハガイ製貝輪の流布

　縄文時代後期以降になると、東日本一帯にオオツタノハガイ製貝輪の需要が急速に高まり、広範囲に分布を広げていく。西は先述の渥美町伊川津貝塚や田原町の吉胡貝塚から、東は岩手県南部の貝取貝塚、北部の久慈市二子貝塚、北端は北海道南部の戸井貝塚、入江貝塚、有珠モシリ遺跡にいたるまで、太平洋沿岸の貝塚などからオオツタノハガイ製貝輪が発見されるようになる。これらに対応するように縄文時代後期までの伊豆諸島への進出の南限が三宅島の友地遺跡で、晩期の前半まで人びとの生活が営まれていた。

　もう少し詳細にみると、中部地方では伊川津貝塚から7点、吉胡貝塚から1点、浜松市蜆塚貝塚から1点出土している。関東地方の島嶼部では伊豆大島下高洞遺跡Ｄ地点から貝輪そのものが1点、新島の渡浮根遺跡からは縄文時代後期と考えられる貝輪2点が出土している。都内では太田区下沼部貝塚から1点、板橋区小豆沢貝塚から1点が出土している。

　千葉県では市川市堀之内貝塚、姥山貝塚、曽谷貝塚ら各1点、流山市上新宿貝塚から1点、先述の船橋市古作貝塚では貯蔵貝輪として9点が出土している。さらに千葉市加曽利貝塚から5点、袖ヶ浦市山野貝塚から1点、館山市鉈切洞窟から1点、銚子市余山貝塚から1点のオオツタノハガイ製貝輪が検出されている。

　茨城県の利根川流域では、取手市中妻貝塚から2点、利根町立木貝塚から1点、伊奈村神生貝塚から1点、水海道市金土貝塚から2点発見されている。なお、五霞町冬木Ａ貝塚からは先述したように深鉢形土器に貯蔵されてベンケイガイ製貝輪を含め14点のオオツタノハガイ製貝輪が検出（図8）されている。

図8　冬木A貝塚出土の容器入り貝輪
(茨城県教育財団提供)

図9　海外洞窟遺跡出土のオオツタノハガイ製貝輪 (右：長径7.5cm　短径：5.4cm)
(三浦市教育委員会蔵)

　茨城県の太平洋岸では日立市南高野貝塚から、おそらく副葬されたものと考えられる12点のオオツタノハガイ製貝輪が検出された。なかには赤彩（朱彩？）された貝輪片も混じっていた。

　東北地方に目を転じてみると、縄文時代後期以降、宮城県仙台湾沿岸にオオツタノハガイ製貝輪がもたらされるようになり、縄文時代晩期には宮城県鳴瀬町の里浜貝塚から7点、石巻市南境貝塚（縄文後期または晩期）から1点発見されている。さらに北上川をさかのぼった岩手県花泉町貝取貝塚の縄文時代晩期の貝層から2点が検出されている。

　三陸海岸では気仙沼市の田柄貝塚から1点、岩手県久慈市二子貝塚からから1点が出土しており、オオツタノハガイ製貝輪伝播の道はさらに北上して北海道南部へとつづくことになる。

　北海道で津軽海峡に面した戸井貝塚、先述したように噴火湾沿岸でも虻田町の入江貝塚などから発見され、その少し北に位置する伊達市の有珠モシリ遺跡（有珠10）では、埋葬人骨の腕に嵌めたまま発見されている。次の時代、すなわち続縄文時代（弥生時代中期に相当する）にもダンミョウイモガイ製貝輪が検出されている。このダイミョウイモガイ製貝輪は奄美大島以南の南島から、対馬海流に乗って人の手によって、運ばれてきたものであることは間違いない。距離にして実に2,000km以上になるもので、交流・交易の面から考えるとかなり重要な考古学上の問題となる。

第2節 古代文化形成への伊豆諸島の役割

　ちなみに伊達市有珠モシリ（有珠10）遺跡のオオツタノハガイは、縄文時代晩期に比定されており、当時すでに稲作が東北地方北部にも到達していることから、このころ北九州、さらに南九州からの「貝の道」が確立していた可能性ないないわけでもないが、先に記した通り、伊豆諸島からの「貝の道」と考えておきたい。

　平成10年に、礼文島の縄文時代後期の船泊遺跡（西本他　2000）からヤクシマタカラガイが発見されているが、これとて対馬海流を乗りこなす縄文人の働きがあってのことで、貝の道の観点からはかなり重要視する必要ある。ヤクシマタカラガイの棲息域は玄海灘海域までであるから、それ以南の地に採集域と加工地があったのであろう。

　東日本でオオツタノハガイ製貝輪を用いる風習は、弥生時代やその次の古墳時代までつづいていた。本土における弥生時代後期の出土例は、神奈川県三浦市海外洞窟遺跡（図9）のほかに、毘沙門洞窟遺跡、雨埼洞窟遺跡などである。

　内陸部では弥生時代中期の群馬県田野郡万場町の岩津保洞窟遺跡から20点以上のオオツタノハガイ製貝輪が検出され、女性人骨に副葬されているものもあった。また、同県利根郡月夜野町の八束脛洞窟Ｃ洞からの出土も伝えられている。

　この事例に対応するかのように、三宅島のココマノコシ遺跡に人びとが進出してオオツタノハガイを大量に採取して、食用にしたり貝輪にしたりしているが、弥生時代における貝輪の製作遺跡の可能性もあるとすでに記した通りである。

　引きつづいて伊豆諸島に定住している弥生人は、約3,000年の空白期をおいて、ふたたび黒潮本流を乗り越え、八丈島の八重根に進出する。先述したように弥生時代後期の久ケ原式土器の時期であった。オオツタノハガイの採取にでかけた人びとの遺跡ではないかと考えている。　古墳時代になると千葉県市原市の横穴古墳から1点、千葉県岬町の東前横穴郡から6点のオオツタノハガイ製貝輪が検出され、遠く宮城県石巻市五松山洞窟から1点の貝輪が発見されているが、このに対応するかのように、伊豆諸島では三宅島の下馬野尾遺跡が存

在し、八丈島の八重根遺跡からも古墳時代の土師器が発見されている。

　東日本のオオツタノハガイ製貝輪は、以上のように古墳時代後期まで採用されており、今のところこのころが貝輪使用の終末期にあたっている。考えてみれば、縄文時代から古墳時代まで、延々として伊豆諸島からオオツタノハガイやハチジョウタカラガイなどを本土に運び込む海洋民の存在があってこそ、成り立った交流・交易であった。

(5)　貝輪の製作地について

　さて、ここまでオオツタノハガイ製貝輪の原産地と分布問題について述べてきたが、貝輪の製作遺跡がどこにあるのかについては、よくわからない時期が長かった。近年、その貝輪の製作域を考察するのに一考を要する論文が発表されているので、紹介しておこう。

　千葉県銚子市余山遺跡から1点のオオツタノハガイ製貝輪を含む1,000点近くの貝輪が検出(註)され、また、ヤマトシジミを中心とする淡水貝塚である縄文時代晩期の荒海貝塚からもベンケイガイ製貝輪170点が検出（西村他　1965）されている。こうした事例を集計してみると江戸川と利根川に囲まれた房総の地が、貝輪の製作地域だったのではないかと推定（堀越　1985）されるが、オオツタノハガイの細片が無数に発見されている大島の下高洞遺跡D地点（縄文時代後期・晩期）も、オオツタノハガイ製貝輪の製作地の有力候補地の一つに数えてもよいように思われる。発掘地点の廃土のなかから殻頂部をはじめとして多くの細片が採集されるからである。弥生時代中期のオオツタノハガイ製貝輪の製作遺跡は、かなりのオオツタノハガイと貝輪が検出されている三宅島のココマコノコシ遺跡ではないかと密かに考えていることは先述の通りである。古墳時代の貝輪製作遺跡はまったくわかっていない。

(6)　オオツタノハガイの諸問題

　ここまでオオツタノハガイ製貝輪の分布や貝輪の製作地について述べてきたが、いくつかの問題点を見出すことができる。

まず第1にオオツタノハガイ製貝輪に対する憧憬である。オオツタノハガイ製貝輪出土地の分布図をみれば明らかのように、オオツタノハガイは海岸近くの貝塚から検出される例が圧倒的に多い。しかし、平地遺跡にもオオツタノハガイの貝輪等が運ばれていったことはまず間違いないであろう。残念ながら酸性土壌のわが国では、平地遺跡で使用されたオオツタノハガイ製貝輪は腐蝕してなくなってしまうのである。オオツタノハガイを入手しにくい内陸部の遺跡から、オオツタノハガイ製貝輪を模したと思われる土製貝輪が発見されることがある、栃木県小山市寺野東遺跡や同藤岡町藤岡神社遺跡（図10）などがそれである。おそらくオオツタノハガイ製貝輪に対する特別な意識がはたらいたものであったろう。

オオツタノハガイ以外にも特殊な意識がはたらいた貝がある。長野市旭町出土のタカラガイ製土製品が発見されたことや、岩手県内陸部の2例の土製タカラガイが検出されているのがそれで、おそらく豊穣の祈りを込めて、タカラガイ製土製品を採用したものであろう。

第2は先にも述べたオオツタノハガイの棲息域の問題である。先に三宅島以南の南伊豆諸島がオオツタノハガイの棲息域ではないかと推定したのは、縄文時代早期後半から縄文人が御蔵島まで達し、そこに住む人びとが本土にオオツタノハガイを採取して運んだ可能性が大きいことを述べた。この推定の根拠として、弥生時代中期の三宅島ココマノコシ遺跡から、オオツチノハガイ製貝輪やオオツタノハガイそのものが20点前後検出されて、なかには食料とした貝も含まれていたからである。これによって縄文時代にはその近海の南伊豆諸島でオオツタノハガイが棲息していたのでは、と推定したのである。

また傍証として、伊豆諸島における暖海性の貝の棲息状況をみると、黒潮本流が直接あたる南伊豆諸島と、その支流が流れている北伊豆諸島とでは、明確な差（図

図10　寺野東遺跡と藤岡神社前出土のオオツタノハガイに似せた土製貝輪（栃木県埋蔵文化財センター蔵）

20 第Ⅰ章 列島の古代文化と伊豆諸島

(1994年2月、草苅正氏の教示により作成。その後、加筆したものもある)

貝　　名	奄美	トカラ	屋久島	種子島	小笠原	スミス	鳥島	青ヶ島	八丈島	御蔵島	三宅島	神津島	式根島	新島	利島	大島
ダイミョウイモガイ	●	○	●	●	●	×	×	×	×	×	×	×	×	×	×	×
オオツタノハガイ	●	●	○	○	○	●	○	○	●	○	×	×	×	×	×	×
カサガイ	×	×	×	×	●	×	×	×	×	×	×	×	×	×	×	×
シャコガイ	●	●	●	●	○	○	●	●	●	○	●	×	×	×	×	×
ヤコウガイ	●	●	●	●	○	○	●	●	●	○	●	×	×	×	×	×
スイジガイ	●	●	●	●	○	○	●	●	●	○	●	×	×	×	×	×
ゴホウラ	●	●	●	●	○	○	●	●	●	○	●	×	×	×	×	×
トウカムリ	○	○	○	○	○	○	○	○	○	○	○	・	・	・	・	・
ベニヤタガイ	●	●	●	●	●	●	●	●	●	●	●	○	●	●	○	○
タガヤサンミナシガイ	○	●	○	○	○	●	○	○	●	○	●	○	○	○	○	●
アンボイナガイ	○	○	○	○	○	●	○	○	●	○	●	×	×	×	×	×
ハチジョウタカラガイ	○	○	○	○	○	●	○	○	●	○	●	×	×	×	×	×
アケボノタカラガイ					●											
リクヤドカリ	●		○		●				○		●					

●印：採集される　　○印：採集の可能性大　　×印：生息していない可能性大
・印：個体が小さい　　■：黒潮本流がぶつかる島

図11　黒潮本流と支流による貝分布の相違図
南伊豆諸島：青ヶ島～三宅島　　　北伊豆諸島：神津島～大島

11）があって、その差は市販の図鑑では決して知ることができないものである。貝の専門家として伊豆諸島の海に潜って暖海性の貝の分布状況を徹底的に調べた、先述の貝の博物館バレ・ラメール館長の草苅正の採集活動があって知り得た事実で、特筆してよいと考えている。シャコガイ・スイジガイ・ベニヤタガイ・アンボナイト・ハチジョウタカラガイなどは三宅島まで採取できるが、神津島以北の島じまでは棲息できないらしく、確認されていない。これはこれらの貝の北限が、黒潮本流が直接あたる三宅島までであることを示している。

このような特徴が存在することを前提に、オオツタノハガイの棲息域を考えてみると、三宅島・イナンバ（岩礁）・八丈島・八丈小島・青ヶ島などの南伊豆諸島のどこかに棲息域があってもおかしくないと推定している。少なくと

も鳥島の例から、小さな入江に接したココマノコシ遺跡あたりは、第一候補地ではないかと考えている。

これに対して先に記したようにツタノハガイとオオツタノハガイとを分離し、オオツタノハガイの棲息海域をさらに北緯30度近辺の屋久島を中心に、その南のトカラ列島から種子島を除く大隅諸島のいくつかの島々に限定されるとする貝の分類学者の見解も（黒住　1994）、（佐々木・草刈他　1995）発表されている。伊豆諸島では北緯30度に近いのは鳥島だけで、原産地を北緯34度近辺の南伊豆諸島と推定している私の見解とはかならずしも一致しない。現に貝の分類学者に棲息が把握されていなかった種子島の北端近くの大崎海岸に、オオツタノハガイの棲息が新たに確認されており、種子島では沖の岩礁の汀線にへばりついていて、島では沖ホッシイとよばれている。ホッシイとはカサガイ科の貝のことである。

しかし、伊豆諸島では先にも述べたように、鳥島まで八丈島から300kmも離れており、現代の高速船をもってしても八丈島から10時間以上もかかる遠さである。さらに伊豆諸島における縄文時代の遺跡分布の特徴をみると、縄文人が島伝いに南下する場合、視界に入る島にかぎって渡島するという傾向があり、かつ、故地（本土）の見える島の北西側に遺跡が分布するという現状から、一気に島影の見えない鳥島まで渡海するということはありえなかったと思われる。そうなると黒潮本流に直接洗われる南伊豆諸島をオオツタノハガイの原産地として推定する以外に方法がない。

(7) 貝の道と交通網

伊豆諸島から本土（本州島）への交易品として運ばれたものに神津島の黒曜石（第Ⅱ章参照）があるが、オオツタノハガイもその一つであった。また、三宅島以南に棲息するハチジョウタカラガイも伊豆諸島の遺跡や本土に運ばれていた。大島泉津の鉄砲場ヤア遺跡や千葉市加曽利貝塚などから、ハチジョウタカラガイが検出（金子　1988）されている。

こうした点から縄文時代晩期に東北地方や北海道南部の諸遺跡から出土する

暖海産のタカラガイ類やイモガイ製の垂飾品なども、オオツタノハガイやハチジョウタカラガイなどとともに、伊豆諸島からの「貝の道」を通してもたらされたものではないか、と考えているが、その解明はむずかしさもある。

　縄文時代後期からはじまり弥生時代に隆盛を迎える、南島から九州への「貝の道」に対して東日本ではそれよりも古く縄文時代早期からはじまり、後期・晩期に隆盛期を迎え、さらに弥生時代、古墳時代へと連綿とつづいていた。この伊豆諸島からの貝の道を「東の貝の道」とよぶことをあらためて強調し、そこから次のような推論を展開したい。

　日本列島では縄文時代早期以降にはすでに、貝の加工品および加工技術の流布をはじめとする、各種の生活技術や情報が行き渡るネットワークが完成していた。そのネットワークを通して、硬玉（翡翠）やアスファルト、オオツタノハガイ製貝輪などが海路遠くへ運ばれ、河川を通じて海浜部と内陸部との交易も行われた。そのルートを通して、装飾品のみならず生鮮食品の魚や貝も運ばれたのであろう（橋口　1999）。内陸の洞窟や岩陰遺跡から海産品が出土するのはそのためで、それは内陸の平地遺跡にも相当に運ばれたものと考えてよいように思っている。

第3節　東国経営による海路の確保と祭祀遺跡

(1)　古墳時代の祭祀遺跡と出土遺物

　弥生時代に垣間見た関東地方への海路（第Ⅳ章）は、中央政権の勢力伸張にともなって古墳時代になっても確実に機能していた。そのため伊豆諸島や伊豆半島にたがいに呼応するかのように航海安全の祭祀遺跡が立地（図12）し、かなりの役割をはたしていたようである。

　伊豆諸島の祭祀遺跡は主として南半の賀茂郡内に立地し、古墳時代の祭祀遺跡が9遺跡、律令時代の祭祀遺跡が4遺跡となっている。このうち古墳時代の祭祀遺跡は、南伊豆町のタライ遺跡、下田市夷子島遺跡・同市三穂ケ埼遺跡な

第3節　東国経営による海路の確保と祭祀遺跡

どで、岬や島の先端か頂上にあって、海島にまつわる祭祀遺跡の様相をうかがわせるものと位置づけてよい。

律令時代の同様の遺跡は、下田市の夷子島遺跡・遠国島遺跡・同市白浜の日達山遺跡、それに南伊豆町日野遺跡などがあり、祭祀遺物が出土し焚き火跡なども検出されている。この4遺跡のうち、岬や島頂近くにあるのは前三者で、焚き火跡は夷子島での発掘調査の成果である。航海安全等の祈念に火を焚くなどの祭りの形態をとったものと考えられている。

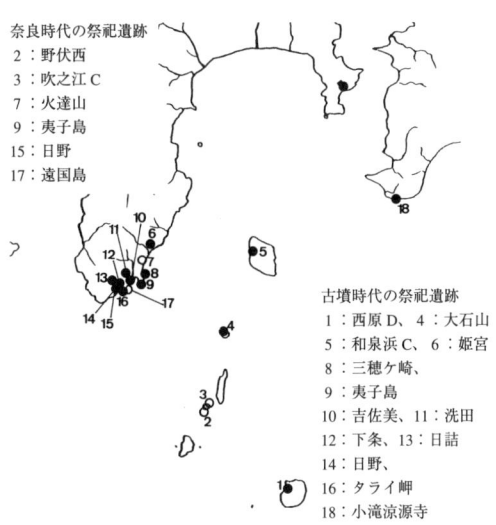

図12　古墳・奈良時代の祭祀遺跡

これに対して、伊豆諸島側の祭祀遺跡は、古墳時代中期2ケ所、古墳時代後期3ケ所であるが、そのうちの大島和泉浜C遺跡は国家的な祭祀が行われた古墳時代後期後半の遺跡である。

律令時代になってからの祭祀遺跡は2遺跡を数える。

三宅島西原D遺跡は大船戸湾の崖上近く、標高70mにあり、1964年（昭和39）ごろ、島を一周する都道の拡張工事によって発見された（橋口他　1975）。出土遺物は弥生時代後期末の土器や古墳時代の板状勾玉などで、東京都教育庁三宅出張所などに保管されている。

出土した板状勾玉（図13）の石質は輝緑岩で長さ3.5cm、厚さ6.5mmである。勾玉の形を整えたのち孔を穿ち、磨きをかけている。古墳時代中期の和泉式土器（東京都狛江市和泉遺跡出土土器を標式とする）の時期（5世紀）の勾玉であろう。通常、この種の遺物は、他の石製模造品などをともなって発見されるが、工事中の発見のためか単独で伝えられている。

三宅島富賀浜A遺跡からは、金環2個に管玉1個（2孔あり）が発見され、

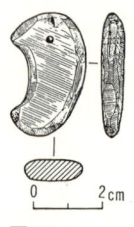

図13
西原D遺跡出土の板状勾玉

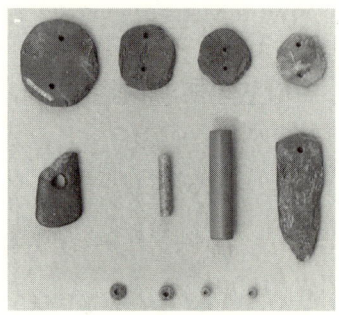

図14 大石山遺跡出土の石製模造品と臼玉（利島村蔵）
上：鏡　中右から：剣形・管玉・垂飾品　下：臼玉

祭祀遺跡の可能性がないともいえない、現状では埋葬跡のほうに重点をおいておこうと思っている。

伊豆諸島のもう一つの古墳時代の祭祀遺跡は、利島の大石山遺跡である。1985年（昭和60）7月、大石山遺跡の第4次調査において、第Ⅱ調査区とよばれる標高40m〜42mのテラス状のわずか52㎡の範囲から、10点の祭祀遺物の出土をみている（永峯他　1986）。古墳時代中期の和泉式土器の時期であったと思われる。

もともと大石山遺跡そのものが、海蝕崖上一帯に広がる傾斜地にあって、伊豆半島に面した見通しのよい場所を占地し、そのなかでも、この第Ⅱ調査区は海蝕崖線に近いところにあって、祭祀行為そのものが海に向けて行われた可能性が高い。

出土遺物には鏡形の石製模造品（有孔円板ともいい、2孔を穿つ円形の鏡の模造品）4点、剣形模造品1点、管玉1点、臼玉4点（図14）などで、わずかな面積の祭祀遺跡からの出土としては少ないほうではない。

古墳時代後期後半を中心にして国家的祭祀が行われた遺跡は、伊豆大島の和泉浜C遺跡である（青木・山木　1998）。伊豆半島が真ん前にみえる場所に占地し、近くには凪のときだけの天然の浜がある。発掘は60年の予備調査では、1.3㎡の広さから鍍金鈴・直刀・鉄鏃・須恵器など多量の遺物、その翌年の第1次調査では、鉄製品86点・須恵器18点・土師器8点などが発見された。平成5年の國學院大學海洋信仰研究会による第2次調査では、ほぼ全域に遺物を故意に破砕した祭祀跡を検出し、注目される遺物に銅製鈴釧・鉄鉾・勾玉・小玉・ビーズ・須恵器・土師器などがある。平成7年の第3次調査は國學院大學考古

第 3 節　東国経営による海路の確保と祭祀遺跡　25

学資料館が実施し、金鋌 2 点、銀鋌 2 点が検出され、いよいよ国家的な祭祀遺跡であることが明確になっている。遺跡全体の総面積はわずか60㎡である。これらの遺物はすべてが破砕された状態で、5 ケ所のブロックとなって検出され、湖西産の須恵器の年代を中心にして時期をおさえてみると、ほぼ660年代から701年までに収斂するものと考えられているが、一部に710年ころの遺物も発見されている。

　なお、出土遺物からブロックごとの時期差を求めることが困難であったとのことであるが、ここではできるかぎりブロックごとに出土遺物（図15・16）をまとめて、その特徴を述べることにする。なお、祭祀行為の後、すべての遺物（須恵器・土師器・金属器・玉類など）を破砕していて、それらがブロックをなして出土している状況である。

　図15の 1 ～ 6 は須恵器で、無台の坏は第 1 ブロックでは27点、第 4 ブロックでは40点前後、第 5 ブロックでは 6 点出土している。1 は底部の周辺に凹線を巡らすのを特徴とし、口径が11.7㎝、高さが4.5㎝である。2 は合子状の坏の身で、第 1 ブロックで 2 点が出土しているだけである。口径は10.4㎝、高さが3.3㎝である。

　3 はかえり付きの坏蓋で、口縁部の内側に受け部をつけ宝珠状の抓をもっている。全体的には第 1 ブロックで22点、第 4 ブロックで41点、第 5 ブロックで 7 点ほど検出されている。3 の口径は14.2㎝、高さは4.5㎝、抓の径は2.7㎝である。4 も同じく蓋で、口径が14.6㎝、高さが4.1㎝、偏平な抓の径は 3 ㎝である。5 は有台の坏で、全体的には第 1 ブロックで 3 点、第 4 ブロックで 7 点、第 5 ブロックで 1 点が発見されている。5 の口径は13.5㎝、高さは3.7㎝を測る。

　6 は高坏で、全体的には第 1 ブロックで 3 点、第 4 ブロックで 2 点、第 5 ブロックで 2 点が検出されている。6 の高さは13.2㎝、口径が16.1㎝、底径が10.6㎝を測る。7 は甕で第 1 ブロックから発見された頸部から胴部の破片が、第 4 ブロック出土の口縁部が接合している。高さは12.8㎝、口径が10.5㎝、胴部の最大径が10.9㎝である。

　8 はフラスコ形長頸瓶で全体で 3 点の出土があった。8 は第 5 ブロックから

26 第Ⅰ章 列島の古代文化と伊豆諸島

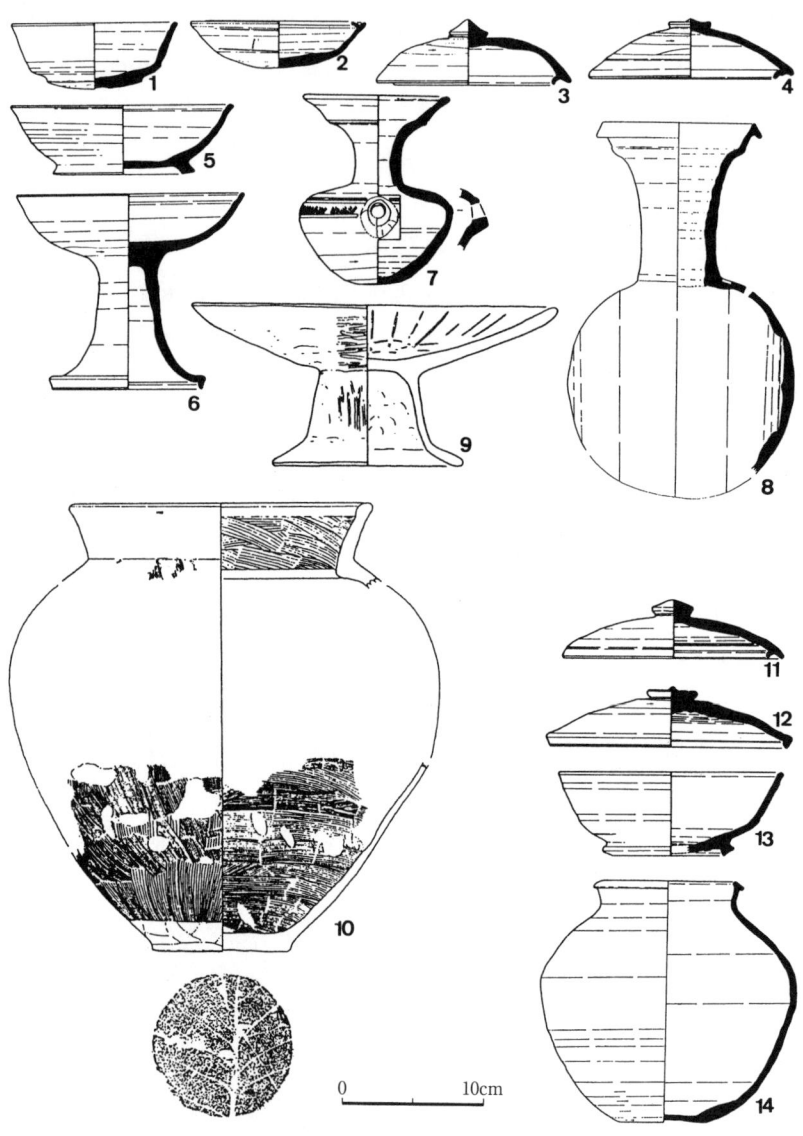

1～8：第1ブロック出土　　10：第2ブロック出土　　11～15：第4ブロック出土

図15　和泉浜C遺跡出土遺物（1）

の検出で、高さが25.3cm、口径は10.6cm、胴部最大径が17.7cmを測り、湖西市古窯址産である。

9は土師器の高盤で第1ブロックにおいて完形のものが2点検出されている。脚部は太めに大きく広がり、盤の中央に回転暗文、内部全面には放射状暗文がみられる。高さは10.1cm、口径が23.5cm、脚部径が12.2cmを測る。10は甕で第2ブロックからの検出で粉々に破砕されての発見であった。いわゆる駿東型の甕の中間で、推定の高さは29cm、推定の口径は20.4cm、底径は9.3cmを測る。底には木葉痕が残されている。

11〜15は第4ブロックの検出で、11〜14が須恵器、15が土師器である。11は宝珠状の抓をもつ蓋で口径は15.8cm、抓の径は2.9cmである。12は偏平な抓をもち、口径が16.8cm、抓の径が3.6cmである。13は高台あるの坏で口径が16cm、高さが5.8cm、底径が9.4cmで、底が下に湾曲して高台の高さと同じ位になりそうである。14は短頸の壺で第4ブロックだけで検出されている。球状に近い胴部で、高さは16.3cm、口径が10.7cm、底径が6.4cmである。底部は回転ヘラ削りで処理しており、一部に自然釉がかかっている。唯一湖西市産の須恵器ではない。

15は土師器の蓋で畿内産とされている。全体的には第4ブロックで4点、第5ブロックで1点が検出され、15の計測値は口径が19.2cm、高さが2.6cmで、抓の径は3.7cmである。抓の上に暗文が施されている。なお、図示した蓋よりも大きく、推定口径が22.2cmの蓋が第5ブロックから発見されている。

16〜20は須恵器で、16は無台で口径が11cm、高さが4cmである。17は高台のある坏で口径が15.6cm、高さが5.3cmである。18は宝珠状の抓がつく蓋で口径は13.8cm、高さが4.1cm、抓の径が3.5cmである。19は偏平な抓をもつ蓋で口径は15.5cm、高さは4.2cm、抓の径が3cmである。同じく20も偏平に抓の蓋で口径は17.6cm、高さは3.8cmで、抓の径が3.6cmである。

21は土師器の坏で口径は12.8cm、高さは3.6cmで、内面の中心に回転暗文があり、その他には放射状の暗文が施文されている。

以上で代表的な遺物の説明を終わるが、須恵器のなかの大部分が湖西市の古窯址で焼かれ、胎土に黒色の粒子を含むのを特徴としている。先にも記したよ

28 第Ⅰ章 列島の古代文化と伊豆諸島

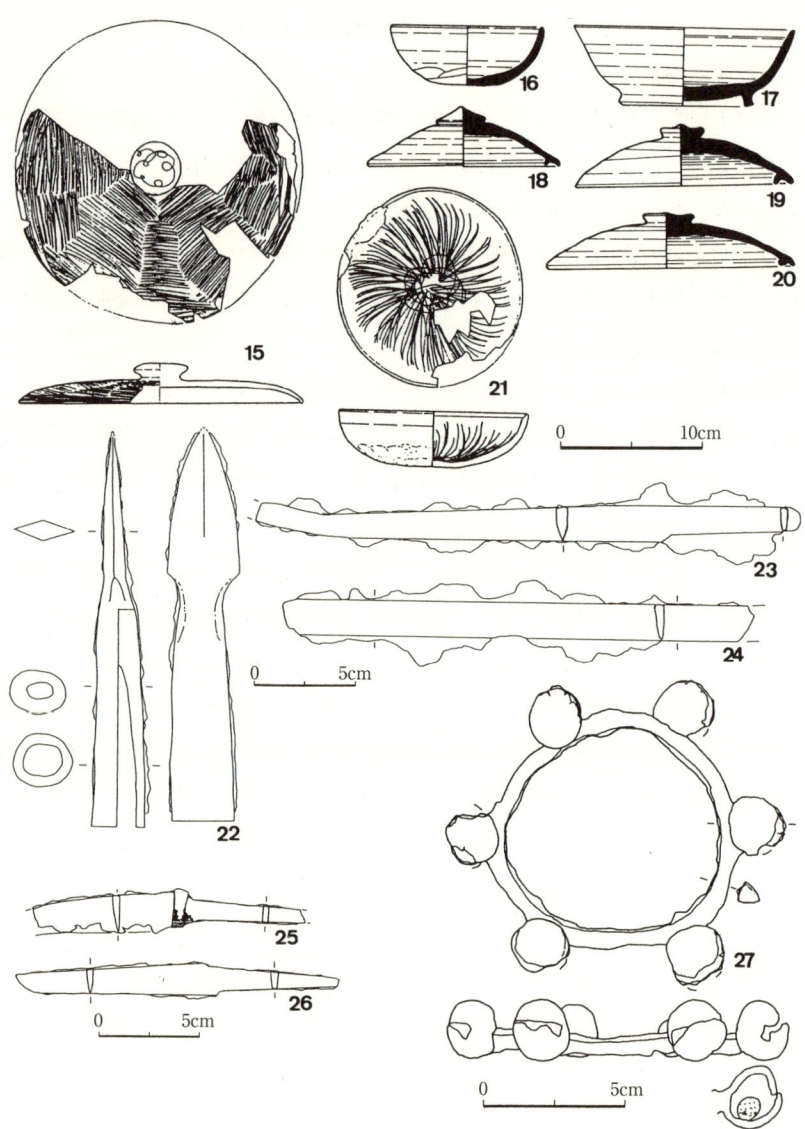

16～20：第5ブロック出土　　21：出土ブロック不明

図16　和泉浜C遺跡出土遺物（2）

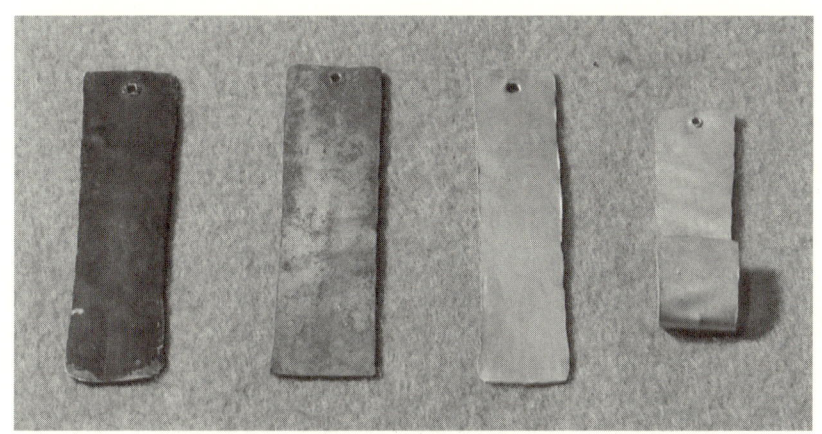

図17　和泉浜C遺跡出土の金製・銀製鋌（朝日新聞社提供）

うに湖西市産でない須恵器はわずか1点である。

　22以下は金属器でその出土量も200点を越えて圧倒されるものがある。なによりも金製・銀製の鋌をあげなければならない（図17）。いずれも第3ブロックから検出されたもので、金鋌の長さは5.3cmと5.2cmで、幅は1.26cmから1.2cmの短冊型に近い形態をして、その一方に孔を有する。重さは3.24gと2.98gである。銀鋌の長さは5.3cmから5.2cm、幅は1.45cmから1.44cmで、厚さ0.6mmと0.4mmである。重さは2.9gから2.7gである。短冊型に近く、その一方に孔を有する。

　これら金製・銀製鋌の用途は不明であるが、一説に榊に吊して祭祀に用いたのではないかともいわれたが、それとて想定にすぎない。

　22は鉄矛で第4ブロックからの発見である。身の全長6.5cm、身幅3.5cm、袋部の長さ11.5cm、袋口の径3.3×約2.8cmで、身は二等辺三角形で、稜を設えて偏平な菱形をなす。全体で2点検出されているが、武器としての矛の形状を逸脱しており、今のところ類例がない。

　23・24は直刀で総勢65点も発見されているが、いずれも遺存状況が悪く、錆の入り具合が格別に進んでいて、1m位の大型の直刀の存在を確認したが取り上げることが困難であったという。海岸近くに立地する遺跡の宿命であろう。

23・24とも小振りの直刀である。

　25・26は刀子で、全体で50点前後出土しているが、錆化した刀子を入れると全体で100点前後ではないかと思われる。長さは12〜13cm前後で、刀区・棟区を有するものまである。太刀はおおむね20cm前後であった。なお、刀形の鉄製品もある。

　鉄鏃には平根鉄鏃が含まれている。現在の長さは10.1cmである。その他の鉄鏃が129点も検出され、報告書には実測図が3点ほど掲載されている。

　鍍金銅鈴も1点検出されている。計測値は環を含めて1.7cmで、胴部の最大径は1.8cmで、球形をなし中央に鰐を巡らす。中空部には小石が入っている。さらに出土遺物のなかで重視する必要があるのが、白銅製の鈴釧（図16の27）である。第4ブロックの南側から発見されたもので、6鈴を有する。環体の外径は8.7cm×8cmで、内径は7.4cm×6.6cmである。手づれによる摩耗とみられる部分もあって、鈴は一回の鋳出によると思われ、直径はおおむね約2cmの球形で、そこに透かし孔を切り通している。中空には約7mm前後の研磨した小石が遺存している。

　図15・16に図示することができなかったものに勾玉5点と丸玉33点があり、さらにガラス製小玉が29点もある。また、滑石製の紡錘車も検出されている。

　この和泉浜C遺跡の性格についてはすでにいくつか述べたところであるが、出土遺物の時期や役割の問題については後述することにする。

（2）　奈良時代の祭祀遺跡

　奈良時代の祭祀遺跡は式根島に2ケ所あって、うち1ケ所は天然の良港を見下ろす台地上に立地している。もう1ケ所は島の最高地点近くにあって、別の良港に近い立地をなす。これらの遺跡からは古墳時代の祭祀遺跡と異なり、日常用いられている土器なども祭祀用として利用されているが、土器の生産地は伊豆諸島にはなく、須恵器の類にいたってはその窯跡まで特定できるものもある。また、特殊な遺物として、刀剣・鉾・鉄製儀鏡・銅鈴・銅鏡などが出土しており、古墳時代の全国的に斉一化された祭祀遺跡よりも重要性が指摘される

第3節　東国経営による海路の確保と祭祀遺跡

出土遺物となっている。

　式根島吹之江遺跡は、都心と島を結ぶ緊急用ヘリポートの建設工事にともなって、昭和40年代に発見された。さまざまな経緯ののち1984年（昭和59）8月から3年次にわたって、遺跡の範囲確認調査が実施され、その結果、とくにC地点の祭祀遺物が注目された（吉田他　1986）。そこからは壺形・甕形・鍋形土器といった日常生活の土器は検出されず、須恵器の坏や蓋だけが発見され、総数で22個を数える。そのすべてが何かを入れて置かれたいたかのように口の部分を上にしていた。本来ならば抓の部分が上になるはずの蓋さえも逆さに置かれていたことになる。

　鉄製品では直刀1振、短刀6口以上、鉾7本以上、鉄製儀鏡5面以上が出土（図18）し、鉾2点には布痕が残されていた。鉄製儀鏡の一部には漆状の付着物のあるものもあるという。

　これらの遺物の出土状況から坏や蓋は供献用の容器として用いられたと考えられ、鉄製品は布などに包まれて置かれていたものと思われる。現地に立ってみると、対岸に伊豆半島が望見でき、眼下に伊豆諸島随一の天然の良港である泊港をのぞむ地勢をなしており、海（航海安全）のための祭祀遺跡と結論づける以外にない。出土した須恵器の大部分は静岡県湖西市の古窯で焼かれていたものと考えられている。考古学的にみると、22個体の須恵器の坏や蓋、土師器の坏はほぼ同時に使われたものと思われる。

　この吹之江遺跡C地点出土の須恵器の坏のなかで注目しておきたいのは、高台より外側に底部がとび出した不安定な坏があることである。この種の坏は、概して湖西市の古窯産の須恵器で、年代決定の鍵をにぎる出土遺物として注目されており、律令時代の伊豆諸島の遺跡の時期を検討する際にその指標となろう。

　野伏西遺跡は、式根島のうち人家のあるところとしては、もっとも高所にあり、1972年（昭和47）ごろ、半地下式の天水井戸（水槽）の掘削中に、地表下2.5mで発見された（小林他　1988）。地主の前田義元によると、坏や蓋がほぼ円形に置かれたその真ん中から、小型海獣葡萄鏡1面を検出（図19）したとい

図18　吹之江C遺跡の祭祀遺物出土状況
（新島本村教育委員会蔵）
直刀のそばの円形が鉄製儀鏡

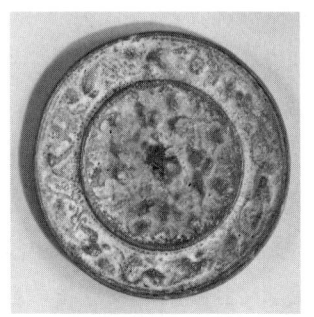

図19　野伏西遺跡出土の小型海獣葡萄鏡（前田義元氏蔵）
（径：6.2cm　厚さ：7mm）

う。当時は海獣葡萄鏡であることすらわからず、出土品としてただたいせつに保管することに注意を払っていた。鏡の計測値は径6.2cm、縁厚7mm、重さ80gである。

その後、1987年（昭和62）4月にも、天水井戸から南へ5m離れたところに、土師器1点、須恵器長頸瓶8点、土師器甕5点がみつかり、これらの出土遺物の配置の簡単なスケッチを残している。いずれの場合も、神津島天上山噴火（承和5年〈838〉）の火山灰の下からの出土で、出土土層は吹之江遺跡の場合と共通している。

そしてこの野伏西遺跡の場合も、吹之江遺跡と同様、底部不安定の高台付坏が含まれており、やはり湖西市古窯産である。また、昭和62年に出土した土師器1点の方は畿内産のもので、時期判定の資料となりうるものである。この土師器については後述することにする。

吹之江遺跡C地点と野伏西遺跡は、直線距離にして500mから600mほど離れているが、出土遺物が湖西市古窯址産で共通することや、特殊なキズ痕をもつ坏があることで共通しており、両遺跡での祭祀行為が同時に行われた可能性があることも、明記しておこう。なお、底部が不安定な高台付坏は堅魚節生産遺跡でもある神津島半坂遺跡（第V章参照）からも検出されており、3遺跡の不安定な坏（図20）を図示しておこうと思う。いずれも湖西市古窯址産で、710

年前後の時期を与えてよいように思っている。

(3) 東国経営と祭祀遺跡

　古墳時代から律令時代にかけての伊豆諸島の祭祀遺跡を見ると、立地条件としてはいずれも伊豆半島をのぞむ海岸近くにあり、港や海にむけて祭祀を行い、伊豆半島の同時期の祭祀遺跡と呼応して存在していることは、間違いなさそうである。

　これを時代ごとに検討してみると、古墳時代の祭祀はいずれも古墳時代中期の和泉式土器の時期（5世紀）に機能していたと考えられる。残念ながらこの時期の古墳は伊豆半島にも伊豆諸島にも立地していないのも特徴の一つである。伊豆半島の祭祀遺跡も伊豆諸島との間を航海する船舶の安全を祈念していたのであろう。

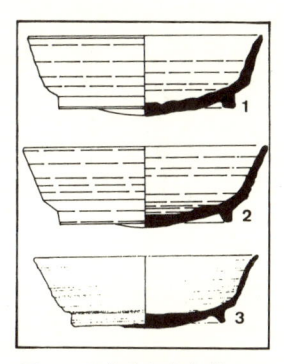

図20　不安定な高台付の坏
1：吹之江C遺跡
2：野伏西遺跡
3：半坂遺跡
1・2は祭祀遺跡、3は堅魚節の生産遺跡

　船舶の行き着く先は、東京湾の玄関口に相当する浦賀水道（走り水の海）であったと思われる。そこには弟橘比売命のの入水を伝える走り水の海の神話（『古事記』）が伝えらいることでも有名である。海路、伊豆半島をまわり、東に伊豆諸島をみながら相模湾に入り、潮流のころあいをみて浦賀水道を通り、そこから房総半島中部にいたる東国経営のルートは、古墳時代からのものではなく、弥生時代に確立され、それが古墳時代に引き継がれたものであったと思われる。

　浦賀水道は政治的にも重要な海域であったからこそ、その出入り口の金田湾を見下ろす三浦半島の丘陵先端に、5世紀の短い造出し風の前方部をもつ前方後円墳（長沢1号墳〈神奈川県横須賀市長沢〉）が存在（小出他　1999）したのである。調査の結果、多くの武器類を副葬（図21）した古墳でもあることが判明し、武力を背景に海の覇権を握っていた豪族の奥津城であった可能性がある。

　発掘調査を指揮した小出義治（1989）が、東京湾口をおさえる津守りの任務

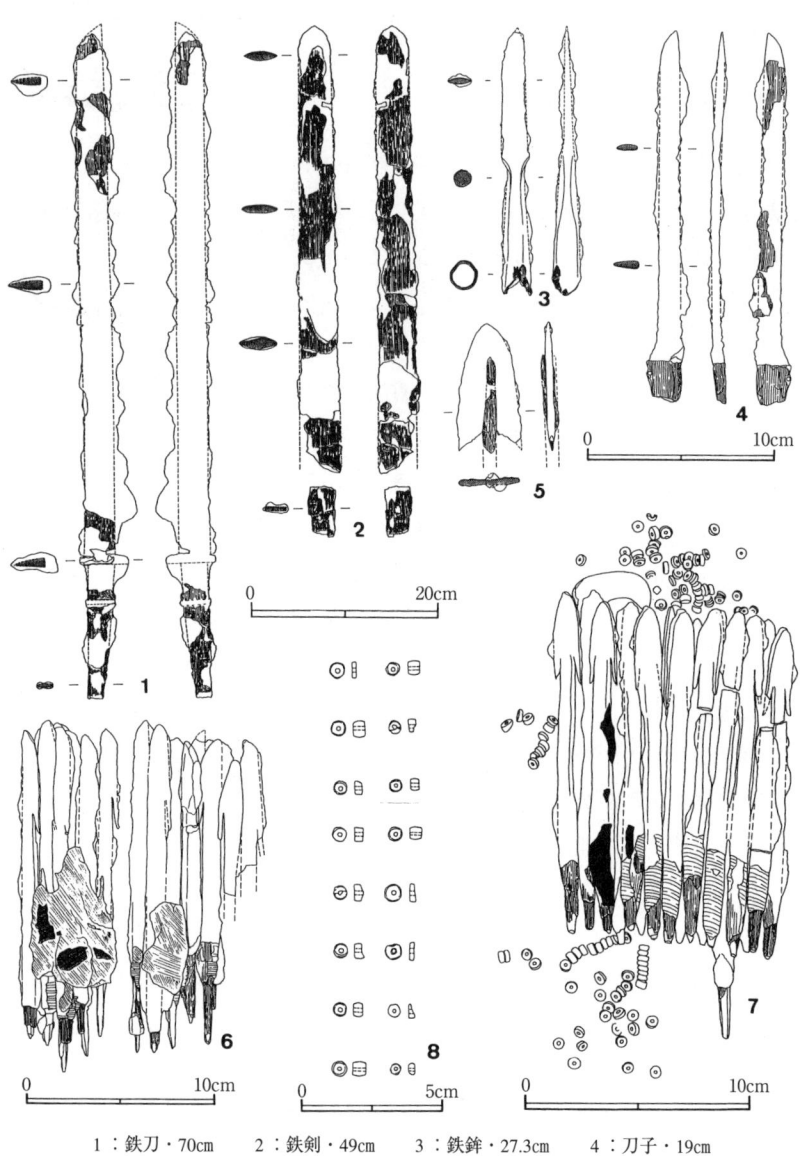

34　第Ⅰ章　列島の古代文化と伊豆諸島

1：鉄刀・70cm　　2：鉄剣・49cm　　3：鉄鉾・27.3cm　　4：刀子・19cm
5：鉄鏃・6.5cm　　6：刀子／15.7〜17cm　　7：鉄鏃・14.5cmと玉
8：滑石製臼玉

図21　長沢1号墳出土の武具類と玉（報告書より）

をもった豪族の奥津城と考えているのもうなづける（小出　1989）。

(4)　祭祀遺跡の共通点

　古墳時代の後半から奈良時代初めの祭祀遺跡には、大島の和泉浜C遺跡、式根島の野伏遺跡、吹之江遺跡の3遺跡があることはすでに述べたが、この3遺跡の相違点と共通点を探り、出土遺物から年代を割り出し、祭祀遺跡のもつ意義についても言及してみよう。

　なによりもこの3遺跡の年代の問題を先行して考察してみたい。和泉浜C遺跡から古墳時代後期（7世紀後半）の遺物が多量に検出していることはすでにみてきた通りである。具体的に述べれば、金。銀鋌や鈴釧・フラスコ形瓶・多くの鉄刀・鉄鏃などの多くの遺物がそれで、祭祀行為をする人びとによって伝世されていたものが、最後の祭祀行為にともなって一気に廃棄されたものと報告されている。その点で和泉浜C遺跡は時期的に後者の2遺跡よりも数十年ほど古く位置づけることができる。そのことは畿内産の暗文（土師器の内側に意識的につけられた文様）がつけられた土師器坏（図22）が出土することで、検討することができる。

　和泉浜C遺跡出土の暗文がある土師器は、藤原京（持統天皇8年～和銅3年〈694～710〉）の終末期に位置づけられているので8世紀初頭の所産、野伏西遺跡や吹之江遺跡出土の暗文のつく畿内産土師器は、おおよそ平城京（和銅3年～延暦3年〈710～84〉）のⅢ期（天平2年～天平勝宝2年〈730～59〉）に位置づけられているので、両者の年代の比較では約30年ほどの開きがあると考えてよい。

　次に年代比較の対象にしたいのが、底部が不安定な須恵器である。このらの不安定な須恵器の台付坏は、藤原京出土の坏と特徴を同じくしていて、その下限については千葉県市原市門脇遺跡（小林清隆他　1985）の竪穴住居出土の同じような坏に、「□里長」と墨書され、霊亀元年（715）以前の可能性があることが濃厚となってきている。

　『出雲風土記』に、

霊亀元年ノ式ニ依リテ、里ヲ改メ郷ト為セリ
とあることから、ほぼ全国的に郡里制(50戸で1里)
から郷里制に移行したのが霊亀元年であるとするの
が定説であるから、須恵器の高台付坏はそれよりも
古いということになるのである。

　これらのことを参考にして、須恵器の高台付坏の
年代を考えると、文武天皇4年(700)から和銅3
年(710)を少し前後する年代のものとすることが
できる。この年代は先の和泉浜C遺跡の出土の暗
文のつく土師器坏の年代と合致し、やはり野伏西遺
跡や吹之江遺跡の坏との約30年前後の年代のずれと
一致する。

　これらの年代差は、伊豆諸島の祭祀遺跡の時期ご
との存在意義をあらためて知らしめるものであり、

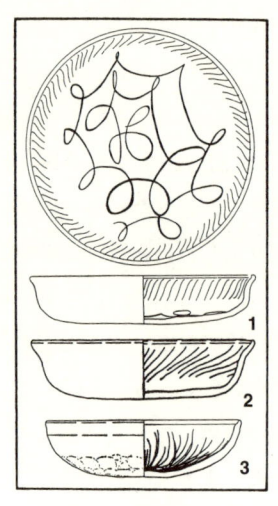

1：吹之江C遺跡
2：野伏西遺跡
3：和泉浜C遺跡

図22　暗文のある土師器坏

それは東国経営における伊豆諸島の位置と役割の重要性を強調したのに等しい。
　そして、さらに歴史的に重要なものが、和泉浜C遺跡出土の鈴であり、銅
製鈴釧であり、金・銀製の鋌であり、野伏西遺跡の小型海獣葡萄鏡である。こ
れらの遺物の帰属時期を明らかにすることと、その歴史的意義(性格)やその
分布について言及することは決して無駄ではないと考えている。

(5)　小型海獣葡萄鏡と銅鈴・鈴釧

　わが国の各地から発見されている海獣葡萄鏡を含む唐式鏡を集成して考証を
加えたのは中野正樹であった(中野　1972)。引きつづき若手の研究者は、その
業績を基本にして論攷を発展させている。しかし、小型の海獣葡萄鏡のもつ意
義を検討しつつも、現状では統一した見解を導き出すにはいたっていない。

　それは式根島からの出土例を入れて24面になる小型海獣葡萄鏡の全国分布と
その出土状況が一定しておらず、関東地方で出土している4点の小型海獣葡萄
鏡を例にとってみても、一つは先に述べた式根島野伏西遺跡のもの、二つめは

千葉県印旛郡富里村松ノ木2号墳（方墳）の周溝から刀子3点とともに出土したもの、三つめは印旛郡瀬戸鈴耕地遺跡から出土したもの、四つめは東京都国分寺市の僧寺（武蔵国分寺）北方域の平安時代後半の小穴内より出土（福田1988a・b）しており、遅くまで伝世されていたことを示している。その出土状況は実にまちまちなのである。

　おそらく式根島の小型海獣葡萄鏡の生産地は、平城京ないしはその近辺にあって、そこから東海道の経営にともなって、伊勢の神島に運ばれ、さらに遠州灘を越え、伊豆半島をまわって式根島にもたらされたと考えられる。すでに述べたように同型鏡であるからである。

　この観点から式根島の小型海獣葡萄鏡は海路の安全祈願を行うことで東国経営に寄与したものと位置づけ、その上で全国の分布図（図23）をみると、伊豆半島と能登半島との地勢の対比をしたくなるのである。のちにも述べるが、この当時、北辺の地を佐渡、東辺の地を陸奥、西辺を遠値嘉、南辺の地を土佐とし、陸奥（蝦夷）に対する備えの地を常陸としていることも大いに参考となろう。

　能登では石川県羽咋市寺家遺跡で出土した小型の海獣葡萄鏡（横山　1989）に対して、

　　寺家の地において気多神の庇護のもとに航海に関する安全祈願の祭祀が執
　　り行われたであろうことはほぼ間違いない。

と位置づけられており、これとの関連で、舳倉島（石川県輪島市の北方）の奥津比咩神社の小型海獣葡萄鏡をみると、式根島の小型海獣葡萄鏡のもつ意義が重なってくる。神島や式根島のそれが東海道の、舳倉島のそれが北陸道の支配という点では、共通の意義があると解釈してよいと思うのである。

　この小型海獣葡萄鏡の時期から少し遅れて、舳倉島の奥津比咩神社、式根島の泊神社がともに式内社として位置づけられているのも、あまりにも一致している。ましてや平城京九条大路出土鏡、神島八代神社伝世鏡、式根島野伏西遺跡出土の小型海獣葡萄鏡は同型鏡と観察され、鏡が出土したり伝世したりしているということは、その根源に国家的行事としての祭祀の存在を考えて差支えないと思われる。

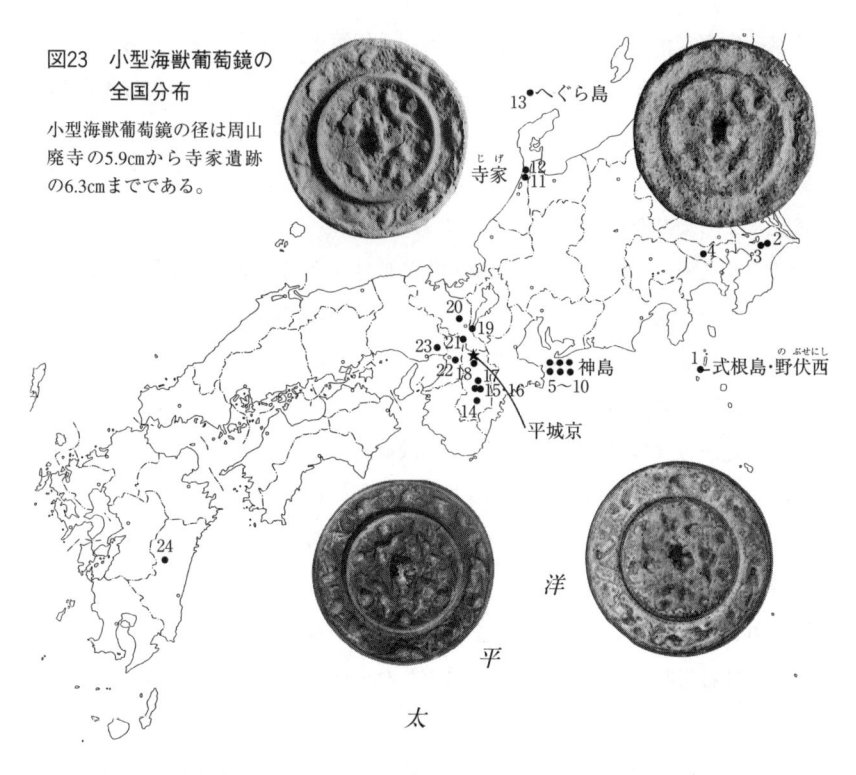

38　第Ⅰ章　列島の古代文化と伊豆諸島

図23　小型海獣葡萄鏡の全国分布

小型海獣葡萄鏡の径は周山廃寺の5.9cmから寺家遺跡の6.3cmまでである。

	出土・その他	遺跡名・所蔵者名	寸法			出土・その他	遺跡名・所蔵者名	寸法	
			径	縁厚				径	縁厚
1	出　土	式根島・野伏西遺跡	6.2cm	7 mm	13	伝　世	舳倉島・奥津比咩神社	6.05	4.5
2	〃	松ノ木台2号墳	6.2	／	14	出　土	金峯山経塚	5.6	／
3	〃	瀬戸鈴耕地遺跡	6.05	／	15	〃	橿原四条大田中	／	／
4	〃	武蔵国分寺遺跡	5.95	4～5	16	〃		／	／
5	伝　世	神島・八代神社	6.26	6.1	17	〃	大福遺跡	6.1	6
6	〃	〃	6.10	6.9	18	〃	平城京九条大路	6.05～6.23	5.4～6.8
7	〃	〃	6.22	6.5	19	〃	東光寺遺跡	／	／
8	〃	〃	6.12	6.5	20	〃	周山廃寺	5.9	5.5
9	〃	〃	6.01	7.0	21	〃	長岡京右京五条	6.1	6.5
10	〃	〃	5.91	6.5	22	〃	西之辻遺跡	6.3	／
11	出　土	寺家遺跡	6.1	7.5	23	採　取	勅使川窯跡近く	5.9	3
12	〃	〃	6.3	6	24	伝世？	神門神社	5.8	4.5

寺家遺跡での奈良三彩やガラス製容器の検出で、効果的祭祀が行われていることを示唆しているとすれば、伊豆半島の日野遺跡（賀茂郡西伊豆町）からの奈良三彩小壺蓋の出土や、沖ノ島（福岡県宗像郡・宗像大社の沖津宮）からの唐三彩はもとより奈良三彩の小壺の検出（小田　1979）などは航海安全の観点からみると、さらに重要な意味をもってくると思われる。なかでも日野遺跡は、賀茂郡の郡衙跡である可能性が考えられている遺跡でもあり、近くを流れる青野川下流の潟港は、東国経営に欠くことのできない要港であったはずである。

　そして、平城京九条大路出土（奈良国立文化財研究所　1981）の小型海獣葡萄鏡の使用年代が、平城京Ⅲ期の土器を伴出したことで、天平2年（730）から天平勝宝3年（750）の間に設定できることから、式根島の同型鏡も同じ時期の所産としてよいと思われる。ただ、その場合でも伴出した底部が不安定な高台付坏の年代との約30年の差は埋められない。また、この種の伊豆諸島出土の坏は、そのほとんどが湖西市産の古窯址産であることは先述した通りであるのに対して、吹之江遺跡の鉄器が近江（滋賀県）産の磁鉄鉱を原料としてつくられた可能性があることも指摘（佐々木　1986）されており、ここにも海上交通の存在が潜んでいるのである。

　和泉浜C地点出土の銅鈴に鍍金してあることは、この銅鈴も祭祀関係の金属製品である。平城京では鏡と鈴が用いられる例も多く、時には複数で使用されていることもあり、そこでも鈴の一部に鍍金の痕跡が認められるという。

　金子裕之は、延長5年（927）に完成した『延喜式』神祇の各祭祀で、あわせて9つの祭りに鈴、6つの祭りに鉾などを用いている（金子　1980）ことを集計（表1）している。それよりも時期的に古いとはいえ、鏡（野伏西遺跡）やそれにかかわる鉄製儀鏡・鉾（吹之江遺跡）、鍍金の残る銅鈴・鈴釧（和泉浜C遺跡）などから出土しているということは、それ相応に重みのある国家的祭祀が行われたことを推定するのに十分である。そしてそれは東海道の経営に直結する祭祀と位置づけてよいように思われる。そして、ここで述べた古墳時代から奈良時代にかけての祭祀の担い手は、次に述べる伊豆の卜部だったのである。

	祭祀名	鏡	鈴	玉	人形・他	備　考
臨	八十嶋神祭	82面	金80口	100枚	金銀160枚	中宮准此 5寸2面, 1寸80面
臨	〃　　（東宮）	40面	金30口		金銀 60枚	5寸2面, 1寸38面
臨	造遣唐使舶木霊幷山神祭	4面	金4口	色280丸		
伊	採営神田鉏鍬柄	80枚			鉄80枚　鉾80枚	
伊	山口神祭	40枚			鉄40枚　鉾40枚	渡会宮減半
伊	採正殿心柱祭	40枚			鉄40枚　鉾40枚	渡会宮同
伊	鎮祭宮地	40枚			鉄40枚　鉾40枚	後鎮准此
伊	〃　　（神宮摂社）	40枚			鉄40枚　鉾40枚	渡会宮摂社各10枚
伊	造船代祭	40枚			鉄40枚　鉾40枚	渡会宮同

臨は臨時祭，伊は伊勢大神宮の略。

表1　延喜式「神祇」記載の祭祀の鏡鈴（金子　1980）

　加えて、和泉浜C遺跡に5ケ所の火炊き跡が検出されていることの意味をあらためて考えてみると、銅鈴はやはり祭祀と深く結びついた遺物ということになる。

　あわせて検討しなければならないのが鈴釧である。1999年3月、袋井市の『石ノ形古墳』の報告書のなかで、鈴釧の集成と「鈴釧に関して」という論考（大谷　1999）がなされており、今しばらくはそれにしたがって記述を進めるが、全国で発見されている鈴釧の総数は59点であるという。

　出土地域は西は大分県日田市で、東は宮城県伊具郡で、地域ごとにみると東北地方6例、関東地方25例、北陸地方1例、中部・東海地方で14例、近畿地方なし、中国地方5例、四国地方1例、九州地方3例となっており、25例と関東地方に偏在しているのを特徴としている。1点ずつではあるが圧倒的に古墳から出土することが多く49例もある。住居址では雷電下遺跡で1例だけであり、和泉浜C遺跡の場合は祭祀遺跡からで、全国でわずか1例の事例である。

　さて、これらの鈴釧の特徴をみると、3形態に別けて検討していることに気づく。卵形の輪に鈴をつけたこの形態の鈴釧を「帯状鈴釧」とよんでいる。私の見解ではオオツタノハガイ製貝輪の形を模した銅製の帯に鈴をつけたもので、帯の断面からも判断できると考えている。この種の「帯状鈴釧」は6例しか確認されていない。

もう一つは環状の輪に鈴をつけたものと、なかにはそれを意識的に変形させたものもあって、2通りに別けている。すなわち、「環状鈴釧」と「変形環状鈴釧」である。これら3種の鈴釧について検討してみると、前者が古墳から発見される場合は、古墳時代中期末葉から後期中葉の範囲で検出されることが多い。中者の「環状鈴釧」の時期は5世紀後半から7世紀前半に比定することができる。後者の「変形環状鈴釧」は現状では5世紀後半に比定されているという。

さて、和泉浜C遺跡出土の鈴釧は祭祀用に使われてから、他の遺物とともに廃棄にあたってかなり破砕され、第4ブロックの南西部からの出土である。古墳の副葬品として鈴釧が検出される場合と、祭祀遺物として鈴釧が検出される場合とでは、その意味には決定的な違いがあることを強調しておく必要があろう。

あわせて金鋌・銀鋌が検出されている意味も、ここでは国家的な海の祭祀との観点から検討する以外にないであろう。当然、伊豆嶋直の配下におかれていたと思われる伊豆卜部の存在も考慮に入れておく必要がある。

第4節　伊豆諸島の亀卜

(1)　伊豆国の卜部

伊豆諸島が亀卜に長じた国であったことは諸先学の説くところで、現在までのところ、井上辰雄の研究がもっとも詳しい（井上　1980）。

すでに卜部がかかわると思われる祭祀遺跡について述べたが、ここではそれを一歩進めて、亀卜とのかかわりのなかで伊豆諸島の卜部の果たした役割を検討したいと考えている。

平城京出土の堅魚木簡のなかに、
　　　「伊豆國賀茂郡三嶋郷戸主占部久須理戸占部廣庭調麁堅魚拾壱斤」（表）
　　　　　　　　「拾両　員十連三節　天平十八年十月」（裏）

と書かれたものがある。天平18年（746）、三嶋郷（伊豆諸島）占部一族からの調である。これらが伊豆諸島にト部（占部）を名乗る戸主がいたことを示すもっとも古い貴重な資料であることはいうまでもない。

その後、約1世紀近くの間、伊豆諸島のト部の記録はみられないが、貞観〜元慶年間（859〜85）成立の令の注釈書である『令集解』に、

> 古伝云、別記云（中略）津島上県国造一口、京ト部八口（中略）下県国造一口、京ト部九口（中略）伊岐国造一口、京ト部七口、伊豆嶋直一口、ト部二口

とあって、伊豆国のト部が嶋直（伊豆諸島の豪族）の統率下にあるような記録が示されている。

元慶3年（879）に成立した『日本文徳天皇実録』天安2年（858）4月辛丑（10日）の条に、

> 是ノ日、宮主外従五位下宿禰雄貞卒ス、亀筮之倫也。兄弟尤モ此ノ術ニ長ケ、帝東宮ニ在ス時、宮主ト為ス、（中略）雄貞本姓ト部、斉衡三年、姓ヲ占部宿禰ト改ム。性飲酒ヲ嗜ミ、遂ニ沈湎シ卒ス。時ニ年卅八（訳文）

と記されている。

また、雄貞の兄平磨については、延喜元年（901）成立の『日本三代実録』に、神祇官の職階、伯、大祐、小祐、大史、小史（以上、各1人でその下に神部30人、ト部20人、使部30人、直丁2人）とあり、その大祐まで昇格し、75歳で亡くなったことが記され、さらに、元慶5年（881）12月5日の条に、

> 従五位下行丹波介ト部宿禰平磨卒ス。平磨ハ伊豆ノ国ノ人也。幼クシテ亀トノ道ヲ習ヒ、神祇官ノト部ト為リ、火ヲ揚ゲテ、亀ヲ作シ、疑義ヲ決スルニ効多シ。承和ノ初、使ヲ遣リテ唐ニ聘ス。平磨ト術ヲ善クスルヲ以テ、使ノ下ニ備ル。（訳文）

と、詳細にわたる記載がみられる。これによって、伊豆国のト部が神祇官として兄弟で仕えていたことがわかるのである。

律令社会で施行されていた諸制度を網羅し再編した『延喜式』の臨時祭には「ト部ハ三国ヨリト術長者ヲ取ル。伊豆五人、壱岐五人、対馬十人」（訳文）と

あり、宮中神祇官職制の卜部20人の内訳にも伊豆国出身者をみることができる。

このように伊豆諸島の卜部を採用する伝統は、平安時代後半までつづいていたようで、鎌倉時代初期の源顕兼著の説話集『古事談』に、

　　亀卜御占ハ、春日南実町西角ニ御座スル社ヲバ、フトノトノ神事ト申。(中略) 伊豆国大嶋ノ下人ハ、皆、此ノ占ヲスルナリ、堀川院ノ御時、件ノ嶋人三人上洛シ、召テ被占之処、皆此ノ事ニ仕ヘ奉ル者（訳文）

とあって、堀河天皇（1079～1107）のときに大島から上洛させていたことが察せられる。ただし、亀卜は『萩原家亀卜伝』によると「唯一子ニ伝フ、伝中深伝　秘中極秘也」（訳文）であったから、下人が皆この占いをするというのは誇張であろう。

宮中の亀卜はその後もつづいていたが、後土御門天皇の文正元年（1466）に行われた後、中断され、江戸時代中期の東山天皇貞享4年（1687）からふたたび実施されるようになった。この間、9代221年も実施されなかったことになる。

その様子は、鈴鹿中臣家の『大嘗祭資料—鈴鹿家文書—』のなかに、詳細にわたって記述されている（鳥越他　1990）。それによる桜町天皇（1735～1744）の大嘗祭に際し、稲をつくる斉田を決定するにあたって、亀卜による裁定に用いられた灼痕のある亀甲（図24）が残されている。そう言えば昭和天皇の崩御にともなう大嘗祭でも斉田の儀が行われ、その際は小笠原諸島の亀甲が使われた経過がある。

さて、そもそも卜部は海や湖水などのように水に近いところに配置され、なかでも対馬、壱岐、伊豆、常陸（茨城県）に配置された卜部が重要視された。とくに対馬・壱岐などの卜部が（永留　1982）、朝鮮や中国などの外の世界に対する呪術的な備えの役割を果たしたのに対して、常陸の卜部は蝦夷に対するものであっ

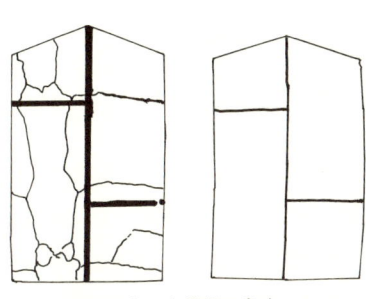

図24　桜町天皇の大嘗祭の亀卜(鳥越　1990)
　　　左：ヒビが入り使用後　　右：未使用

と考えられる。その根源には「穢悪伎疫鬼」を「千里之外、四方之堺、東方陸奥、西方遠値嘉、南方土佐、北方佐渡与里」(『延喜式』陰陽寮) 外に追放することに、深くかかわっていたと思われる。伊豆の卜部の場合は、政治的には東海道の経営と強く結びついていることは明らかであり、蝦夷に対処する東海道の最遠国常陸にいたるまでの海路の難所、伊豆国賀茂郡 (南伊豆と伊豆諸島) に卜部をおく必要があったのであろうと考えられる。

とくに、律令体制のなかで神祇官の中枢をなす中臣氏のもとで、卜部は欠かすことのできない職制として位置づけられていた。平城京での律令的祭祀のなかでももっとも重要視された6月・12月の大祓、臨時大祓、毎月晦日祓、11月新嘗祭、6月・12月の神乞食などの祭祀には、祓の解除役として卜部の任務が位置づけられていたのである。

卜部を神祇官のもとに派遣していた対馬、壱岐、伊豆のうち、近世末で亀卜が残り、文献に恵まれているのは対馬で、『津島亀卜伝』『対馬卜部亀卜次第』などが残されている。「捕亀、甲裂、甲祭、(中略) 指火格、同図、灼式」という順に、詳細にわたって記述されており、これらをもとに伴信友の『正卜考』がなったといわれている。

これに対して伊豆諸島では、堀河天皇のころ大島より京へ卜部を召して以来、久しい間、亀卜 (卜部) に関する記録が途絶えてしまうが、江戸時代の写本ともいわれる『異本三宅記』(壬生本。壬生氏は三宅島歴代の神主) のなかに亀卜に用いられる占形図が記載されており (神道大系編纂会 1980)、壬生家が行うもっとも重要なものの一つが亀卜であるとされている。

(2) 伊豆諸島の卜部――まとめにかえて――

神沢勇一の研究によると、卜甲の出土例は1983年 (昭和58) 現在で2遺跡4例を数え (神沢 1983)、その後の発掘調査で、横須賀市なたぎり遺跡 (図25)・三浦市浜諸磯遺跡・日向遺跡とつづき、鎌倉市由比ケ浜遺跡など三浦半島とその基部に集中し、さらに古墳時代の長崎県壱岐島の串間ミルメ浦遺跡 (安楽 1990) などの例が増えて、7遺跡12例以上になっている。それでも卜骨の出土

例が40遺跡以上であるのに比較すると圧倒的に少なくなっている。卜甲の出土地は、西は対馬・壱岐に集中し、東は三浦半島に集中するという二極化が特徴となっている。

これは弥生時代からの卜骨につづいて、古墳時代に中国から亀卜が伝播してきたことと無関係とはいえない。しかも亀卜は、卜部とともに支配者層に受け入れられたのに対して、卜骨は一般に普及していったからだとで思われる。

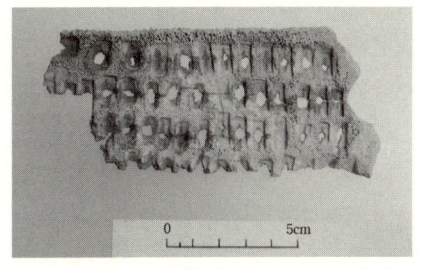

アカウミガメの甲に麻知をきり、本来なら卜形に灼く（小出義治氏提供）
図25　なたぎり遺跡出土の卜甲

その概要をみると、吉凶を火による亀甲のひび割れによって占うもので、亀甲にひびが入りやすいように、あらかじめ麻知とよばれる孔をつけた。亀甲は祓いの終了にともなって廃棄されるのを原則とし、それが発掘によって発見されていることになる。時期的にみても三浦市の間口洞窟出土のものが古墳時代後期、なたぎり遺跡のものが奈良時代の可能性が大きいとされ、中世までつづいていたことになる。

これらは残念ながら亀卜に長じた卜部が住む伊豆諸島や伊豆半島からの出土ではないが、東国には古くから卜部が配置され、卜法が伝えられていたことの証拠と考えてよさそうである。文献では下総の香取神宮（千葉県佐原市、卜骨）、武蔵国占方神社（『正卜考』にあって現在は不明、卜骨）にたどれる。また、明治初期まで武蔵阿伎留神社（東京都あきる野市）では、鹿の肩甲骨を用いて骨卜が行われていて、神社所蔵の12ケ月の神事のなかに鹿占図（図26）が残されている。

今は簡略化されて骨卜が残る上野貫前神社（群馬県富岡市）や正月3日にかならず鹿占神事を行う武蔵御岳神社（東京都青梅市）など卜骨は東国に集中し、これらによっても明らかに東国では、卜法の隆盛期があったと思われる。

対馬の亀卜が上県の佐護と下県の豆酘において、明治10年代の後半まで行わ

図26　阿伎留神社の12ケ月神事の一つ（卜骨が5本立っている）（あきる野市教育委員会提供）

れ、その後は明治政府の旧習の廃止命令によって廃止されることになった。伊豆諸島では、幕末に八丈島に流刑となった近藤富蔵が著した『八丈実記』（文久2年〈1862〉成立、その後に加筆）に（近藤　1980）、

　　明治18年ノ当今ハ両家トモ亡命シテキト（亀卜？）ノイモ島中ニ尽タリ。
　　故ニ後今コヽロアラン者ノタメコヽニ記ス

と記されていることからもわかる。

　『八丈実記』の記述は、「八丈亀卜之事」と題してはじまり、

　　夫亀卜之義尚書及春秋史伝載焉、然中華其伝亡滅矣、以下所　伝　於八丈
　　島　也

の書き出しで亀卜伝播の経緯をのべたのち、

　　正月七日亀卜ノハシメ也、コレヲ七日ノツヂウラト云、十五日亀卜ヲ焼。
　　コレヲウラガエト云。正月ニ事ナケレハ亀ヲ焼ハジメ、事アレバ吉日ヲ撰
　　テ焼

とあって、亀の甲のつくり方は長さ8寸幅3寸5分（約24.2cm、幅10.6cm）の大きさ、焼木（東に枝を伸ばした桜）などについて触れ、図の読み方、習わしなどを示した後、「卜占ノ唱ヨウ荒増左ノ如シ」として占形図（図27）を載せている。

　このように伊豆諸島に遅くまで亀卜が残ったのは、なんといっても海亀を捕獲する習慣があったからであろう。そしてそれは、わが国における太平洋北限

第4節　伊豆諸島の亀卜　47

の海亀の食習慣として認知することができ、縄文時代以来存続してきた海人の伝統でもあったと思われる。

ここで注目しておきたいのは、律令時代に国庁のあった静岡県三島市に近い、現在の田方郡函南町柏谷百穴（国指定の横穴墓群）から亀甲が出土していることである。1947年（昭和22）、軽部慈恩によって調査されたD地区2号墳とD地区11号墳から亀甲が出土している。2号墳からは少量、11号墳については、

> ここにもっとも特異性ある出土品はD11号墳の亀甲である。この墳には人骨片はまったくなく羨道近く一個の碗形の土師器を置き玄室中央部から奥壁面あた

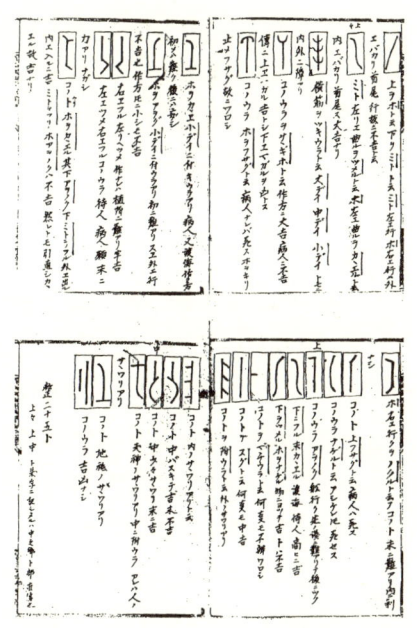

上をホ、下をミト、と称し、上下の呼び方を中心にヒビの入り具合で吉凶を占う。明治10年まで亀占あり。

図27　八丈島亀卜の図（近藤　1980）

りにかけて一面に亀甲を敷きつめている。（中略）亀甲片のなかに一、二片火にかけた形跡が認められのもある。

と記されている。のちに『伊豆柏谷百穴』をまとめた山内昭二は、その考察のなかで、D11号墳の亀甲が全数量100個分に相当することを示した上で、暗に海亀のものではないかとし、「亀卜に関するものと考えざるを得ない」としている。さらに亀甲の意義を、

> 副葬の意義を考えるとそのような特殊な人びとでなければ、亀甲等を副葬する可能性はないのではないか、（中略）本横穴群と占部との関係はきわめて高く、彼らの墓地がこの横穴群のなかに営まれたと考えて、差支えないものと思う

と結論（内山他　1975）づけている。当時の政治情勢から考えて、都にも京卜

部集団が置かれていたように、伊豆国の国庁近くに卜部の集団が居住していても、なんの不思議もないと考えられるのである。後世、この解釈に対してあらためてその意義を考察したのが辰巳和弘で、

　従来、柏谷百穴出土の亀甲について、この伊豆卜部との関連で理解されてきた。すなわち亀卜を職掌とした人物がそこに葬られているというのである。

　　しかし、これまでの史料によると、伊豆国における卜部（占部）の分布は、伊豆諸島（伊豆国に属していた）を中心に半島の南部にかぎられ、しかも彼らを率いていたのは伊豆島直という伊豆諸島に拠点を置いたと推定される豪族であった。したがって柏谷百穴出土の亀甲を伊豆卜部の職掌にかかわる資料として、その被葬者を考えるのにはむずかしい。むしろ貝やサンゴモ・サンゴなどと同じように、妣の国に属するものもつ呪力への願いをそこに認めるべきであろう。紀州・田辺市磯間岩陰遺跡の一画から発掘された、再葬による人骨を納めたとみられる一辺60cmほどの土壙の蓋に、3枚の海亀の甲羅が使用されていた例につながる資料であろう。（一部追加）

と位置づけていてる（辰巳　1996）。亀は浦島伝説の例でみるように常世に霊を運ぶとされ、近年ではこの見解の可能性があるのではないかと、考えている。

　さて、『延喜式』臨時祭の条に、

　　凡年中用イル亀甲、惣五十枚ヲ限トナス　紀伊国中男作物十七枚、阿波国中男作物十三枚、交易六枚、土佐国中男作物十枚。交易四枚

となっていて、紀州（和歌山県と三重県の一部）、阿波（徳島県）、土佐（高知県）のような比較的都に近い沿岸諸国に、亀卜用の亀甲の納税を命じているが、これらはあくまでも中央の祭祀用であり、伊豆、対馬での亀卜は、海亀の捕獲習慣がもともとからあったけれども京に遠く、納税の対象となっていない。

　かつて河岡武春は「黒潮の海人」のなかで、伊豆諸島の亀卜に注目し、『延喜式』で伊豆諸島から5人とされた卜部の出身を大島、新島、神津島、三宅島、八丈島の5島としたことがあった（河岡　1983）が、私はこの5島のなかから

古墳時代後半から律令時代の遺跡がまったく発見されたいない新島をはずし、式根島を加えておこうと思う。

　1901年（明治34）に伊豆諸島の考古学研究が始まって以来、平成12年で100年、その成果は着々とあがり、ここ30年の研究の積み重ねによって、今や伊豆諸島がわが国の先史・古代文化の形成にどういう役割をはたしてきたのかを述べることができるほどになってきている。その問題は今後も追及して行きたいものである。

　伊豆諸島は小さな島じまから成り立っているが、わが国の文化が本来もっている海洋性について、島だからこそみえてくるという側面がある。その視点は今後とももちつづけなけれけばならない。

註　1909年（明治42）江見水陰が注口土器にマルサルボウガイ製貝輪の入っているのを発見し、酒詰仲男が1941年（昭和16）『人類学雑誌56−5号』に「貝輪」を発表した段階で、余山貝塚の貝輪が630点検出されているので、今日では1,000点以上とした。

第Ⅱ章　黒潮沿岸の交流文化
——縄文時代の交流・交易——

第1節　海に進出した縄文人

　縄文人は航海の機会に恵まれると、黒潮沿岸を利用して各地との交流・交易を行い、遠隔地に土器そのものや石器の材料、玉類や朱、それにさまざまな生活技術や習慣を運んでいた。ここで全国的な視野のもとで交流・交易の実態に迫ることがのぞましいのだが、現状では不可能に近いので、取り扱う範囲を次のように限定したいと考えている。すなわち、黒潮本流の影響を直接に受ける太平洋沿岸の伊豆諸島を中心に据え、関東地方から南九州、さらには奄美大島や沖縄本島へと視点を広げてみることで、取り扱う範囲としておきたい。

　もう少し具体的にいうと、黒潮本流がトカラ列島を過ぎて太平洋に流れ込む大隅諸島（屋久島、種子島など）あたりから南九州、土佐、紀伊半島、遠州灘を経、伊豆諸島をかすめて房総半島沿岸を過ぎ、東北地方南部にいたるまで、広い範囲の沿岸地域の縄文人の交流・交易について、言及したいのである。とはいっても題材によっては沿岸のみならず内陸部をも含めて考察してみたいと思っている。

　まず、海に進出する縄文人について、年代順に述べていくつもりであるが、はじめに縄文時代早期に海に進出して貝塚を残すようになる縄文人が、やがて外海に進出する姿を浮き彫りにしたい。また、彼らが縄文時代前期に南九州と伊豆諸島において、より外海に進出していく具体例を示し、同時にそのころ、関西系の土器が静岡県富士川以東に運ばれていく状況を明確にさせたいと思う。

　また、縄文時代中期については、主として伊豆諸島の神津島の黒曜石が、海を隔てて本州島に運ばれていく様相を述べながら、黒曜石をめぐる交易につい

て言及してみたい。

　縄文時代後期・晩期については、太平洋沿岸を東日本と西日本という大枠のなかでとらえ、縄文土器や石器の東西への伝播について詳述することで、縄文人の幅広い交流について触れてみたいと思っている。

　なお、本州島が大きく折れ曲がる関東地方から南に展開する伊豆諸島は、日本列島の太平洋側、すなわち黒潮圏に点在する唯一の島々であるばかりでなく、この島々が東日本の古代文化に少なからず貢献していると考えことは第Ⅰ章でのべた通りであるが、本稿ではその視点をも取り入れながら、何よりも黒潮沿岸の交流について、詳述するつもりである。

(1)　海へ乗り出した関東地方の縄文人

　縄文人がはじめて海に進出し、沿岸部の貝の採取や釣漁などの漁撈活動を行うようになったのは、縄文時代早期前半、今から約9,500年前のことといわれる。その最初の例として神奈川県横須賀市夏島貝塚を取り上げる。この貝塚は1950年（昭和25）から本格的な発掘調査が実施され、国内では最古級の貝塚として位置づけられ（杉原　1957）、縄文時代早期前半の標式遺跡ともなっている。夏島式土器は、のちに放射性炭素年代測定による年代測定（^{14}C）によって、9240年±500B・P（B・Pは1950年を基準とする）と測定され、当時としては世界最古の土器として話題になった。

　夏島貝塚に相前後するのが千葉県神崎町の西ノ城貝塚で、それにやや遅れた時期の漁撈遺跡としては、関東地方では利根川下流域の花輪台貝塚や千葉県佐原市鴇埼貝塚などが上げられる。

　海に進出した縄文人がより外海の伊豆諸島に移り住むようになったのは、縄文時代早期中葉（今から約8,000年前）近くなってからのことで、横須賀市平坂貝塚に代表される平坂式土器のころとされる。伊豆大島下高洞遺跡Ａ地点では、その時期の住居跡が発掘され、多くの無文土器とともにわずか1片であるが、山形押型文の土器片が検出されたことである（永峯・早川　1985）。山形押型文土器は、このころ主として中部地方以西の西日本に分布する土器とさ

れ、その始まりと終りとでは数百年の時間差があるものの、この土器が関東地方に進出し、その延長線上で伊豆大島において発見されたのである。

山形押型文土器はこのほか、神津島のせんき遺跡、三宅島の釜ノ尻遺跡、西原遺跡などからも発見されており、いずれも縄文人が外洋に積極的に乗り出しはじめたころの遺跡として特筆される。

(2) 東日本と西日本の縄文人

縄文時代早期から前期にかけて、わが国は地球的規模での温暖化傾向のなかにあり、両極の氷や氷河が溶けて海に流れ込み、海水面が上昇する時期（海進期という）にあたっていた。先の夏島貝塚もはじめは海水と淡水の入り交じる汽水性のヤマトシジミを主体とした貝塚として形成されはじめたが、海が進出してくるころになると鹹水性のカキやハイガイなどで貝塚が形成されるようになった。

この夏島貝塚から数百年以上遅れた縄文時代早期中葉のころになると、瀬戸内海中央部あたりでも押型文土器をともなう貝塚が形成されるようになる。この地域でもはじめ汽水性のヤマトシジミ中心の貝塚であったが、やがて鹹水性のハイガイなどで形成される貝塚となっていき、そのころ汽水域であった瀬戸内海中央部に海が進出してきたことを示している。岡山県牛窓町黄島貝塚や黒島貝塚などがこの時期の貝塚（江坂　1982）である。

この時期に少し遅れて、東北地方北部でも縄文人の海への進出がはじまった。当時はまだ入江であった青森県小川原湖沿岸に貝塚が形成され、そのうちの一つ早稲田貝塚では内海における漁撈活動が行われていた（二本柳・佐藤　1957）。

一方、九州地方において漁撈活動がはじまるのは遅く、縄文時代早期末になってからのことである。宮崎市跡江貝塚などがこの時期の貝塚で、夏島貝塚からみると実に2,000年以上も後のことである。

このように日本列島全体でみてくると、関東地方ではいち早く縄文時代早期中葉から外海に進出しはじめ、さらにその延長線上で伊豆諸島まで進出していたことは、わが国の歴史上でもきわめて重要なできごとであったと思われる。

それと同時にこの時期すでに、神津島産の黒曜石が、山形押型文土器が出土した大島の下高洞遺跡や三浦半島の諸遺跡にも運ばれていることが判明（野内・鈴木他 1991）しており、この事実は海を越えての交流・交易が頻繁に行われていたことを雄弁に物語るもので、見落とすことができない史実として記録しておく必要がある。こうして、ひとたび外洋に進出することをおぼえた縄文人たちは、引きつづいて「海人」としての道をつき進むことになる。

(3) 茅山式土器と伊豆諸島

1956年（昭和31）から翌57年にかけて、東京都教育委員会によって伊豆諸島の総合調査が実施された。この調査には当時最古の縄文文化と目されていた撚糸文土器（夏島式土器など、縄文時代早期前半から中ごろの土器）が、南方から伊豆諸島を経由して伝えられたことが判明するのではないか、と期待が寄せられた。ところが御蔵島ゾウ遺跡に縄文時代早期後半の茅山式土器（横須賀市茅山貝塚出土土器を標式とする）が運ばれていることが判明したものの、それ以前の撚糸文土器の時代には人が住んだ痕跡がまったく発見されず、むしろ御蔵島は南関東の文化圏に入ることが確認されるという結果（後藤他 1958）に終わった。

ちなみに茅山式土器は、土器の成形や器形などに斉一性を保ちながら貝殻条痕文を施したもので、南関東一円に分布の中心をおくと考えられていたが、現在ではきわめて広範囲に分布する土器群として位置づけられている。このことは縄文時代早期後半ころ、すでに縄文社会が発展期に突入し、広大な交流のネットワークができあがりつつあることを意味している。

なお、茅山式土器は広島県帝釈峡遺跡群の観音堂洞窟（神石町）が西限とされていたが、その後、さらに瀬戸内海を越え、東九州を南下して

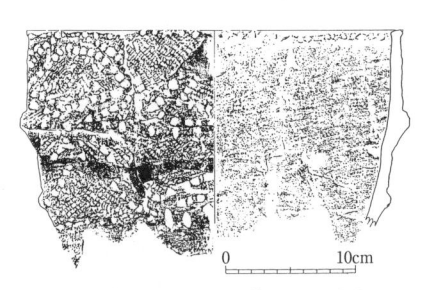

図28　跡江貝塚出土の茅山下層式土器
（岩永　1989）

宮崎市跡江貝塚にまで運ばれている（岩永 1989）ことが判明（図28）している。ついでながらこの跡江貝塚には当時、国東半島の北数kmの海上に浮かぶ姫島産の黒曜石が運ばれている。先に述べた伊豆諸島の御蔵島にも約55km離れた神津島産の黒曜石が搬入されているケースとも共通しており、興味深い。いずれにせよ、こうした交流の背景には、航海に長じた海人の存在が強く感じられる。

(4) 黒潮を越えた縄文人

縄文時代早期と前期の境目にあたるころ、南九州では鬼界カルデラとよばれる未曾有の海底火山が大爆発し、震源地に近い屋久島、口永良部島、種子島、さらに南九州南半は高温の火砕流の直撃を受け、動植物のすべてが全滅するという大被害をうけた。

このとき噴火したアカホヤとよばれる火山灰の降積は、九州全土はもとより四国、紀伊半島まで及び、厚さは20〜50cm前後も積もった。さらにこの火山灰は伊豆諸島をふくむ関東地方から東北地方まで降りそそぎ、縄文時代最大の火山災害とされている。この大噴火（町田・新井 1978）によって当時、南九州一帯の照葉樹林帯に発達されたいたとされる独自の縄文時代早期文化は一挙に消滅してしまった。

その後、南九州に植生が回復し、今からおおよそ6,300年ほど前、すなわち縄文時代前期には、消滅した縄文早期文化とはまったく異なる土器文化を携えた人びとが南下してきた。その土器は轟式土器（熊本県宇土市轟貝塚出土土器を標式とする）とよばれている。

轟式土器はどちらかというと海岸寄りに分布していることから海洋性に富む土器といわれ、九州一円はもとより一部は山陰、瀬戸内沿岸にも達し、さらに対馬海峡を越えて朝鮮半島南部にも分布を広げている土器（李 1994）とされている。なお、南九州では、大隅諸島の種子島、屋久島まで伝播している。

轟式土器につづく曽畑式土器（宇土市曽畑貝塚出土土器を標式）は、朝鮮半島の櫛目文土器との類似性が指摘されているが、その出自はいまだ明確になっ

56　第Ⅱ章　黒潮沿岸の交流文化

図29―1　伊礼原C遺跡出土の曾畑式土器（山谷町教育委員会提供）

1：南島爪形文土器　　2・3：曽畑式土器　　4・7：曽畑式土器の仲間
5：無文土器　　6：無文で口縁直下につまみ出しのある土器
8：磨製石斧（砂岩製）
1～5・7・8：Ⅶ層出土　　6：Ⅷ層出土

図29―2　屋我地大堂原貝塚出土遺物（3：幅6.1㎝）（名護市教育委員会提供）

第1節 海に進出した縄文人 57

ていない。この土器も轟式土器以上に海洋性に富み、その分布は九州一円に広がり、南は種子島、屋久島はもちろん、黒潮本流が東シナ海から太平洋にむけてトカラ列島を横切る七島灘を越え、奄美大島の高又遺跡や沖縄本島の読谷村渡具知東原遺跡、北谷町伊礼原C遺跡・名護市我地大堂原貝塚などから発見（図29）されている。なかでも伊礼原C遺跡は、ほぼ曽畑式土器の単純遺跡に近く、我地大堂原貝塚（岸本 2000）では第Ⅶ層から南島爪形文土器や無文土器、曽畑式土器の仲間と思われる土器とともに曽畑式土器が検出（図29—2の2・3）されており、今後の整理作業が楽しみとなっている。

さらに曽畑式土器は朝鮮半島の慶尚南道釜山市東三洞貝塚からも検出されており、その後も出土例が増えている。いうなれば曽畑式土器は、東シナ海に視点をおいて検討すべき「海の土器」といっても過言ではない。

このように海洋性に富む土器が分布していく背景には、当然、縄文時代に優秀な丸木舟を製作する技術や航海技術がなければならず、九州島と奄美・沖縄諸島との間に、さらには朝鮮半島との間に、なんらかの情報伝達の方法が確立していたと考えることができる。

一方、東日本では御蔵島まで達していた縄文人も、そこから黒潮本流を80kmを隔てた八丈島には、約1,000年近くも進出することができないでいた。

　　八丈の渡海は至て剣難にて、凡我国より渡る所、支那、朝鮮、琉球および壱岐、対馬、佐渡、松前いずれも易すからずと雖も、八丈島を以て第一とす……黒潮は海面に墨をすりし如く幾何ともなく渦ばかり流るゝと、見る者怪しく是をみて、目くるめかずという人なし（『風俗画報』254号、明治35年〈1902〉）

に紹介されているように、御蔵島と八丈島の間の黒瀬川（黒潮本流）を縄文人が乗り切ることは容易ではなかったからである。

そうしたなかで縄文時代前期後半の諸磯式土器（神奈川県三浦市諸磯貝塚出土土器を標式）が、関東地方を中心に北は東北地方南部（山形県南部）から西は伊勢湾沿岸にいたるまで分布域を広げる様相を見せていた。伊豆諸島においても諸磯式土器が御蔵島以北の島じまに分布しはじめ、神津島の上ノ山遺跡や

三宅島の西原遺跡に、多量の諸磯式土器が搬入されている（橋口　1975）。そのころにはおそらく伊豆諸島を含む海上交通網が完成していたと考えられる。

御蔵島まで到達していた縄文人も、縄文時代前期末にようやく黒瀬川の80kmを乗り切り、八丈島の倉輪遺跡の地に集落をかまえることになる。南関東の土器でいうと十三菩提寺式土器（神奈川県川崎市十三菩提寺式遺跡出土土器を標式）の時期のころである。

なお、八丈島にはそれ以前に、御蔵島や三宅島の縄文人と交渉した痕跡のみられない湯浜人とよばれる人びとが生活した跡がある。しかし彼らと本州島の縄文文化とはストレートに結びつかない可能性があるので、ここではあえて除外しておくことにする。この湯浜人も神津島の黒曜石を八丈島に運び込んでいる。

(5)　倉輪遺跡の遺物にみる交流の多様性

八丈島の倉輪遺跡は、縄文時代前期末の今から約5,000年前を中心に、前後400年ほど存続したと考えられている。遺跡の中心部は現在、ホテルやプールなどの建設によって破壊されているが、その規模はおよそ1,800㎡の広さをもつ。1978年（昭和53）から86年にかけて7次にわたる発掘調査が行われたが、いまだ全体の10分の1強の広さの約200㎡足らずを発掘したにすぎない。（小田　1991）

しかし、それでも住居跡6軒以上、男女あわせて3体の人骨が確認（図30）され、骨角製品のななかには倉輪型とよばれる釣針や刺突具、骨針、管状骨製品、サメ歯製垂飾品なども含まれ、イヌやイノシシの骨まで検出されている。

倉輪遺跡においては、当時すでに村が形成され、イヌをつれてイノシシ狩りま

図30　倉輪遺跡出土1号人骨
（八丈町教育委員会蔵）

第1節　海に進出した縄文人　59

で行われていたと考えられる。検出されたイノシシは、0.5歳未満6体分、1歳4体分、2歳14体分、2.3歳6体分、2.5歳15体分、2.5歳以上17体分の骨格が発見されている。これは、本州島の貝塚からの出土状況とも近似し（金子浩昌1987）、本州島の縄文文化そのものを八丈島倉輪遺跡にみることができる、といっても過言ではない。

そればかりでなく、土器や垂飾品など出土遺物の全容が明らかになるにつれ、倉輪遺跡で生活した縄文人のもつ情報量が驚くほど豊富なものであることが判明してきた。倉輪遺跡には南関東の土器はもとより、遠く東北地方南部から北陸地方、中部地方、東海地方、西は関西地方にかけての広範囲な地域の土器が搬入されているのである。

八丈島に運ばれた土器を具体的にみると、縄文時代前期末では関西系の北白川下層式土器（京都市北白川小倉町北白川遺跡出土土器を標式）、大歳山式土器（兵庫県神戸市大歳山式土器を標式）、鷹島式土器（和歌山県鷹島遺跡出土土器を標式）のほか北陸系の鍋屋町式土器（新潟県鍋屋町遺跡出土土器を標式）などがある。

縄文時代中期初頭には、五領ケ台式土器（神奈川県平塚市五領ケ台遺跡出土土器を標式）や東関東の下小野式土器（千葉県下小野貝塚出土土器を標式）が、中期前半には少量であるが阿玉台式土器（千葉県小見川町阿玉台遺跡出土土器を標式）ももち込まれている。このほか東海地方の北裏CI式土器（岐阜県可児市北裏遺跡出土土器を標式）、中部高地に分布の中心をおく貉沢式土器（長野県富士見町貉沢遺跡出土土器を標式）、東北地方から東関東北部を分布の南限とする大木6式土器（宮城県七ヶ浜町大木囲貝塚出土土器を標式）などがあり、実に多彩である。（図31）

年代でいうと、今から約5,000年前を中心にした約400年前に相当する時期であることは前述の通りである。この間、黒潮本流の流路に変化が起こり、八丈島の南に本流が下がる時期があったとしても、永続的なものでは

図31　倉輪遺跡出土の東北系大木6式土器（報告書より）

なかったはずである。やはり黒潮本流、すなわち黒瀬川を乗り切った縄文人がいたことは確かである。

なお、先に記した奄美大島出土の曽畑式土器は、九州本土の曽畑式土器とくらべて胎土や厚ぼったさなどの点で異なっているとされるが、これは土器の製作技術が黒潮本流の七島灘を越え、奄美（中山 1993）、沖縄本島へと模倣という形で伝えられる過程で起こったと考えられていることもあれば、南九州の曽畑式土器そのものが沖縄伊礼原C遺跡に伝播し、その製作技法を模して現地でも曽畑式土器をつくるという具合である。

これに対して、八丈島倉輪遺跡出土の本州島からの土器は、生産地の姿をそのまま残しており、途中でアレンジされることなく、そのまま搬入されていることが判明している。伊豆諸島は土器をつくるほどの粘土が少ない島だからであろう。

(6) 倉輪遺跡の垂飾品と交流圏

倉輪遺跡出土の遺物は、その生産地の多彩さからさまざまな問題点を提起する。とりわけ垂飾品についてはその生産地がはっきりしているだけに縄文時代の交流・交易を考える上で、第一級の考古資料（図32）となっている。

倉輪遺跡出土の垂飾品の第一は、千葉県銚子市西明浜（江戸時代にはほとけ浜）産の琥珀でつくられたと思われる玉類（丸玉2個、勾玉1個）が検出されていることである。これらの玉類は、銚子市粟島台遺跡において製作（寺村 1974）されたことが判明し、勾玉が発生したと考えられる縄文時代前期末から中期初頭のものであることが注目される。なお、南関東から八丈島へのルートは、これら琥珀の玉類のみならず先述した下小

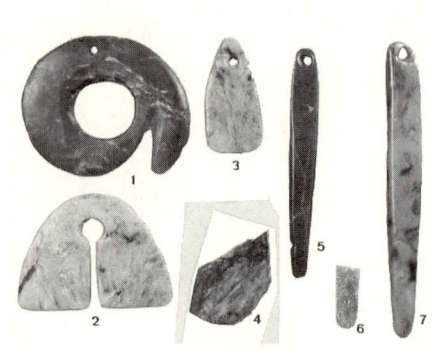

図32 倉輪遺跡出土の垂飾品（7：長さ10.7cm）
（八丈町教育委員会提供）

野式土器や東北地方南部の大木6式土器を通じての搬入コースが考えられる。

　第二は棒状垂飾品とよばれるもので、倉輪遺跡から3例出土している。いずれも擦切技法（母岩の一定の幅を鋭利な石で擦って切れ目をつけ、石器に仕立てる技法）によって製作されたもので、そのうちの一つ（図32の7）は、第2号人骨の後頭部あたりから検出されている。棒状垂飾品の類例のすべてを集計することはできないが、のちに述べる「の」の字状石製垂飾品（図32の1）とともに縄文時代前期から中期はじめの所産と考えられる。棒状垂飾品は擦切技法や石質などから、抉状耳飾りの製作地である北陸地方において製作され、女性用として意識的に八丈島へもたらされたものと想定される。なお、鹿角製の棒状垂飾品が、神奈川県横浜市神ノ木台遺跡から採集されている。

　第三は抉状耳飾りである。倉輪遺跡からは完形品1点（図32の2）と、その二次製品としての垂飾品が検出されている。いずれも蛇紋岩製である。伊豆諸島では神津島の上ノ山遺跡からも抉状耳飾りの破片が出土している。

　抉状耳飾りは原則的には女性の耳に装着する装身具で、その出自は中国からの伝播とする見解が有力であるが、反対意見もありいまだに決着をみていない。現状では、縄文時代早期に出現し、前期に東日本一帯に流布し、その後、中期にかけて西日本でも広く分布するようになった石製品とされている。倉輪遺跡出土の抉状耳飾りの原産地はほぼ間違いなく新潟・富山の両県境あたりであろう。

　第四は、男性用の垂飾品と考えられる玉斧（有孔磨製石斧：図32の4）である。倉輪遺跡の報告書では不明石器として紹介され、筆者もそれに従っていたが、玉斧としての可能性があると指摘されて以来、にわかに注目をあびるようになった。玉斧の形態は磨製石斧に似ているが、刃はなく頭部近くに垂飾用の1孔がつけられ、滑石や蛇紋岩でつくられることが多い。玉斧は縄文時代前期後半の諸磯式土器の時期に出現しはじめ、中期に盛行し、引きつづいて後期・晩期から弥生時代の初期まで残存（長崎　1984）する。中部高地を中心に広く東日本に分布すると考えられている。

　第五はヒスイ（翡翠）製の丸玉片の出土である。残念ながら報告書には図も

写真も掲載されていないが、倉輪遺跡から出土したことは確実である。ヒスイの原産地が新潟県と富山県境あたりであることは周知のとおりである。

第六は「の」の字状石製垂飾品（図32の1）である。石質やみごとなできばえから製作地を日本海側と即断したくなるほどである。

以上、原産地や製作地などが明確な倉輪遺跡の垂飾品について述べたが、これは単に出土品の貴重さゆえに列記したのではなく、次に述べるいくつかの重要な問題点が指摘されるからである。

(7) 「の」の字状石製垂飾品の重要性

昭和30年代後半以降、全国的な規模で発掘調査が増加し、その後は毎年のように新しい発見がつづいているが、とくにここ数年、縄文時代についての貴重な発掘調査が続出し、縄文時代の実相を再考する動きが活発になってきている。

こういうなかで「の」の字状石製垂飾品の発見は、玉類のなかではもっとも新しい発見として、1989年（平成元）の公表以来、注目されている。しかも、「の」の字状石製垂飾品についてはいく人かの研究者が言及している（川崎保 1996）が、そのたびに事例が増え、現在では全国で12例が判明している。今後もおそらく類例が増えることであろう。

最近の研究によると、出土12例（図33）のうち青森県三戸町泉山遺跡の出土品が結晶片岩製、長野市松原遺跡と山梨県中道町上の平遺跡のものが滑石製、その他の9例の大部分が蛇紋岩製であ。時期については、縄文時代中期中葉の泉山遺跡のものを除いて、縄文時代前期末から中期初頭に位置づけられ、この時期を特徴づける垂飾品と考えてよいように思われる。

「の」の字状垂飾品の分布をみると、前述のように製作地を富山県から新潟県南部に位置づけることができると考えている。この地域は蛇紋岩・ヒスイなどの良質の石材を産出する地域として知られており、前山精明は『新潟考古』第5号（前山 1994）のなかで、

　　早期後半以後抉状耳飾りが盛んに製作され、中期にはいると蛇紋岩製磨製石斧やヒスイ大珠などの一大生産地へと発展することが知られている。石

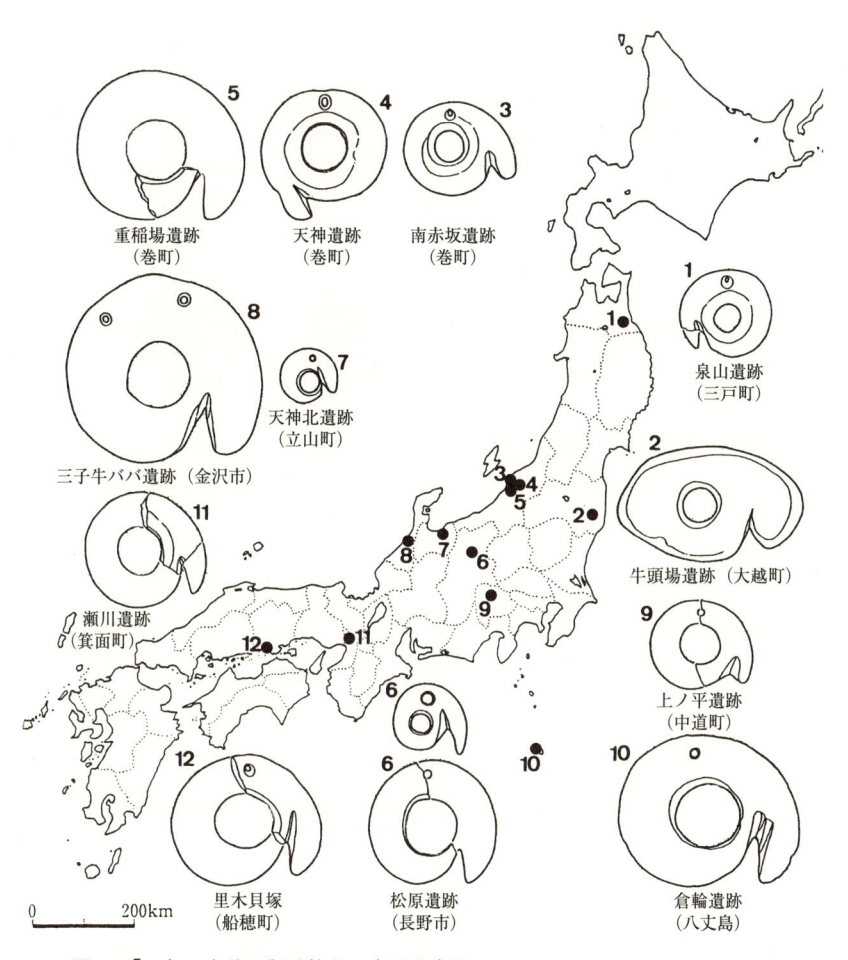

図33 「の」の字状石製垂飾品の全国分布図 (前山　1994を改変) (10：左右6.07cm)

材原産地周辺における連綿とした石器製作活動、そして磨製石斧やヒスイ製品にみられる広範な流通ネットワークの存在を考えるとき、『の』の字製石製品の主たる製作地もまた同地に求められるのではないかという見方が必然的に生じてくる。

と記している。

ここで縄文時代前期末から中期初頭にかけての「遺跡」での垂飾品（玉類）

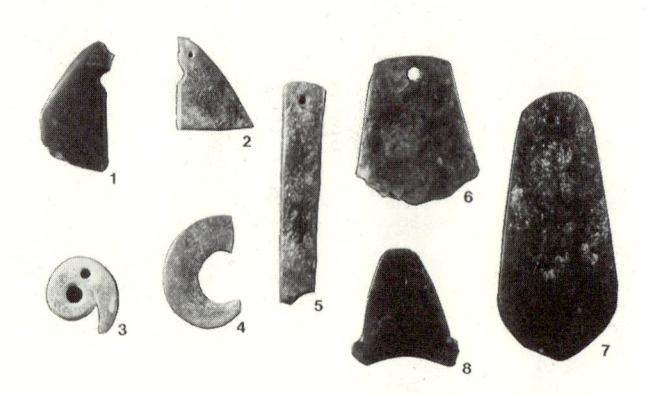

図34　松原遺跡出土の垂飾品 (長野県埋蔵文化財センター蔵) (7：9.65cm)

のあり方として、「の」の字状石製垂飾品、棒状垂飾品、玦状耳飾り、玉斧のすべてをセットとして把握してみると、倉輪遺跡と長野市松原遺跡とがあまりにも類似していることに驚く。松原遺跡の垂飾品（図34）をみると、玦状耳飾り（図34の1-2）、「の」の字状石製垂飾品2（図34の3・4）、棒状垂飾品1（図34の5）、玉斧3（図34の6〜8）である。これらの遺物のすべてが1遺跡で出揃うことがめったにないにもかかわらず、中部高地地域の長野県松原遺跡と、そこから黒潮を隔てて実に400km以上も離れた八丈島倉輪遺跡に、同じセットで出土していることはまず驚かされる。本州島の情報がそのまま八丈島に伝わったことを明確に示しているからである。

　また、「の」の字状石製垂飾品が盛行するのが、縄文時代前期末から中期初頭に限定されるという特徴を加味してみると、縄文時代の本土の伝統がストレートに八丈島に達していることの意義を、あらためて考えてみる必要があるように思う。

(8)　関西系土器の動態と海の道

　縄文時代前期末から中期初頭にかけての縄文人は、自ら情報伝達者の役割を果たしながら、列島内を自由に動きはじめ、その結果として各地に土器を残していった。

第1節　海に進出した縄文人　65

　ここでは東日本に運ばれた関西系土器の動態を、静岡県富士川以東から南関東にかけての地域に探り、そこから想定される交流・交易の問題について考えてみたい。もちろん伊豆諸島も考察の対象に含まれる。八丈島の倉輪遺跡に関西系の北白川下層式土器、大歳山式土器、鷹島式土器が搬入されていることはすでに述べた通りである。これを伊豆諸島全体でみると、北白川下層式土器の出土が目立ち、御蔵島ゾウ遺跡、三宅島西原遺跡、神津島上ノ山遺跡、大島鉄砲場ヤア遺跡などから検出されている。いずれも伊豆半島を経由して伝播したと考えるのが妥当である。

図35　桜並遺跡J1号住居出土の大歳山式土器（横浜市ふるさと歴史財団提供）（高さ：推定39.2cm）

　北白川下層式土器は、南関東においては神奈川県秦野市草山遺跡、横浜市細田遺跡、同平台遺跡、同東遺跡、同北川遺跡、東京都町田市小山田No20遺跡、多摩ニュウタウン352・353遺跡、八王子市神谷原遺跡、あきる野市二宮遺跡、武蔵野台地の世田谷区六所遺跡、中野区江古田遺跡、杉並区大宮遺跡、板橋区四枚畑遺跡などから出土している。埼玉県では上福岡市上福岡遺跡、鷺森遺跡、庄和町米島遺跡などから検出されている。

　このような分布状況から北白川下層式土器（縄文時代前期後半に編年）は関東地方の中央部には進出せす、主として荒川以西に分布していることがわかる。なお、北白川下層式土器が外房の千葉県勝浦市長者ケ原高梨遺跡からも出土していることから、伊豆諸島をかすめて房総半島の外房地域にいたる、黒潮支流の流れに即した海の交通路が存在したことを示唆していると思われる。

　大歳山式土器（前期末に編年）は、横浜市港北ニュウタウン地域でも相次いで発見されており、石原遺跡、桜並遺跡（図35）などではほぼ完全に原形に復

元されているほどである。

鷹島式土器（縄文時代中期初頭に編年）は、伊豆諸島では八丈島倉輪遺跡のほか、新島の田原遺跡からも出土している。伊豆半島では静岡県河津町段間遺跡（図36）、東伊豆町松峯遺跡、箱根山塊を越えた静岡県熱海市下松田遺跡、真鶴町上釈迦堂遺跡から出土している。また、神奈川県秦野市山之台遺跡、草山遺跡、平塚市五領ケ台遺跡、横須賀市伝福寺裏遺跡など、どちらかというと海浜に近い遺跡からの検出が多いように思われる。

このほか海を介して関東地方に伝播したと考えられる土器に、船元式土器（岡山県倉敷市船元遺跡出土土器を標式）がある。船元式土器は瀬戸内地方から近畿地方にかけて分布の中心をおく土器であるが、南九州にまで達しており、南九州における春日式土器（鹿児島市春日遺跡出土土器を標式）の編年決定に大きく貢献している。

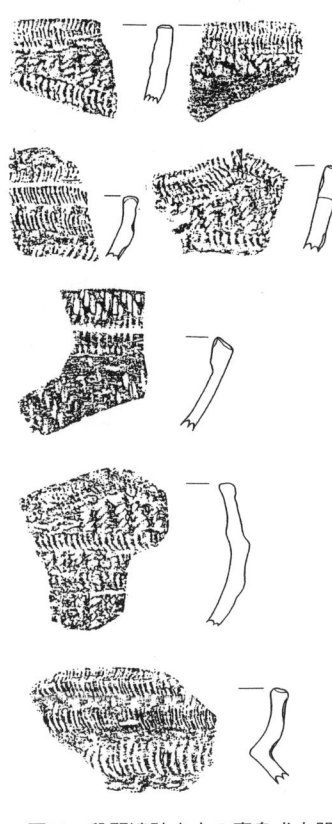

図36　段間遺跡出土の鷹島式土器
（河津町教育委員会提供）

船元式土器は関東地方でいえば縄文時代中期前半の勝坂式土器（神奈川県相模原市勝坂遺跡出土土器を標式）とほぼ同時期のものとされ、その分布の東限は従来、相模湾あたりと考えられていた。しかしその後、船元式土器が東京湾東岸の千葉県木更津市祇園貝塚（堀越　1976）にまでもたらされていることが判明し、三浦半島を迂回して土器を伝えた縄文人の動きを推定することができる。

(9) 内陸ルートと関西系土器

　一方、この時期、海のルートばかりでなく、内陸部でも人びとの動きが活発になりはじめた。黒曜石を求める人びとの動きが激しくなり、その結果、遠隔地の土器が黒曜石の産地に残されるという事例が増えつつある。

　最近では八ケ岳山麓から蓼科高原にかけての中部高地で、縄文時代の黒曜石採掘跡の調査が盛んとなり、その発掘を通して縄文時代の鉱山業はもちろん黒曜石の交流・交易に関する論議が深まりつつある。

　中部高地の黒曜石の交易については、すでに諸先学によって論じられてきた（長崎　1984b）が、最近の研究でも諏訪湖周辺に「黒曜石集積遺構」の検出が増加しており、そこに遠隔地の土器が運ばれてきた経緯についての考察が行われている。

　遠隔地から運ばれた土器の具体例をいくつか示すと、岡谷市大洞遺跡から縄文時代前期後半の北白川下層式土器が、八ケ岳山麓の富士見町籠畑遺跡から鷹島式土器の完形品が、諏訪湖周辺の岡谷市花上寺遺跡や棚畑遺跡などから船元式土器が発掘され、明らかに黒曜石を求める人びとの手によって、関西系の土

左から：新崎式土器、阿玉台式土器、在地の土器
図37　梨久保遺跡 NO390小竪穴出土一括土器 （岡谷市教育委員会蔵）

器が運ばれたと考えられる。
　そのルートは海上ルートのみならず、内陸や内水面のルートを通るもので、近畿地方から東海地方へ、さらに天竜川をさかのぼって諏訪湖へ、そして中部高地の黒曜石原産地地帯へと伝えられる「交易のルート」が確立していたことを示すと思われる。
　なお、諏訪湖周辺に搬入された土器は関西系の土器ばかりでなく、岡谷市梨久保遺跡には東関東に分布の中心をおく阿玉台式土器も運び込まれている。
　興味深いのは、この梨久保遺跡 No390の小竪穴から主として北陸地方に分布する縄文時代中期前半の新崎式土器（石川県穴水町新崎遺跡出土土器を標式）や、中部高地の同時期の貉沢式土器が在地の土器とともに検出されている（図37）ことである。これらのケースはまさに黒曜石を求めて縄文時代の人びとが動いた証といってもよいであろう。
　縄文人の活発な動きは、今まで述べてきた伊豆諸島や中部高地ばかりでなく、日本海側にもそうした動きが顕著に認められる。縄文時代前期後半から中期中葉にかけての日本列島は、交易・交流においても開花期だったといえるのである。

第2節　黒曜石の交易

(1) 黒曜石の流通

　黒曜石は縄文時代のみならず旧石器時代にも、すでに石器の素材として珍重されており、一部では弥生時代中期にいたるまで交易の対象とされていた。以下、縄文時代における黒曜石の交易について具体的に述べるつもりであるが、その前に、黒曜石およびその原産地などについて説明を加えておきたい。
　日本列島における黒曜石の原産地は、現在70ケ所ほど知られるが、その分布は均一ではない。九州地方では西に偏在して26ケ所、中・四国地方では隠岐島だけに4ケ所、中部地方では長野県の中部高地を中心に13ケ所、関東地方では

第2節　黒曜石の交易　69

神津島を3ケ所のほかに4ケ所、東北地方では12ケ所、北海道では10ケ所となっている。

　いずれもおもに流紋岩系の溶岩を噴出する火山地帯に原産地があり、そのほとんどが黒色をなし、時に茶色の斑を含有する火山性のガラスもある。硬度6と測定され、まがりながらも宝石に分類されている。

　黒曜石は火山ガラスという名称が示す通り、割るとガラスと同じように鋭い刃部が現れるため、それを利用して縄文時代には主として石鏃（矢じり）や槍状石器、皮を剥ぐための石匙などがつくられた。なかでも石鏃は黒曜石で製作すると手間もいらず、早くから狩猟社会における必需品になっていたといわれる。極端にいうと、黒曜石を入手できるか否かが一族の存亡にかかわるほど重要な役割を負っていた、と考えてよいように思う。

　このような性格をもつ黒曜石が、どのようにして交易の対象となったのか、東日本の黒曜石、すなわち長野県産・箱根産・伊豆半島産・神津島産・栃木県産の黒曜石を例にとって述べてみたい。

　このうち海を隔てた神津島産の黒曜石については、丸木舟を介在させてのダイニミックな交易の問題でもあるので、詳しく記述する。

　なお、東日本の黒曜石の産地は次の通りである。

　1、栃木県の黒曜石産地
　　　　那須高原山…栃木県塩原町高原山八方ケ原
　2、長野県中部高地の黒曜石産地（おもなもの）
　　　　霧ケ峰…長野県諏訪郡下諏訪町星ケ台、星ケ塔
　　　　男女倉…長野県小県郡和田村男女倉
　　　　和田峠…長野県諏訪郡下諏訪町西餅屋
　　　　　…長野県小県郡和田村東餅屋
　　　　麦草峠…長野県南佐久郡八千穂村麦草峠
　　　　星糞峠…長野県小県郡長門町鷹山
　3、箱根山塊の黒曜石
　　　　畑　宿…神奈川県足柄下郡箱根町畑宿

笛　塚…神奈川県足柄下郡箱根町笛塚
　　　鍛冶屋…神奈川県足柄下郡箱根町湯ケ浜
　4、伊豆半島の黒曜石産地
　　　上多賀…静岡県熱海市上多賀海岸
　　　柏峠西…静岡県田方郡中伊豆町冷川上流
　5、神津島の黒曜石産地
　　　砂糠崎…東京都神津島東海岸崖
　　　恩馳島…東京都神津島の付属島
　　　沢尻湾…東京都神津島の西海岸
　これらの産地のうち分布範囲が40km〜50km以内と狭いのは箱根山塊、伊豆半島、栃木県那須郡高原山産の黒曜石で、これに対して長野県中部高地産の黒曜石や神津島産の黒曜石は原産地から200km以上も離れて分布する。これは、中部高地や神津島産の黒曜石の品質がとても良質で、各地で人気があったことの表れわれとも考えられるが、その根底には遠隔地にまで運ばれる流通ルートや組織が確立していたのではないかと考えられる。
　長野県中部高地の黒曜石については、鳥居龍蔵（1870〜1953年）によって、1924年（大正13）にその分布が明らかにされたのが研究のはじまりである。
　鳥居は和田峠や星糞峠を調査しその原産地をさぐるとともに、「黒曜石の分布圏を想定して」（鳥居　1924）と断りながら、
　　　其限界国は甲斐・武蔵・相模・下総・常陸・上野・岩代・越後・佐渡・飛騨・美濃・加賀・越前・遠江・駿河・伊豆
とし、北は日本海沿岸、東南は太平洋沿岸にいたるまでの60里（約240km）内に分布圏を設定している。この設定は分析の進んだ現在とほぼ一致しており、鳥居の炯眼には敬服する。
　ところで、ほぼ西限に近い富山・石川両県出土の黒曜石の原産地分析をみると、近くに能登半島比那産の黒曜石や富山県魚津産の黒曜石があるが、遠くは長野県原産のもの、とくに霧ケ峰産の黒曜石が圧倒的に多いことが判明している。このように北陸両県出土の黒曜石原産地が解明されてきたことは、縄文時

代の交流・交易を考える上でかなり重要なことである。そのなかで縄文時代中期の石川県富来町福浦ヘラソ遺跡から、長野県霧ケ峰産2例のほか、神津島産1例が検出されたことは注目される（藁科・東村・平口　1995）。

一方、東側の太平洋岸では房総半島先端近くの千葉県千倉町瀬戸遺跡（縄文時代後期）から、霧ケ峰の星ケ塔産の黒曜石1点が発掘されており、長野県の中部高地産の黒曜石が運ばれた東限ではないかと思われる。南関東一帯で黒曜石が石器として利用されはじめるのは、今から25,000年も前の後期旧石器時代からのことであるが、そのころは箱根産黒曜石が多く利用され、長野県産や神津島産の黒曜石の利用度は少なかった。その後、ウルム氷河期（最盛期が約2万年前）を過ぎるころから、しだいに長野県産の黒曜石が増加しはじめ、箱根産黒曜石を凌ぐようになってくる。

(2)　神津島産黒曜石の推移

縄文時代に入ると関東地方では、草創期には長野県産と箱根産の黒曜石がほぼ同等に利用さているが、神津島産黒曜石の利用度はまだ少なかった。しかし、それ以降、神津島産黒曜石は縄文時代全般を通じて、南関東から東海地方東部にかけて運び出されていく。

1979年（昭和54）8月から1981年にかけて、伊豆諸島考古学研究会では神津島村教育委員会の要請により半坂遺跡の発掘調査を行い、それを機に神津島出土の考古資料の悉皆調査を実施した。そして、1991年（平成3）、その成果を収めた『神津島―その自然・人文と埋蔵文化財―』を刊行した。その際、村から「渡船」を出してもらい、神津島の東側の砂糠崎の崖に帯状につらなる黒曜石の露頭を観察することができた。崖下に近づき、キラッと輝く巨大な黒曜石の帯を目のあたりにしたときの感動はいまだに忘れることはできない（図38）。

以下では上の報告書に載せた「神津島産黒曜石の本土における分布」という加藤恭郎の報告をもとに、その後、今日まで集めたデータを加え、神津島産黒曜石をめぐる交流・交易について述べることにする。

神津島における黒曜石の採取地が3ケ所あることは前述の通りである。その

図38　砂糠崎の黒曜石の露頭

　うち砂糠崎の黒曜石は神津島の東側・多幸湾の左上の崖面にあり、上下を流紋岩に挟まれ、その一部は付属島の祇苗島（ヘビ島）にもみることができる。また、神津島の南西沖にある付属島・恩馳島（アシカ島）にも黒曜石の露頭があり、満潮時になると水没するが、干潮時には肉眼で観察することができる。丹念に探せば海底に大きな転石も見つかる。神津島の郷土資料館には、恩馳島の海底から引き揚げられた重さ1tほどの黒曜石塊が展示されている。

　神津島から本州島に向けて黒曜石が運ばれるのは意外と古く、ウルム氷河期のころ、今から20,000年以上も前のことである。当時は海水面が現在より100m以上も低く、そのため神津島や新島が陸続きとなり、古伊豆島ともいうべき大きな島が形成されていた。この古伊豆島と伊豆半島との間にはなお30km以上の海峡があるが、このころからこの海峡を乗り切る交通手段があったことになる。神奈川県相模原市橋本遺跡のローム層出土の黒曜石128点の分析では、そのうちの28％が神津島産黒曜石であり（鈴木　1984）、約22,700年前という年代値が得られている。

　神津島産の黒曜石は後期旧石器時代を通じて、南関東から静岡県の天竜川あたりにかけて、現在16ケ所ほどの遺跡に運ばれていることが判明している。分布の東端は東京都練馬区比丘尼橋遺跡で、62点の出土黒曜石のうち10％が神津

島産であった。また、分布の西端は静岡県磐田市寺谷の中半場遺跡で、分析に出した3点のうち2点が神津島産、1点が長野県産だったという。これらの遺跡の中間点にあたる三島市あたりの遺跡では、長野県産、箱根産、神津島産の黒曜石が入り交じっている。

その後、縄文時代草創期の神津島産黒曜石については、分析データが極端に少ないのが現状であるが、関東地方における分布については、前述したように神津島産の黒曜石の利用度が少なくなる。

縄文時代早期・前期における神津島産黒曜石の分布範囲は、東は千葉県成田空港内の三里塚NO14遺跡（縄文早期後半）にまで拡大するが、西は静岡県沼津市西大曲遺跡どまりである。この間の地域では多摩川をさかのぼった、小金井市はけうえ遺跡に神津島産黒曜石が運ばれている。

房総半島では縄文時代早期の千葉県館山市極楽寺遺跡から神津島産黒曜石が検出されている。同時期の館山市稲荷原貝塚出土のイルカの頭骨に突き刺さったままの黒曜石は有名であるが、残念ながらこの黒曜石の産地分析はいまだになされていない。

この時期、伊豆半島基部の狩野川流域では静岡県修善寺町池ノ本遺跡にみるように、箱根産黒曜石を中心にして長野県産黒曜石も混じっているが、神津島産は少ない。なお、狩野川流域のやや北に位置する静岡県裾野市の縄文時代早期の城ケ岡遺跡、丸山Ⅲ遺跡の場合は、黒曜石の60％が長野県産で占められている。中部高地から山梨を経、伊豆半島の基部あたりにいたる黒曜石の道が、旧石器時代から引きつづいて確保されていたようである。

(3) 神津島産黒曜石の隆盛期

神津島産黒曜石が本州島で増加していく傾向になるのは、縄文時代前期後半からである（鈴木　1985）。その後、縄文時代中期にピークに達し、南関東一帯から静岡県浜名湖周辺にかけて、神津島産黒曜石を出土する遺跡が途切れることなく広がっている。静岡県東部と伊豆半島、南関東南部において分析した黒曜石の、実に80％以上を神津島産黒曜石が占めるようになり、さらに遠く北

関東まで運ばれていくようになる。

　内陸部での分布の東端は、現在のところ茨城県龍ヶ崎市の赤松遺跡である（佐藤　1984・1988）。また西北端は先述の石川県富来町ヘラソ遺跡で、能登半島のなかほどまで運ばれている。神津島から富来町のヘラソまで海を隔てて直線距離にして約400kmも離れている。地形に左右されながら運ばれたとすれば、実質700km以上の距離に相当する。

　天竜川下流域から浜名湖周辺にかけての遺跡では神津島産黒曜石もあるが、なんといっても長野県産黒曜石の保有率が高く、60〜70％を占めることになる。一方、箱根産黒曜石は皆無に近くなっていく。明らかにこの地域が天竜川を下って東海地方にもたらされる長野県産黒曜石の交易ルート圏に入っていたことを示している。

(4)　東海地方の神津島産黒曜石

　縄文時代後期・晩期になると縄文社会そのものが衰退期に入り、遺跡数が減少するが、それにともなって神津島産黒曜石を保有する遺跡も激減する。分析した17遺跡のうち神津島産黒曜石を保有する遺跡は7遺跡になってしまう。

　神津島産黒曜石の分布のこの時期の東限である千葉県佐倉市の佐倉A・B遺跡では、それぞれ50％・100％の保有率を示しているが、西の静岡県浜名郡雄踏町長者ケ平遺跡（浜名湖周辺）では、分析した3点のうち神津島産黒曜石1点、長野県産2点となっている（小島　1989）。

　最近、さらに西に位置する愛知県渥美半島先端近くの川地貝塚で、神津島産黒曜石が観察されるようになった。縄文後・晩期には、たしかに神津島産黒曜石を出土する遺跡は少なくなるが、一方で、三重県や宮城県にまで運ばれており、明らかに流布範囲が広がっている。

　以上、神津島から本州島への黒曜石の交易について、出土した黒曜石の分布状況をもとに述べてきたが、まとめの意味で縄文時代中期から一部で後期にかけての黒曜石の分布図（図39）を掲げておく。

第2節 黒曜石の交易 75

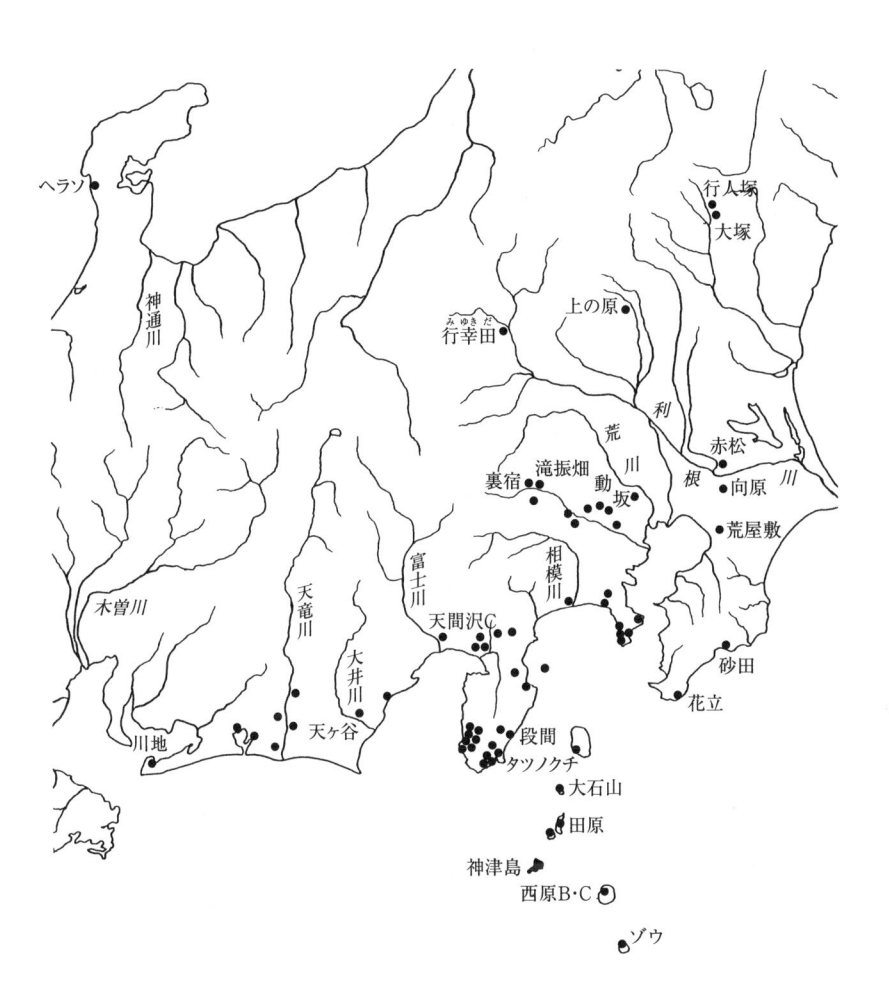

図39 神津島産黒曜石（縄文中期）の分布（川地貝塚は縄文後期）

(5) 黒曜石についてのまとめ

　縄文時代後期・晩期の関東地方の土器が、浜名湖を越えて東海地方西部にまで分布し、伊豆諸島南部を原産地とするオオツタノハガイ製貝輪が愛知県渥美半島から出土するにもかかわらず、神津島産黒曜石の東海地方西部における出土例の報告は、遠隔地に盛んに運ばれた縄文時代中期にさえもなかった。ようやく最近、渥美半島先端近くの川地貝塚から神津島産黒曜石が発見されたという報告があったことは、先に触れた通りである。

　渥美半島を含む愛知県東部地方は、もともと石鏃の素材として長野県産の黒曜石や奈良・大阪県境の二上山のサヌカイトが運ばれてくる地域として知られており、それらが縄文時代後・晩期に増加する傾向にあったのである。

　一方、神津島産黒曜石分布の東端にあたる房総半島には、伊豆大島からの交易のルートがあったと思われる。これは先にも触れた通り、東関東の土器や千葉県銚子市の琥珀が伊豆諸島に運ばれていることからも察せられることであった。その意味からも最近の房総半島における神津島産黒曜石の分布の様相が明らかにされた（杉江　1989）こと、また、少ないながらも茨城県内における神津島産黒曜石の分布が判明したことは、今後、いっそう交易の実態がつかめる資料として重要である。

　なお、北関東方面においては、栃木県ではおもに縄文時代前期・中期の遺跡を中心とする那珂川上流域の6遺跡および宇都宮市内や真岡市の遺跡から、神津島産黒曜石が検出されており（上野　1986）、いずれも河川を利用して東関東からもたらされた可能性が指摘されている。

　群馬県では渋川市行幸田遺跡（縄文中期）出土の黒曜石20点のうち、大部分は長野県産であったが、2点が神津島産のものと分析されている（高橋　1987）ことを付記しておく。

　最後にこの項をまとめるにあたって、神津島産黒曜石の本州島における第一次荷揚げ地点について考えてみたい。

　なんといっても19kgの黒曜石塊（図40）を含めて、総計800kg以上の黒曜石

片が検出されている伊豆半島の河津町段間遺跡を、第一次荷揚げ地の候補にあげておきたい。段間遺跡は縄文時代早期後半から後期前半までの遺跡で、約3,000年の長きにわたって機能しつづけた遺跡である。

図40　段間遺跡出土の黒曜石(河津町教育委員会蔵)
(左が19kgの黒曜石)

この段間遺跡に神津島から黒曜石を運び込むにあたっては、丸木舟を操って何百回も神津島とを往復したに違いないのである。そして、この段間遺跡からは伊豆半島はもとより南関東各地へ黒曜石が運び出されるルートが完成していたと考えられる。その延長線上に熱海市初島の宮前遺跡や神奈川県平塚市五領ケ台遺跡があったのである。五領ケ台遺跡出土の黒曜石の分析によると、その67%が神津島産である意味がそこにあるように思われる。

なお、伊豆半島から静岡県西部や愛知県東部への黒曜石の運搬は、駿河湾口から紀州の潮岬にかけての黒潮反流を利用して運んだと考えられる。神津島産黒曜石とともに伊豆半島の柏峠産の黒曜石が、静岡県東部を跳び越え、静岡県磐田市京見塚貝塚や愛知県設楽町榎下遺跡の2ケ所から出土するのは（向坂1984）、伊豆半島からの海上交通の賜物といってよいように思われる。

このように黒曜石の分析状況からその全体像をみると、縄文時代には海を越え、あるいは川筋をぬうかたちで、編みの目のように黒曜石の交易路ができあがっていたのではないかと思われる。

第3節　土器からみた縄文時代後期・晩期の交流

(1)　汎西日本的土器と汎東日本的土器の登場

縄文時代も後期になると、従来にもましてさまざまな情報が広範囲に行き渡るようになる。たとえば汎西日本的な土器や汎東日本的な土器が、一様に分布

することがそれである。

　その代表なものとして、磨消縄文とよばれる土器への文様のつけ方（施文方法）をあげることができる。磨消縄文とは土器の表面を整えるために縄文をつけ、そのあとで沈線による区画文をつけ、不要な部分の縄文を磨り消して文様効果を出す方法である。

　この磨消縄文は主として関東地方を中心に、縄文時代中期後半に採用されはじめ、ほぼ時を同じくして日本全体に普及した施文方法である。西日本では今から4,000年ほど前の縄文時代後期初めに盛行し、中津式土器（岡山県倉敷市中津貝塚出土土器を標式）として、まさに汎西日本的に分布するようになる。

　これに対して東日本では縄文時代後期初め、太平洋側一帯に称名寺式土器（神奈川県横浜市称名寺貝塚出土土器を標式）が分布するようになる。この称名寺式土器は、縄文時代中期後半の加曽利E式土器（千葉市加曽利貝塚出土土器を標式）から成立した土器型式であるが、その成立をめぐってかなりの論争に発展している（今村　1977）、（柳沢1977～79）。

　たとえば西日本の中津式土器に成立の起因を求める見解や、先に述べた加曽利E式土器にその母体を求める論争がある。今はこの論争に立ち入ることを避け、先に進むことにしたい。

　いずれにしても中津式土器も称名寺式土器も、磨消縄文が汎日本的に分布するための露払い的役割を果たした土器型式に違いない。

　このように縄文時代後期をむかえることになるが、では縄文時代後期とはどういう時代だったのだろうか。その特徴をいくつか述べておこう。

　一口にいえば、この時代は全国的に大規模な貝塚が形成される時期に相当する。先にも述べたように、縄文時代前期後半から中期中葉にかけて縄文文化の開花期をむかえるが、その縄文文化も中期後半を過ぎるあたりから急速に衰退期に突入する。この現象は内陸部においてとくに顕著で、遺跡の数が激減し、遺跡の規模も中期の遺跡に比較すると極端に小さくなり、全体的にその影が薄くなる。

　これに対して東日本の沿岸部には、大規模な貝塚が形成されはじめる。この

傾向は東海地方では三河湾沿岸に、関東地方では東京湾沿岸や霞ケ浦（茨城県）沿岸に集中し、人口が海岸部に移動したかのような状況を呈してくるのである。

　一方、西日本では縄文時代後期になってようやく遺跡が増加しはじめ、東日本に対応できるようになる。大きな社会変化とみてよいであろう。

(2) 関西系土器の東進―福田KⅡ式土器―

　関東地方には早くも称名寺式土器の時期に、西日本の福田KⅡ式土器が分布するようになる。福田KⅡ式土器は分布の中心を近畿・瀬戸内地方におきながら、九州地方の一部に空白地域を残しながら南九州まで分布を広げた土器で、鹿児島県志布志湾の中原遺跡からの出土は有名である。今ではさらに南下して種子島の大花里遺跡と大薗遺跡を南限としていることまで判明している。

　福田KⅡ式土器は東日本では愛知県を分布の東限とするが、さらに海路を通じて東へ分布圏を拡大したようで、伊豆大島の下高洞遺跡を経て東京湾に入り、千葉県市原市の菊間手永貝塚や武士遺跡、市川市の堀之内貝塚などにいたっている（近藤　1993）。その分布状況は伊豆半島を迂回して東京湾に入る海上の道がすでに確立していたことを思わせる。

　なお、関西系土器を出土する東京湾東岸の諸遺跡のうち、市原市武士遺跡出土の福田KⅡ式土器（図41）について、若干の説明を加えておきたい（加納 1994）。武士遺跡は縄文時代中期末葉近くから後期中葉にかけての住居跡45軒が検出された遺跡で、この時期の遺跡としては大きい方である。この武士遺跡において70mも離れた711号土坑と712号土坑から、接合して1個体になる福田KⅡ式土器が発掘されている。同一個体の土器が100m以上も距離を隔てて接合する例を、東日本ではときおりみかけるが、在地の土器ではなく関西系土器である例は、おそらく武士遺跡がはじめてであろうと思われる。もともと1個体の土器であったものが、なぜ別々の土坑から出土するのか、その理由についてはわからないが、きわめてめずらしい例であることは確かである。

　この時期、関西系土器が東日本に分布するのに対して、東日本の土器が西日本に出土する例は、縄文時代後期初めでは皆無といってよい。

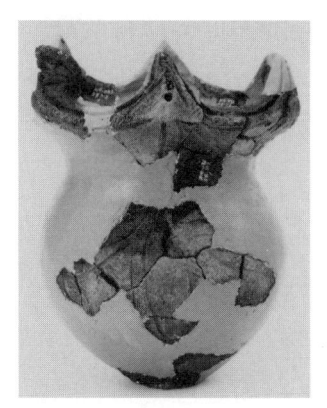

図41　武士遺跡出土の福田K
Ⅱ式土器
（千葉県文化財センター提供）

図42　西広遺跡出土の阿高式
土器
（市原市教育委員会提供）

　関西系土器のみならず九州の土器も、東京湾沿岸で発見されている。東日本では、称名寺式土器の次の時期に、堀之内式土器（千葉県市川市堀之内貝塚出土土器を標式）が設定され、それはさらにⅠ式とⅡ式に細分されるが、この堀之内式土器Ⅰ式土器の時代に、赤彩された九州の阿高式土器がもたらされている。

　阿高式土器とは九州地方における縄文時代中期中葉以降の、阿高式1・2・3式土器（熊本県阿高貝塚出土土器を標式）を中心とする前後の土器を総称するが、この影響下にあると思われる赤彩された阿高式土器が、千葉県市原市西広貝塚の堀之内Ⅰ式土器の時期の貝層から検出（図42）された（近藤 1994）のである。

　これによるとはるか遠く九州から赤彩土器が運ばれたことになるが、この事実をあるがままに受け止めると、赤彩土器は中九州から瀬戸内を経由し、近畿・東海を経て東京湾沿岸まで運ばれてきたと考えてよいように思われる。そしてその際、運搬の中継ぎをしたのは福田KⅡ式土器で、西は中・南九州に、東は伊豆諸島や東京湾岸にもたらした人びとではなかったろうか。ちなみにこの赤彩された阿高式土器の底部は相当に摩耗していたというから、長期にわたって使われてきたと考えられる。

　一方で、阿高式土器の編年問題が再燃（東 1994）しているこの時期に、関東地方で堀之内Ⅰ式土器にともなう阿高式土器が確認されたことから、その一部は縄文時代後期前半まで下ることもありうると考えたい。

(3) 南九州との交流——松の木式土器——

こうした事実をもとに、太平洋岸の海の道について考察してみると、従来、縄文時代後期における南四国と南九州との交渉が明確ではなかったことに気づく。

ところが、1995年（平成7）3月、南四国の独自性を示す土器として注目される縄文時代後期前半の松の木式土器（高知県松の木遺跡出土土器を標式）が（前田・出原　1992）、鹿児島市山の中遺跡において、在地の指宿式土器（指宿市橋牟礼川遺跡下層出土土器を標式）とともに出土（図43）したのである。この土器は施文方法はもちろん胎土（粘土の質）にいたるまで、松の木式土器そのものといわれるほどに酷似しており、松の木遺跡のものと特徴を同じくする細長い石斧まで伴出しているという。

その後、南九州では松の木式土器の存在が他の遺跡でも確認されてつつあり、日向灘を越えた南四国と南九州との交流が明確になりつつある。

このように地域性に富む土器が海を介して伝播していく一方、引きつづいて東日本では縄文時代後期中葉の加曽利B式土器（千葉市加曽利貝塚出土土器を標式）の文様が、波状的かつ汎日本的に伝播していく。その伝播の範囲はなんと北は北海道礼文島から南は四国の足摺岬近くまでの広範囲に及ぶ。また、加曽利B式土器から派生した磨消縄文土器が広範囲にみられるようになり、それとともに縄文時代後期になると、形態が土瓶形の注口土器が、濃淡はあるものの全国的に出現してくるようになる。

こうした傾向に沿うかたちで、南九州に赤彩の注口土器が出現すると考えられるが、鹿児島県加治木町干迫遺跡から加曽利BⅠ式土器系統の赤彩の注口土器が、市来式土器（鹿児島県市来町市来貝塚出土土器を標式）とともに出土している（前迫　1993）。もともと注口土器は器種と

1：山ノ中遺跡出土（「風車」より）
2：松ノ木遺跡出土（前田・出原　1992）

図43　松ノ木式土器の有文鉢形土器

して市来式土器にともなわないのが伝統とされているので、干迫遺跡の注口土器は四国を含めた東からの移入品に違いない。赤彩顔料の分析をすれば、交流・交易のうえで重要な成果がえられるように思われる。

(4) 海の道をたどった土器——宮滝式土器と新地式土器——

　海に視点をおいてみるとき、ぜひとも取りあげなければならないのは、縄文時代後期後半に近畿地方から東日本に伝わった凹線文系土器とよばれる土器グループのなかの宮滝式土器（奈良県吉野町宮滝遺跡出土土器を標式）である。

　宮滝式土器は、口縁部や胴部に平行する幅広い凹線がつけられ、ところどころにウミニナ・ヘナタリ類の小巻貝の殻頂部を押しつけて、扇状圧痕跡の文様効果を出している土器である。近畿地方中央部から紀伊半島南部にかけておもに分布するが、同じく凹線文土器である吉胡下層式土器（愛知県田原町吉胡貝塚出土土器を標式）が存在する愛知県東部にまで分布圏を広げている。

　この宮滝式土器は、東海地方から伊豆半島を迂回し、新島の渡浮根遺跡や伊豆大島の下高洞遺跡にも伝えられている。

　こうした西日本からの動きに対して、縄文時代後期後半、東北地方南部から南下する土器もみられる。福島県新地村（現、新地町小川貝塚）出土を標式とする新地式土器である。胴部などに瘤状の突起がつくので瘤付土器と総称され、新地1式土器から4式に細分されている。この新地式土器が縄文時代後期後半、加曽利B式土器盛行期から安行式土器（埼玉県川口市安行領家猿貝貝塚出土

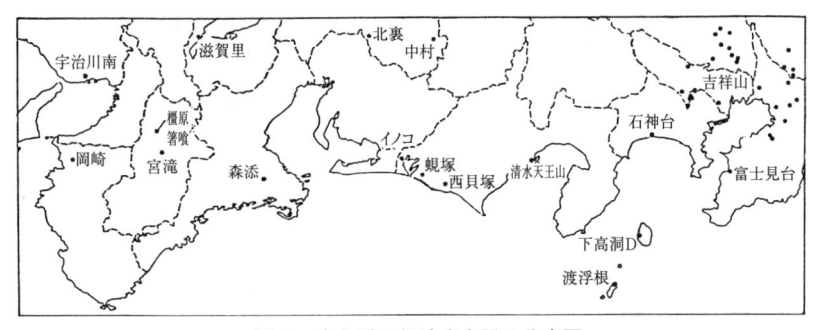

図44　東北系の新地式土器の分布図

土器を標式）盛行期へと移行する関東地方へ運ばれ、さらに西方へ運ばれ、近畿地方まで分布（図44）していく。

それより以前、東北地方北半から北海道南部にかけて勢力をはった十腰内式土器が、関東地方南部にもたらされる例があるが、新地式土器はそれよりもはるか西に分布していく土器である。

図45 森添遺跡出土の新地式土器（奥義次氏提供）

この新地式土器は、西漸するにあたってもあまり変化せず、その特徴を顕著に保持する傾向がある。東京都武蔵村山市吉祥山遺跡からは新地式土器そのものが出土し、大島の下高洞遺跡ではその影響を受けた土器が、新島の渡浮根遺跡ではややくずれた新地式土器が出土する。また、西に遠く三重県松坂市と伊勢市の間を流れる宮川をさかのぼった三重県度会町の森添遺跡（奥　1992）でも、新地式土器の特徴をよく保った土器（図45）が出現する、という具合である。

新地式土器の分布の様相をみると、内陸部での伝播もあるが、東関東から東海地方にかけては海を介して移動したと解釈してよいように思われる。すこし内陸部に入る森添遺跡にしても、宮川の水運を利用した河港があったと考えられている。

(5) 朱の交易センター

森添遺跡は縄文時代後期から晩期にかけて、朱を生産した遺跡としても知られ、朱を全国各地に供給した交易センター的役割をはたしていたと考えられている。また、朱の生産に用いられたと思われる朱のついた石皿や磨石が、全国に例をみないほど多量に出土しており、同時に全国各地の土器・石器なども出土している。おそらくこれらは朱を求めてやってきた人びとがもたらしたものであろう。

ちなみに朱は辰砂を焼いてつくるもので、三重県伊勢の谷筋のどこかに縄文

時代の鉱山があると考えられているが、いまだに発見されていない。伊勢地方では縄文時代後期初頭、松坂市王子広遺跡で朱の生産がはじまったと考えられている。

　縄文時代後期前半になると、東京都や千葉県でも朱彩された土器が検出されはじめるが、先に記した千葉県市原市西広貝塚出土の阿高式土器の赤彩が朱であったことになどがまさにそれである。

　縄文時代後期後半になると、伊勢地方に朱の生産遺跡が増加するが、なかでもこの森添遺跡に縄文時代後期後半から晩期にかけて、中部・北陸・さらに東北系の土器が運び込まれており、先にのべたように朱をめぐる交易センター的役割をはたしていた可能性が考えられる。

(6)　亀ケ岡式土器の南下と展開

　新地式土器は、東北系の土器が南下して関東地方へ、さらに近畿地方へ伝播していく先鞭をつけた土器として、明確に位置づけてよいと思われるが、引きつづいて縄文時代晩期後半にかけて西漸していく土器に亀ケ岡式土器がある。亀ケ岡式土器は、青森県木造町亀ケ岡遺跡出土土器を標式として命名されたもので、東北日本の縄文時代晩期を彩る土器として位置づけられている。その分布は青森県および秋田・岩手両県北部をその中心としながら、北は北海道全域、南は近畿地方にまで及び、広範囲の分布圏をもつ土器として有名である（山内1937）。

　縄文時代晩期に西日本を代表するのが凸帯文土器であるのに対して、東日本を代表するのが亀ケ岡式土器ということになり、亀ケ岡式土器は東日本の縄文時代晩期を総称する土器として位置づけられるようになる。その細分にあたっては、主として岩手県大洞貝塚の発掘調査などから、1937年（昭和12）に大洞式土器と命名され、現在、以下のように六つに細分されている。古い方から、

　　1、大洞式B式土器
　　2、大洞B―C式土器
　　3、大洞C1式土器

4、大洞C2式土器
　　5、大洞A式土器
　　6、大洞A′式土器
となっている。
　亀ケ岡式土器（大洞式土器）の分布をやや詳しくみると、真正の亀ケ岡式土器は北海道の渡島半島南部から青森県、さらに岩手・秋田両県の北部あたのまでを中心域として分布し、装飾性に富んだ精製土器だけをみても、壺形、深鉢形、皿形、注口、香炉形土器などの豊富な器種をもっている。さらにそこから南下して新潟・福島両県あたりまでを亀ケ岡式土器の密な分布圏とみてよいように思われる。この土器様式は北陸地方において多少変質するも近畿地方まで伝播し、考古学上、強烈なコンパクトを与えることになる（林　1987）。
　しかし、近畿地方の縄文時代晩期前半の亀ケ岡式土器をみると、その器種は深鉢形土器や鉢形土器が多く、まれに注口土器をみるという具合で、東北地方北部の亀ケ岡式土器とは様相を異にし、器種が少なくなっている。奈良県橿原市橿原遺跡や和歌山県和佐A遺跡などの近畿地方の亀ケ岡式土器は、北陸地方の影響を強く受けた土器と考えてよさそうである。

（7）　伝播のネットワークにのった土器の交流

　このような状況で亀ケ岡式土器が南下していくのに対して、近畿地方の縄文時代晩期の土器が、その逆のコースをたどって関東地方や東北地方に運ばれるケースも発生する。
　今から30年ほど前、近畿系の縄文時代晩期の土器が関東地方で注目されはじめ、1980年代後半、関東地方はもとより東北地方南部の海岸地帯でも、その存在が明確となり、相次いで論文が発表された（鈴木　1980）。ここではそれらのなかから明らかに近畿地方からもたらされたものと考えられる土器を中心にして、一部その影響下に出現した土器を抽出（図46）してみることにする。
　東京都なすな原遺跡は、町田市と横浜市の境あたりにある縄文時代晩期の遺跡として有名であるが、その遺跡から奈良県橿原遺跡出土土器に似た滋賀里Ⅱ

86 第Ⅱ章 黒潮沿岸の交流文化

秋田県平鹿貝塚

福島県藻礒貝塚

福島県根古屋遺跡

小山市寺野東遺跡出土

岩井市東浦遺跡

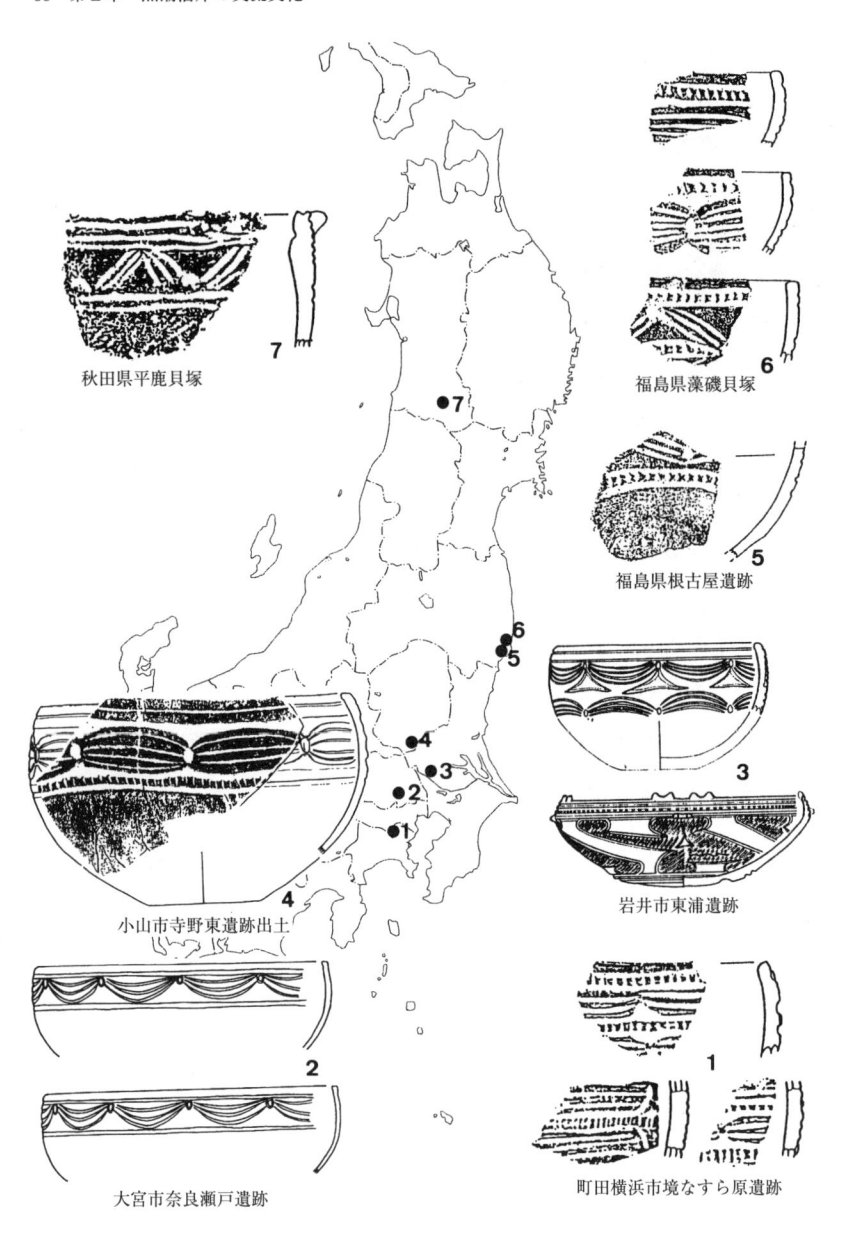

大宮市奈良瀬戸遺跡

町田横浜市境なすら原遺跡

図46　東日本における関西系縄文晩期土器（鈴木　1980）に加筆

第3節　土器からみた縄文時代後期・晩期の交流　87

式土器（滋賀県大津市滋賀里遺跡出土土器を標式）や、東日本の大洞C1式土器と同時期の滋賀里Ⅲb式土器などが出土した。

　また、茨城県岩井市東浦遺跡（土砂の採取のため消滅）の土坑状の窪みのなかから、2点の土器が検出されている。そのうちの1点（図46の3の上）には、弧線文を背中合わせに配してその間に三角形の刳り込みがつけられているところから、橿原式土器と類似すると考えられ、もう1点（3の下の土器）は、縄文時代晩期前半の東日本の大洞C1式土器の浅鉢形土器であるとされた。これによって、これらの近畿系の土器と東日本の土器が、同時期の所産であることが証明されたのである。

　このほか福島県いわき市根古屋遺跡には、東日本の大洞B式土器・大洞B―C式土器に対応する近畿系の土器が運び込まれている。さらに秋田県増田町平鹿遺跡からも伝播の途中で形が少しくずれたと思われる近畿系土器が、3点出土している。

　以上のような土器の動きをみると、縄文時代後期には文化伝播のネットワークが、東北地方から近畿地方へと張りめぐらされていたと思われる。そしてその文化伝播のネットワークにのって、あるときは亀ケ岡式土器そのものが九州へ運ばれ、あるときは近畿地方で大きく変化した亀ケ岡式土器が、その特徴を残して南九州にもたらされたのではないかと考えられている。

　1934年（昭和9）11月、大分県直入郡菅生村（現、竹田市菅生）において、高さ12.4cmの大洞C2式土器が発掘され（長山1934）、大分県最初の縄文時代の完形土器として報告された。現在ではスケッチ（図47）のみが残されているが、亀ケ岡式の小型甕形土器の特徴をみごとに描きだしており、大洞C2式土器の九州への搬入品と解釈してよいように思われる。

　ところで、東日本が大洞C2式土器の時

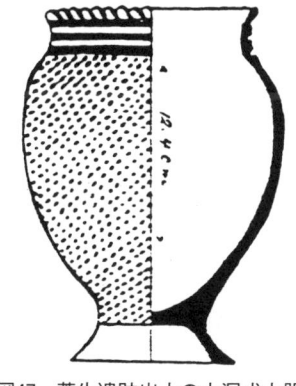

図47　菅生遺跡出土の大洞式土器
（長山　1934）

期のころ、北九州にはまったく新しい生産形態である水稲耕作が伝えられ、新しい時代の幕開けが告げられていた。いわゆる弥生時代の到来である。この時期、東日本ではまだ縄文時代晩期そのものであった。

その後、稲作情報は前述したネットワークに沿って、瀬戸内沿岸から近畿へ、さらに少し時期をおいて東日本へも伝えられたと思われる。そして、その稲をもとめて南下する人びとも存在したはずである。しかし、それにしても大分県竹田市出土の大洞C2式土器の場合は、時期的に少し早く、また、稲作の先進地帯、玄海灘沿岸から出土したものではないことから、稲作を求めての人びとの移動ではなかったと解釈しておきたい。

(8) 安行式系土器と亀ケ岡系土器の伝播

図48 上加世田遺跡出土のU字状双口土器 (河口貞徳氏提供)

図49 大薗遺跡出土の大洞系土器
(鹿児島県立博物館蔵)

ところで同じころ、さらに南下する東日本の土器があった。一つは関東地方を中心に縄文時代晩期中葉まで勢力をはった安行式土器系統の土器であり、もう一つは亀ケ岡系土器である。

ここでいう亀ケ岡系土器とは、亀ケ岡式土器そのものではなく近畿地方のどこかで亀ケ岡式土器の影響を受けてつくられ、その特徴を一部に残したまま南九州まで運ばれた土器をさす。

前者の例としては1969年(昭和44)、薩摩半島の尖端近く加世田市上加世田遺跡からから出土した、高さ12cmの中空のU字形双口土器(図48)があげられる。この土器は蛇紋岩製の変形勾玉とともに発見され、祭具ないしは呪術の類として位置づけられている。上加世田遺跡は河

第3節　土器からみた縄文時代後期・晩期の交流　89

川改修等によって現在、大部分が失われているが、南九州における縄文時代晩期の研究には欠かすことができない遺跡である。南九州の縄文時代晩期前半の土器は、上加世田式土器から入佐式土器（熊本県増城郡古閑遺跡出土土器を標式）へ、さらに入佐式土器から黒川式土器（鹿児島県吹上町黒川洞穴遺跡出土土器を標式）へと編年されるが、上加世田式土器の標式遺跡から発見されたこの双口土器は（川口　1990）、関東地方の安行3D式土器の特徴をよく残した土器と考えてよさそうである。

　後者の例は1978年（昭和53）、種子島の中央部、東シナ海にのぞむ海岸段丘上の大薗遺跡の発掘調査で発見された、高さ10cmの大洞C2式土器の特徴を残す亀ケ岡系の広口壺形土器(註)（図49）である。小判形の胴部に広口の口縁部がつき、肩部に入組状沈線が描かれ、口唇部に段状突起を有している。この段状突起は、近畿地方のどこかで採用された技法ではないかと考えられる。

(9)　七宝繋文の石棒と橿原型石刀の分布圏

　なお、橿原式土器の時期、七宝繋文を刻み込んだ磨製石刀（橿原型石刀b類）が、近畿地方から南九州への文化伝播のネットワークにのるかたちで、南九州で発見されていることも忘れてはならない。縄文時代後期・晩期に全国に流布した刀剣形石製品のうち、橿原型石刀a類に分類される石刀類が近畿地方から東日本にかけて分布し、橿原型石刀b類に分類される石刀が南九州分布することが明らかにされたのである（後藤　1986・1987）。

　南九州で発見された石製品4点のうち2点は鹿児島県から出土したもので、1点は薩摩半島の尖端近く東シナ海をのぞむ川辺郡西南方村仁田川（現、坊津町久志）から出土したもの（藤森　1962）、もう1点は大口市を流れる羽月川（川内川の支流）

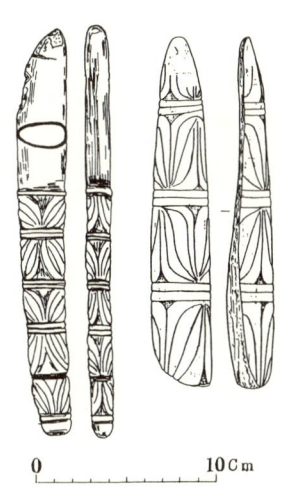

右：羽月川上流採取
左：久志仁田川出土

図50　鹿児島県出土の橿原型石刀（森・乙益　1962）

上流で寺師見國によって採集されたものである（森・乙益　1962）。

　前者は長さ22cm弱の石刀、後者は長さ19cm弱で半截された状態で採集され、摩滅しているがその形態は石棒に近いように思われる（図50）。

　いずれにしても、近畿地方を経て南九州に運ばれたと思われる東日本系の土器・石棒・石刀などの出土状況をみると、東シナ海側の河川流域や薩摩半島側に偏って分布しており、これらはいずれも九州西海岸を経てもたらされたと推定することが可能である。

　先史・古代以来、中世・近世期にいたるまで、南九州から瀬戸内に通ずるおもな海路が九州西海岸まわりであることは、まさに縄文時代前期以来の伝統であり、歴史時代にはいっても長期にわたってこの海路が利用されていた。

（10）　まとめにかえて

　本稿では縄文時代早期半ばころから外海に進出することを会得した縄文人が、前期のころ、南九州と伊豆諸島において黒潮本流を乗り越え、さらに外海に進出していったことを述べた。また、伊豆諸島を中心に本州・四国・九州の太平洋岸にまでその範囲を広げ、縄文時代晩期中葉、「海の道」を介して交流・交易が行われた。また、文化伝播のネットワークが存在する可能性について、考察したつもりである。そのなかで、次の6つの重要な視点を指摘しえたと思っている。

1)　海を介する交流のネットワークの基礎が縄文時代早期後半にすでに形成されていたことを指摘し得た。そのころ全国的に貝塚が出現し、それとともに関東地方に分布の中心をおく茅山式土器が広範囲に分布していく。宮崎県跡江貝塚に茅山式土器がはこばれていた事実は、その象徴的なできごとといえよう。

2)　縄文時代の交流・交易を考えるうえで、八丈島の倉輪遺跡の重要性を指摘した。倉輪遺跡出土土器や装身具が、海を隔てて直線的に実に400km以上も離れた長野市松原遺跡の遺物と類似していることを知り、両者をじかに見る機会に恵まれたときは感動で震えそうになったことである。なお、

倉輪遺跡で初めて発見された「の」の字状石製垂飾品が、その後各地から発見され、海を介しての交流を考える上でも倉輪遺跡のもつ歴史的（考古学的）価値がさらに高まった。

3) 神津島産黒曜石の本州島での分布状況をより明らかにし、東日本における黒曜石の動態を把握できた。黒潮反流を利用して、遠州灘を西にむかう「黒曜石の道」が明らかに存在したこと。縄文時代を通じて黒曜石の道が、網の目のように張りめぐらされていたことが、かなり明確にできたと思う。

4) 太平洋岸を中心にすえながら縄文時代の土器の動態を、交流のネットワークのなかで明らかにすることができた。とくに縄文時代前期後半から中期初頭、さらには縄文時代後期・晩期にかけて近畿地方や瀬戸内の土器、まれに九州の土器までも東日本にもたらされている例に触れ、また、縄文時代後期にはじまる朱の交易についても言及できた。この朱をめぐる交易は、今後の大きな研究課題となるであろう。

5) 比較的沿岸近くを黒潮がかすめる四国から南九州へ、縄文時代後期になってはじめて松の木式土器が運ばれたことを確認しえた。日向灘を越えての伝播であろうが、現時点ではこれが四国から南九州への文化伝播の縄文時代後期の唯一の例である。さらに南九州を中心にして九州一円はもとより沖縄本島まで伝播した市来式土器が、宇和海に面した平城貝塚で出土していることも注目するに値する。海の道は広大であるが、縄文人たちは沿岸沿いや島伝いの道を選択したと考えられる。

6) 東北地方に分布の中心をおく縄文土器の西日本への伝播について言及しえたこと。

縄文時代後期後半の新地式土器や晩期の亀ケ岡式土器がそれで、亀ケ岡式土器は北陸あたりで変質して近畿へ、さらにそこで大きく変化しながら亀ケ岡式土器の特徴の一部を残して南九州まで分布を広げている。このことは縄文時代晩期前半の土器の東日本への伝播とともに、全国的に文化伝播のネットワークが完成していたことのあらわれ、と位置づけてよいであろう。このほか西日本からのルートにも乗って関東地方の安行式土器が南

九州にもたらされていることも、つけ加えなければならない。

　これらの視点をふまえたうえで黒潮と文化伝播の問題について、さらに考察を深めていかなければならないが、残念ながら今のところ黒潮本流を直接利用した文化伝播の考古学的な具体例は、まったく発見されていない。しかし、太平洋の沿岸流でもある黒潮反流を利用しての交易や文物の伝播については、今回、その具体例を多く見出しえたと思う。

　黒潮が日本文化の形成に大きな影響を与えてきたことは自明のことであるが、そうした視点のもとに考古学の立場から研究に取り組むことは、今に始まったばかりであるといってよい。そういう意味で本稿がその第一歩の役割を果たしたとすれば、望外の喜びである。

　日本全域をカバーする交流・交易のネットワークは、縄文時代早期に形成されはじめ、その後、縄文時代前期・中期・後期を経て晩期中葉にいたるまでの間に完成していたと考えてよいように思われる。縄文時代晩期中葉を過ぎるころ、北九州に上陸した稲作文化は、日本列島全体を大きなうねりのなかに巻き込むことになるが、稲作文化の東日本への伝播はこうした縄文時代に形成されたネットワークを通して行われたのではないかと考えられる。

註　U字形双口土器と次の大薗遺跡出土の広口壺形土器の時代判定については、石岡憲雄氏の援助を仰いだ。深謝。

第Ⅲ章　弥生時代の伊豆諸島
―― 西からの文化の伝播 ――

第1節　弥生時代前期の伊豆諸島

(1)　はじめに

　縄文時代晩期後半からのわが国に、大陸から新しい文化が伝播してきた。その文化は稲作と金属器、養蚕技術と絹織物・ガラス工芸を伝えたもので、なかでも本格的な水田耕作の開始によって、従来の生活から大きく転換する契機になった。

　これらの生活文化は、はじめ北九州に将来してそこから全国各地に伝播していくことになり、東日本には西からこれらの文化が伝わってきたが、太平洋沿岸と日本海沿岸では伝播の仕方も異なり、地域差が明確になったように思われる。その様相を東海地方から伊豆諸島にかけての弥生土器を題材にして取り扱うのが本論の中心であるが、なかでも火山島でもある伊豆諸島の発掘例とその地層から、縄文時代晩期から弥生時代への土器の編年問題に言及しるのが大きな特徴となっている。すでにこの時期の土器の編年は完成してはいるが、島の考古学の一環として島から土器の編年問題に取り組んでみたいと考える。

(2)　弥生文化の伝播の諸問題

　北九州地方の縄文晩期土器の編年で、山ノ寺式、夜臼式土器の時期に水田耕作の技術が伝播して、すでに優れた水の制御方法と水田経営のノウハウをもっていた。佐賀県唐津市菜畑遺跡では山ノ寺式土器の時期に、福岡県野多目遺跡では夜臼式土器期に、同板付遺跡では夜臼式土器と、それと時期を同じくする

弥生土器の板付Ⅰ式土器の時期に、水田耕作が伝播していたことが判明している。菜畑遺跡では大陸系石器のほかに木製農具まで検出され、完成した稲作技術がわが国にもたらされていることがわかった。今から2,300年ほど前、縄文時代の晩期末に稲作技術をともなう弥生文化が伝播していたことになる。

　一方、東北地方では1981年11月に青森県垂柳遺跡ではじめて水田跡が検出され、さらに垂柳遺跡の水田よりもさらに古い遠賀川式土器が、青森県松石橋遺跡（市川・木村　1984）から発見されたことは、衝撃的であった。

　遠賀川式土器とは、九州の遠賀川河畔の立屋敷遺跡で発見され、はじめのころは主として遠賀川の流域に分布していることから、それらの土器を総称して遠賀川系土器と命名したものである。今日ではそれも遠賀川式土器となり、地域差や年代の幅があることが認められてはいるが、きわめて斉一性に富んだ土器であることも確かで、弥生文化の日本列島への伝播を考える上で、象徴的な土器として取り扱われるようになった。主として東日本では遠賀川式土器の発見で、弥生時代前期に稲作が伝わっているのではないかと考えるメルクマールとなっている

　このことから遠賀川式土器は北九州にもたらされた弥生文化が、東・北日本に伝播するにともなって広まった土器として位置づけられ、そのおもな分布域が伊勢湾沿岸までとする見解となって、その時期までを弥生時代前期とするという定説となっていた。その遠賀川式土器が東北の青森県で発見されたことで、大袈裟にいえば東日本での縄文時代晩期から弥生時代前期までの諸遺跡の総点検がはじまったのである。とくにその傾向は東北地方北部で顕著で、青森県是川遺跡では、すぐに遠賀川式土器の検証（工藤他　1986）がはじまった。今日では多くの遠賀川式土器（遠賀川系土器）が東日本・北日本で発見（図51）されている。

　また、東北大学にあって、青年時代以来、東北の古代文化の研究に取り組んできた伊東信雄は、東北地方の弥生文化研究の集大成ともいえる「東北における稲作農耕の成立」（伊東　1985）を発表し、そのなかで、東北における稲作のはじまりを次のように記したのである。

第 1 節　弥生時代前期の伊豆諸島　95

……最近北九州で日本の稲作の起源年代がいままで縄文晩期といわれた時期にさかのぼっている事実、また東北北部における遠賀川式土器の発見……東北地方における稲作農耕の開始はもっと古くさかのぼる可能性がでてきた。弥生前期、実年代にして紀元2世紀には稲作は東北地方北部にまで到達していたろう……

このような弥生文化研究上の背景のもとに、1986年10月、日本考古学協会八戸大会が開催された。大会のメインテーマが『縄文時代晩期から弥生時代に関する諸問題』で、この大会はわが国での弥生文化の北日本への伝播を、あらためて位置づける内容のもので、時宜をえたものとして、大会の成功とともに高く評価された。大会会場の一隅で大会の様子を嬉しそうに御覧になっていた伊東信雄の顔が印象的であった。

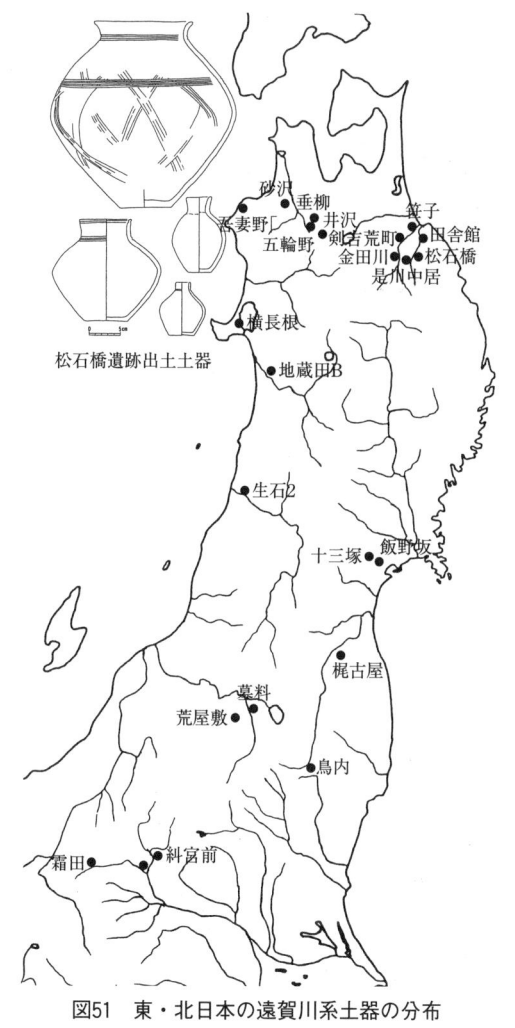

図51　東・北日本の遠賀川系土器の分布

先述のように、かつてはそのおもな分布を伊勢湾沿岸までとした弥生前期の遠賀川式土器が、対馬海流に乗って北日本へ伝えられていたことの意義はきわめて大きいものであった。しかも北日本では、当初は縄文時代晩期の最終に位

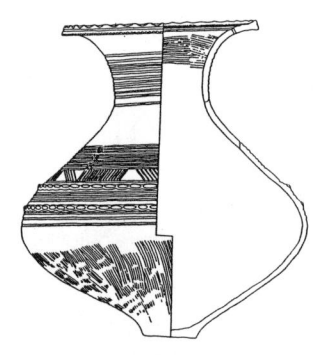

図52　平沢同明遺跡出土の遠賀川式土器（向坂鋼二氏提供）

置つけられていた砂沢式土器（芹沢　1960）と遠賀川式土器が併行関係にあることが確実視されて、土器の編年関係まで言及されるほどの成果となった。

この遠賀川式土器は、太平洋側では東海地方を過ぎて伊豆半島、伊豆諸島、南関東西部あたりに出土することがわかっており、その遺跡は伊豆半島では河津町姫宮遺跡、伊豆諸島では新島の田原遺跡・大島のケイカイ遺跡や下高洞遺跡Ｄ地点、神奈川県では秦野市平沢同明遺跡（図52）などとなっている。

一方、遠賀川式土器に対比され、東北地方から南進して関西地方にまで伝播した縄文時代晩期の土器に亀ケ岡式土器がある。この亀ケ岡式土器は山内清男によって6型式に分類され、このうちの前半の土器は東北地方を中心に関東地方まで南進し、関東地方で安行式土器と併行し、一部は東海地方まで達している。後半の大洞Ａ式土器、大洞Ａ′式土器は関東地方一円はもちろんのこと、中部高地を経てより西の東海地方へ伝わり、伊豆諸島では大島、新島、三宅島まで南下している。そして、その影響を受けた土器は近畿地方まで達しており、あたかも稲作情報を求めた北日本や東日本の人びとが、土器を携え関西地方にまで足跡をのばしたかのような様相をうかがわせるのである。

東海地方から伊豆諸島、南関東にかけての稲作情報の確かなものは、新島・田原遺跡出土の水神平式土器に籾の圧痕がついていたのが発見され、静岡市佐渡遺跡の水神平式土器に次いで2例目となっている。これに対して東北地方北部では先述の亀ケ岡遺跡では大洞Ａ式土器を出土する土層から炭化米が検出されており、稲作情報は少なくとも遠賀川式土器が東北北部に伝わる以前にもたらされていたものであった。遠賀川式土器が砂沢式土器と併行することは先述の通りであるが、この事実を素直に受けとめれば、砂沢式土器は弥生時代前期末の土器として位置づけてよいことになる。

第1節　弥生時代前期の伊豆諸島

　日本海側をへて東北北部にいたった遠賀川式土器の系譜を以上のようにみた上で、東北地方から南進した縄文時代晩期後半の大洞A式土器、大洞A′式土器と遠賀川式土器との関係を、伊豆諸島を中心にみようとすると、どうしても伊豆諸島と深くかかわる神奈川県西部、伊豆半島、静岡県東部などの諸地域の状況をみながら検討するということになる。まずは新島の田原遺跡からみてみたい。

　田原遺跡の発掘調査は、明治大学によって1964・65年の2回にわたって実施され（杉原・大塚　1967）、その後に東京都によって調査されているが、後者は未報告である。今日、田原遺跡に行ってみると報告書で述べている通り、原生林に覆われ、タブの木の下の窪みが発掘地点と指差しされないかぎりわからなくなっている。しかも現地は谷になっていて小川が流れ、そこに集まった水はパイプを通って十三所神社の神水として利用されてはいるが、下流では伏流していて涸れ谷はあっても小川の存在すらわからなくなっている。

　この田原遺跡の地表から4番目の土層にあたる第4層から、大洞A式土器・大洞A′式土器・水神平式土器・遠賀川式（西志賀Ⅰ式）土器・丸子式土器の5型式の土器が検出された。困ったことに縄文晩期の土器と弥生前期の土器、弥生中期の土器が混在していて、これらの土器が他の伊豆諸島の遺跡でどういう状況で出土するのかが注目されるところとなった。考古学でいう、出土する土層が別々ならば時期差があり、同一土層であれば同時期の土器であることが証明されるという層位学の立場から、縄文時代から弥生時代への推移を伊豆諸島で把握できることになれば、この時期の研究を大きく前進させることに繋がるからであった。その意味で、伊豆諸島の研究を進化させようとすれば、つねに駿河湾沿岸や伊豆半島・伊豆諸島の発掘調査の動向に注目しなければならない。

　遠賀川式土器は、駿河湾沿岸では清水市天王山遺跡、富士川町山王遺跡、沼津市葱川遺跡、同大平丸山遺跡、伊豆半島では河津町姫宮遺跡（宮本　1993）、神奈川県では平沢同明遺跡、それに田原遺跡、大島の下高洞遺跡D地点・同ケイカイ遺跡などで出土している。縄文晩期の大洞A式土器、大洞A′式土器は上記の天王山、山王、葱川、姫宮、平沢同明、田原遺跡のほかに、沼津市珍

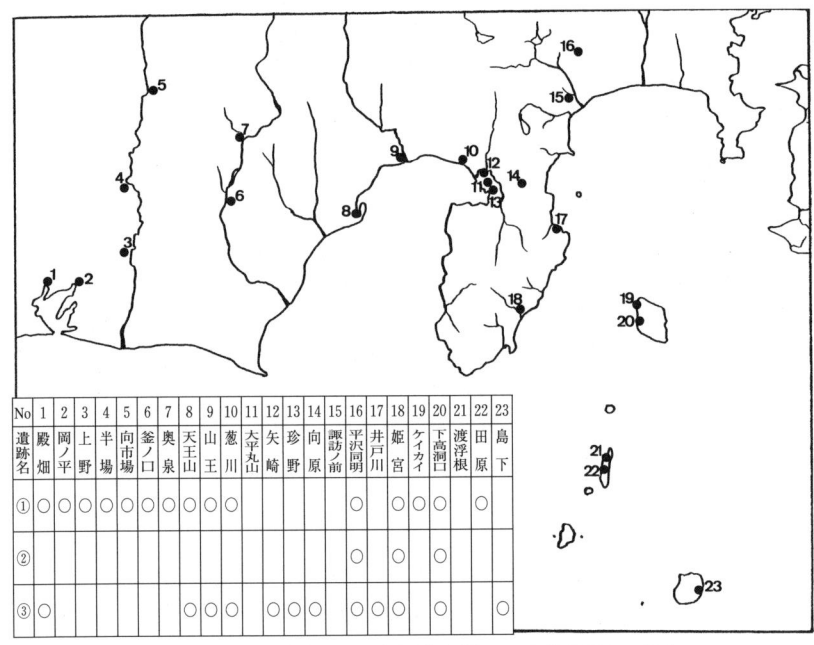

98　第Ⅲ章　弥生時代の伊豆諸島

図53　遠賀川式土器①・大洞式土器②・A′式土器③の分布

野遺跡、清水町矢埼遺跡、函南町向原遺跡、神奈川県小田原市諏訪前遺跡、伊豆諸島では大島下高洞遺跡D地点、新島の渡浮根遺跡、三宅島島下遺跡などで出土（図53）しているが、遠賀川式土器と大洞A式土器の先後関係や同時性を把握した発掘調査は、伊豆諸島では田原遺跡と後述する下高洞遺跡D地点以外では報告されていない。

　伊豆半島の姫宮遺跡では、遠賀川式土器と大洞A式土器とが地点を別にしてはいるが同じ砂層から出土していて、それらの砂層が同じ時期に形成されたのか、異なる時期に形成されたのかの決め手を欠き、遠賀川式土器と大洞A式土器との同時性については微妙な状況にあるという。したがって、田原遺跡の第4層出土の5型式の土器（大洞A式　大洞A′式、遠賀川式、水神平式、丸子式）の新旧関係は、層位的には依然として明確に区別できない状況がつづいた。

この間、三宅島において弥生時代の遺跡としては、1973年春に大里遺跡（橋口・山口　1975）を、1973年12月にから翌年の正月にかけて坊田遺跡遺跡を調査し（永峯・橋口　1983）、1978年（昭和53）には島下遺跡を発掘する機会に恵まれた。いずれも弥生時代中期を中心とした遺跡であるが、とくに島下遺跡の調査において（橋口　1978）、土層ごとに土器を分離することに成功し、田原遺跡第4層出土の5型式の土器を分けることができたのである。

また、1982年から1984年、大島の下高洞遺跡が調査され（下高洞遺跡調査団　1983）、その報告書が1998年に刊行（川崎他　1998）された。それによると下高洞遺跡D地点の23・25層の通称骨層とよばれる土層から大洞A式土器を主体としながら、東海地方の樫王式土器や近畿地方の船橋式土器、それに遠賀川式土器が含まれていた。この事実は本書の今後の記述にかなりの部分で大きく影響を与えるものと考えている。

また、本来なら上記の土器の先後関係を23層と25層のなかで把握しなければならなかったはずであるが、残念ながら発掘現場があまりにも深く、発掘にともなう危険性を考えると、むずかしかったと思わざるをえない。いずれにしても、次項で23層・25層のいわゆる骨層出土の土器を示しておくことにしよう。返す返すも分層発掘ができなかったものかと残念である。

(3)　縄文から弥生への編年問題

そこでここでは、新島・田原遺跡、三宅島・島下遺跡、大島・下高洞遺跡D地点の層位別による土器の出土状況を比較しながら、縄文時代から弥生時代への編年の問題を伊豆諸島の考古資料から検討するのを最大の目的とする。まずはじめに、それぞれの遺跡の出土土層と出土土器について説明をしよう。

・田原遺跡

田原遺跡出土の縄文土器は、土器が検出された土層と土器の文様の特徴から12群に分けられ、弥生土器は2群に分けられる。これらの土器群のうち、縄文時代から弥生時代への編年にかかわる土器群は、縄文土器では第8・9・12群土器で、弥生土器では弥生第1・2群（図54）である。

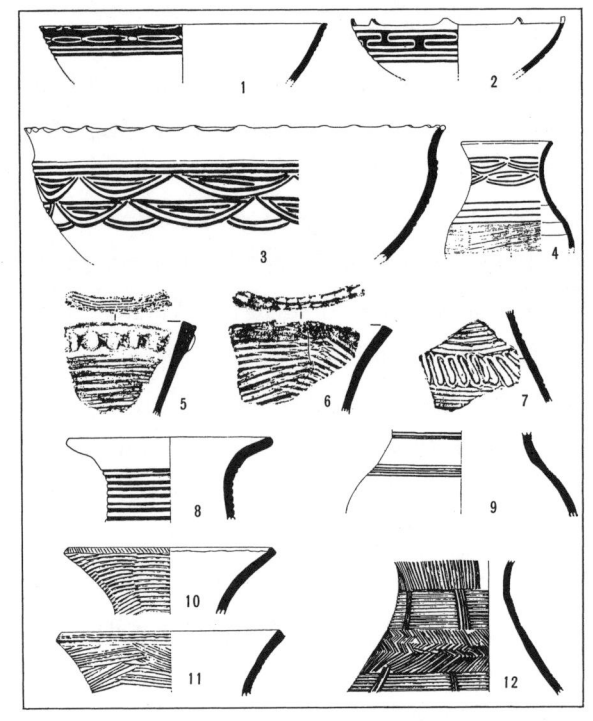

100 第Ⅲ章 弥生時代の伊豆諸島

1・2：縄文第8群土器　3・4：縄文第9群土器　5〜7：縄文第12群土器
8・9：弥生第1群土器　10〜12：弥生第2群土器

図54　田原遺跡第4層出土土器

縄文第8群土器…杉田D類に近いとして分類された浮線網状文または浮線文土器と呼ばれる大洞A式土器（1・2）

縄文第9群土器…大洞A′式土器に比定される土器やその網状文が変形した文様をつけた土器（3・4）

縄文第12群土器…水神平式土器（5〜7）

弥生第1群土器…遠賀川式（西志賀Ⅰ式）土器（8・9）

弥生第2群土器…丸子式土器（10〜12）

などの土器であり、これらの5型式の土器は、同一土層から出土しており、層位学的な新旧関係は1967年当時、伊豆諸島ではつかめず、また、水神平式土器は東海地方の縄文時代晩期末の土器という編年的位置づけが与えられていた。

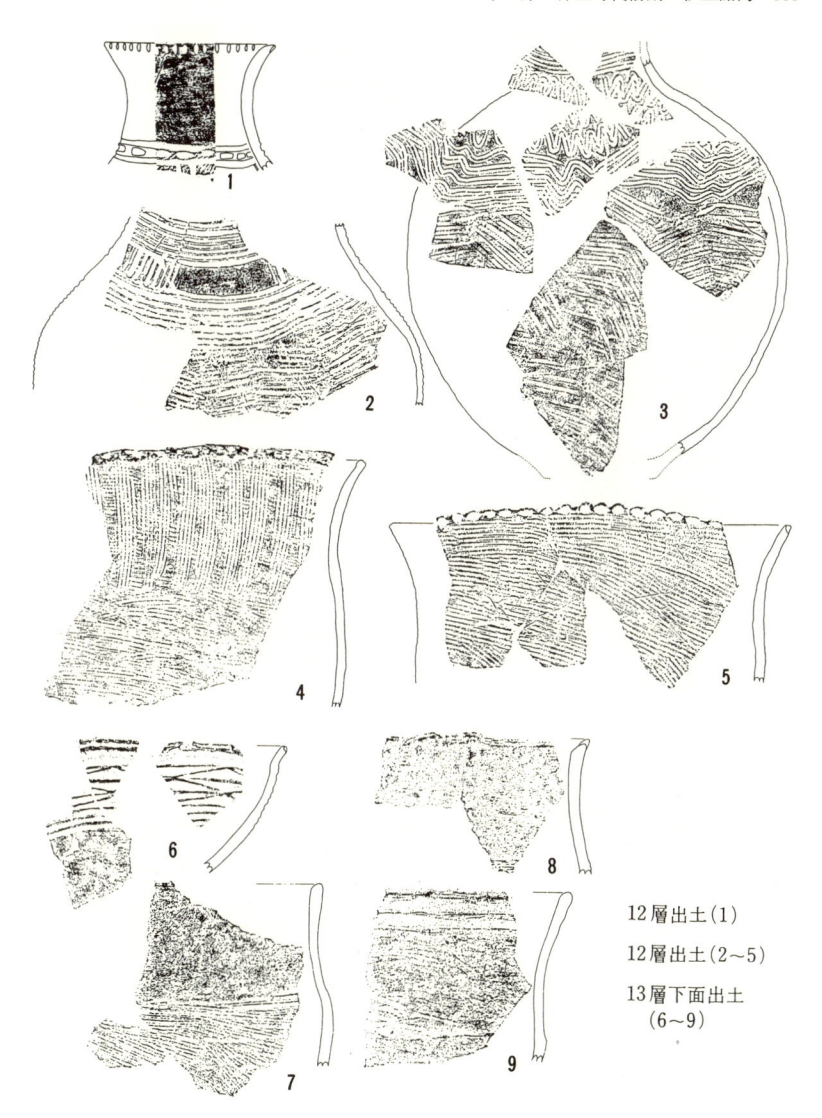

第1節　弥生時代前期の伊豆諸島　101

12層出土(1)

12層出土(2〜5)

13層下面出土
　(6〜9)

図55　島下遺跡出土土器

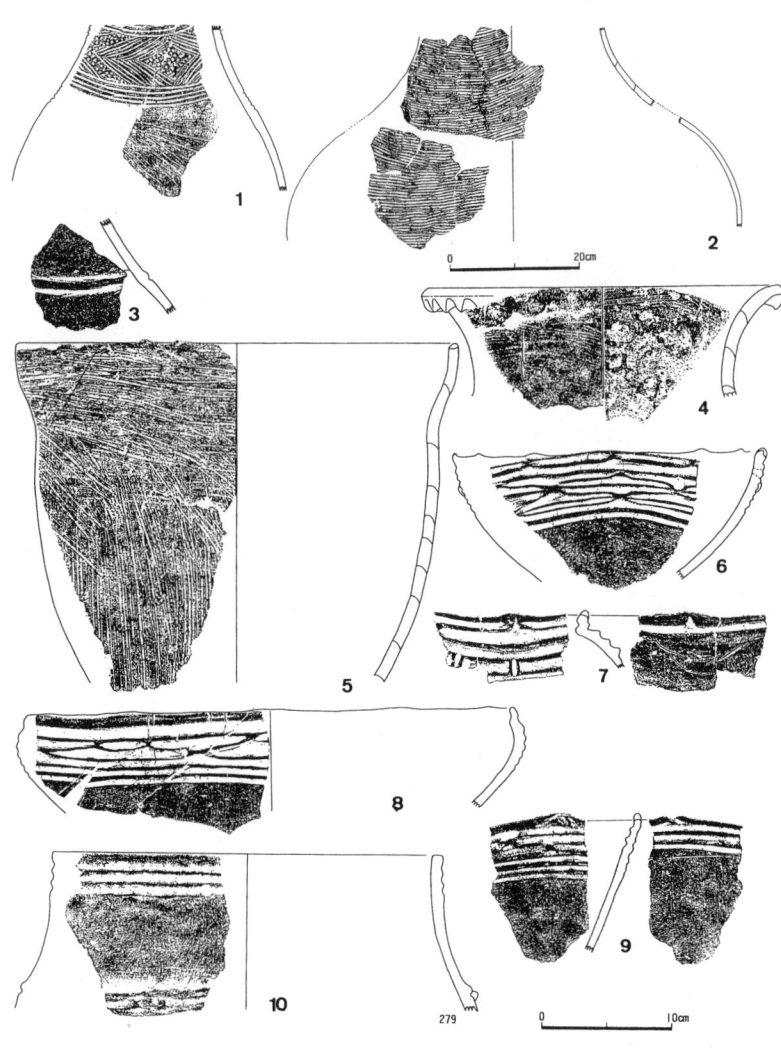

102　第Ⅲ章　弥生時代の伊豆諸島

1：須和田式土器（21層）　　2：水神平式土器（22層）　　3：遠賀川式土器（23・25層）
4：樫王式土器（23・25層）　　5：船橋式土器（23・25層）　　6～10：大洞式土器（23・25層）

図56　下高洞遺跡出土土器

・島下遺跡

　伊豆諸島の遺跡は、火山島としての特徴を生かしてすべての島で土層ごとに発掘調査ができることが多く、島下遺跡ではテラス状になっていた旧地表（旧屋敷）から数えて11層目で土器が発見（図55）されはじめた。

　　第11層…11層下部に近いあたりから三宅式土器に相当すると思われる土器

　　第12層…丸子式土器（第55図2～5）と打製石鎌（図74の2）が出土

　　第13層上層…無遺物層（間層）となっていた

　　第13層下層…大洞A式（浮線網状文）土器および五貫森遺跡などにみられる深鉢形土器の影響を受け、東海地方東部に普遍的にみられる土器

この島下遺跡の調査によって伊豆諸島ではじめて丸子式土器と大洞A式土器を分層発掘したことになる。

・下高洞遺跡D地点

　あまりにも発掘場所が深く、かつ、遺物が多くて、調査には1986年から前後10年あまりを要して、約80㎡を調査するのがやっとであったようだ。遺物の出土土層は最下位の42層（縄文時代後期）から21層（弥生時代中期）までである。縄文時代から弥生時代への関連する遺物（図56）を抽出すると、

　　第21層…主として丸子式土器と若干の須和田式土器（1）

　　第22層…主として水神平式土器（2）

　　第23層・25層…先述の通りの骨層で、検出された土器は大洞A式（浮線網状文）土器を主体として、南関東の荒海式土器、同じく樫王式土器(4)、近畿地方の船橋式土器（5）、遠賀川式土器（3）などである

　　第26層から36層…貝層となっていて、縄文時代後期の土器を検出。さらにその下層からも土器が検出されている

これらの土層から検出された遺物を考えると、弥生時代前期に相当する水神平式土器や弥生時代中期はじめの丸子式土器・須和田式土器と縄文時代晩期の大洞A式土器・遠賀川式土器などとが層位的に分離されたことになって、時期差が明らかになっている。

　とくに注目されることは東海地方西部のいくつかの遺跡で、遠賀川式土器に

表3　伊豆諸島者の遺跡の層位による土器の分離

田原遺跡			島下遺跡		下高洞遺跡D地点	
3層	出土せず		11層	三宅式土器	20層	出土せず
4層	弥生2群	丸子式土器	12層	丸子式土器	21層	丸子式土器
	弥生1群　遠賀川式土器 縄文12群　水神平式土器 縄文9群　大洞A′式土器		13層	間層	22層	水神平式土器・大洞A′式土器
				大洞A式土器	23・25層	遠賀川式土器（新） 荒海式土器 樫王式器・船橋式土器 大洞A式土器
	縄文8群　大洞A式土器					

　水神平式土器が併行することがわかっていたのが、下高洞遺跡D地点でも遠賀川式土器と併行して出土していて、その点では伊勢湾沿岸の西志賀遺跡で遠賀川式土器に水神平式土器が併行しているのと、相通ずる結果となっている。

　田原遺跡、島下遺跡、下高洞遺跡の縄文時代から弥生時代にかけての土器の出土状況は以上であるが、田原遺跡第4層と河津町姫宮遺跡の砂層で層位によって分離できなかった遠賀川式土器と大洞A式土器などが、下高洞遺跡D地点でも分離することができずに、島下遺跡で間層を挟んで丸子式土器と分離することができることになった。このことから少しは、編年の問題に言及することができることになる。整理すると表3のようになる。

　あらためていうまでもなく、表3からも水神平式土器・丸子式土器と大洞A式土器とを明確に分離することができた。この3遺跡で証明できたことは、水神平式土器と大洞A式土器が伴出しないことを伊豆諸島でも追認（石川1985）することになったことである。また、田原遺跡の遠賀川式土器・水神平式土器・大洞A′式土器は、三宅島の島下遺跡の間層に相当することになり、下高洞遺跡D地点では水神平式土器・大洞A′式土器の出土土層と、遠賀川式土器、大洞A式土器の出土土層とを明確に分離することができた。

（4）　遠賀川式土器と条痕文土器の動態

　このようにみてくると、縄文時代から弥生時代に推移する伊豆大島の下高洞

遺跡 D 地点の土器と、新島の田原遺跡の土器は、東北北部の遠賀川系土器の編年的位置づけと非常によく似ていることになる。あえてここで東北北部の編年と対比したのは、単なる思いつきではない。たしかに東北部の遠賀川系土器には何ケ所かの経由地があって、本来の遠賀川式土器からは少し変化しているが、それでも九州から約1,100kmも北上した土器であり、南関東や伊豆諸島のそれは遠く伊勢湾沿岸から、近ければ伊豆半島からもたらされた土器である。

このような地域的な違いはあるけれども、日本列島を俯瞰してみれば、東北北部の遠賀川系土器は対馬海流の東端近くにあり、伊豆諸島のそれも黒潮の東端近くに残された土器なのである。伊豆諸島は日本列島が大きく「く」の字状に括られるあたりから点々と南下する島々であり、南関東はその括れ部にあたっている。その沿岸に達した世界最大の悠久の流れ「黒潮本流」は、やがて折れて東流し、わずかな沿岸流が房総半島沿いに北上するだけである。いわゆる南関東や伊豆諸島は黒潮文化の吹き溜まり地帯にあたっていて、弥生文化の伝播状況からみると東北北部の対馬海流とよく似ていると思えて仕方がないのである。気候条件からいえば九十九里浜から鹿島灘以北は夏の「やませ」の影響を受ける地域で、そこでの遠賀川式土器の発見例は福島県に入って2遺跡だけである。水神平式土器を出土する南関東の遺跡も少し内陸に入っている。

水神平土器は粗い条痕文が盛行する土器で東海地方におもな分布をもち、遠賀川式土器とほぼ併行関係にあることは先述の通りである。住居や水田は発見されていないが、土器に籾の圧痕がついていて稲作の伝播にかかわった土器と考えられる。この水神平式土器とその次に編年される丸子式土器のことを条痕文系土器とよぶが、遠賀川式土器の及ばない南関東に進出してきていることが、ここ数年の調査ではっきりしてきた。どうもこの種の条痕文系土器のルートの一つが、天竜川をさかのぼり、内陸の信州をへて北関東に通ずる道と、南関東へのルートは、一部を除いて先述したように神奈川・東京の山沿いの各地に限定される感があって、そのなかのほんの一部が東京湾を越えて房総半島南部に到達している模様である。

具体的にいえば、今まで述べてきた姫宮遺跡や田原遺跡のほかに、小田原市

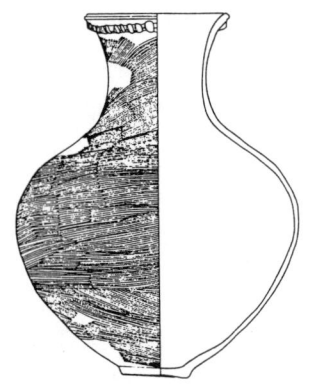

図57　平山遺跡出土の条痕文系土器（【東京の遺跡】より）

諏訪前遺跡、山北町堂山遺跡、秦野市平沢同明遺跡、愛甲郡清川村上村遺跡、津久井町三ケ木遺跡、厚木市及川宮ノ西遺跡、横浜市霧ケ丘遺跡、東京都町田市小山田遺跡、椙山神社遺跡、日野市平山遺跡（図57）、などで検出され、単独で出土する場合もあれば、その遺跡だけで用いられた粗末な土器をともなう場合などもあって、稲作受容期がそう単純でなかったことをうかがわせる。丸子式土器を出土する遺跡の立地条件は、近くに沖積地はなく畑作優越地帯であることが多い。これらの遺跡から石鍬が検出されるのをみれば、伊豆諸島と同じように本土でも焼畑以外にその生業を求めることに困難があるようである。

　そういうなかでの伊豆諸島の弥生時代前期には、稲作情報が寄せられていたにもかかわらず、川もなく沖積地もまったく発達していない島々であったから、そこでの生業は畑作（焼畑）しかなかったのである（第5節）。

　東海地方から伊豆諸島にかけての弥生文化受容の様相が以上のようであるなか、弥生文化の関東地方への伝播では、箱根山地を越えることが困難であったらしく、舟で伊豆半島を回って伝えられたのではないかとする見解が有力である。平成9年、小田原市中里遺跡が大々的に調査され(註)、その成果からもこの見解が指示されると考えている。次に述べる須和田式土器の時期のことであった。

第2節　弥生時代中期の伊豆諸島

　伊豆諸島の弥生時代研究の先達は杉原荘介（1913～83年）他で、1934年（昭和9）2月、三宅島の弥生時代中期後半のココマノコシ遺跡を訪れて、見解を発表した（杉原　1934）。杉原は、伊豆半島や三浦半島との関係を追及する観

点で、採集したイノシシの骨や黒曜石に想いを馳せ、「……弥生式民族の……海上発展の旺盛たりしかを知ることができるのである」と記している。

　戦後は1949年（昭和24）夏、曾野寿彦（1923～63）・中川成夫が訪れて、ココマノコシ遺跡と坊田遺跡を踏査して報文（曾野・中川　1950）を残したが、太平洋戦争後の伊豆諸島研究の本格的な始まりは、1956・57年の東京都による文化財総合調査である。三宅島の坊田遺跡と利島のケッケイ山遺跡が発掘調査され、ケッケイ山遺跡では須和田式土器期の住居址の発掘報告（大塚　1958、1965）がされた。

　当時、須和田式土器といえば関東地方を中心にした地域でもっとも古い弥生時代中期の土器とされ、そのほとんどが再葬墓から発見されていた。壺形土器とセットになる深鉢形土器も未発見で、その正体が杳としてつかめず、まして住居跡の発見など予想できない時期での、伊豆諸島・利島での発掘調査であったから、東日本の弥生文化研究の究明に大きく貢献するものであった。明治大学は、ほぼ同じ時期に三宅島の坊田遺跡に注目し、第3次調査を実施するとともに、1958年（昭和33）の第2次調査の成果をも含めた報告書を刊行した。そして、その次に新島・田原遺跡の報告書の刊行となるのである。

　伊豆諸島の研究はその後一時中断されたが、1973年（昭和48）、三宅島において大里遺跡と坊田遺跡が調査され、それぞれ報告書が刊行されている。また、三宅島・島下遺跡の概報も報告され、加えて大島の下高洞遺跡の発掘が実施され、その概要が発表された。また、この下高洞遺跡の正式な調査報告が1998年（平成10）に刊行されて、伊豆諸島の弥生時代中期に関する情報が豊富になってきた。そのなかで、利島・ケッケイ山遺跡の土器を単に須和田式土器とすることがかならずしも適切ではないとする見解をもつようになってきた。

　とはいえ、今までの研究の経過から弥生時代中期の伊豆諸島について記す場合、東海地方東部から駿河・伊豆地方にかけて勢力をもつ丸子式土器と、関東地方に分布の主流をおく須和田式土器について記しながら、両者の接点を求める努力をしなければならないという、たいへんに面倒な操作が必要な時期もあった。しかも、東海地方東部から南関東地方にかけての太平洋沿岸で両者の土

器を搬出する遺跡は少なく、あったとしても土器の先後関係とか、併行関係は把握できない状況である。じつはその辺りの問題点に、情報量がふえてきた伊豆諸島から迫ってみたいと考えるのである。

　丸子式土器の標式遺跡は、静岡市の丸子セイゾウ山遺跡（杉原　1962）で、今日では水神平式土器よりも洗練された条痕文で飾られた土器として、水神平式土器の次に編年づけられている。丸子式土器のおもな分布は、浜名湖あたりから伊豆半島・伊豆諸島あたりまでで、伊豆半島では河津町の姫宮遺跡、伊豆諸島では大島のケイカイ遺跡、下高洞遺跡D地点、新島の田原遺跡、三宅島の島下遺跡、同おいずみ遺跡などにみられ、伊豆諸島も分布の東限にあたっている。

　三宅島・島下遺跡の丸子式土器は、第12層から出土していて、第11層から検出されたいわゆる三宅式土器（後述）よりも古く、丸子式土器と三宅式土器の前後関係が島下遺跡で初めて把握されたのである。島下遺跡出土の丸子式土器は壺形や深鉢形土器のセットであるのに対して、いわゆる三宅式土器（図54の1）は壺形土器の口頸部だけの発見であるけれども、両者は出土土層によって明確に区分された初めての例だと思われる。この事実はたいせつにしておきたいと考えている。

　須和田式土器の標式遺跡は千葉県市川市須和田遺跡（杉原　1967）にあって、古くは1935年（昭和10）あたりから注目されはじめ、1942年（昭和17）、須和田式土器という型式名が提唱されてからも、その位置づけは定まらない側面があった。考古学上でいえば土器型式の一人歩きである。極端なことをいえば、弥生時代中期の古そうな土器は須和田式土器の範疇に分類され、その結果として弥生時代中期前半の土器の幅が膨らんでいったのである。

　この種の混乱を整理する意味で、杉原荘介の論文（小林・杉原　1968）が発表されて、須和田式土器は弥生時代中期前半に位置する土器として確定的に取り扱われ、膨らんだ部分が須和田式土器に後続する小田原式土器として位置づけられたのである。その上で、須和田式土器は丸子式土器に相応する土器であるとした。

第 2 節　弥生時代中期の伊豆諸島　109

　それから約30年が経過し、この間に関東地方を中心に須和田式土器が多量に検出される集落遺跡や再葬墓などが調査され、須和田式の再検討が行われるようになっていった。
　須和田土器は、中Ⅰ期、中Ⅱ期、中Ⅲ期に三分され（石川　1996）、そのなかのⅡ期、Ⅲ期を従来の須和田式土器にあてる考え方が主流を占めるようになってきた。Ⅱ期が神奈川県秦野市平沢北開戸遺跡、千葉県天神前遺跡、埼玉県上敷免遺跡、栃木県出流原遺跡出土土器を好例としている。大島下高洞遺跡D地点の須和田式土器もⅡ期の範疇に含まれるものと考えている。Ⅲ期が埼玉県池上・小敷田遺跡出土土器などが好例となっている。そして、小田原式土器はまったくといってよいほど市民権を失ってしまったといってよい。
　伊豆諸島はどちらかというと丸子式土器の影響の強い地域で、丸子式土器につづく伊豆諸島の弥生時代中期について述べる場合、東海地方東部から南関東にかけての土器を援用して、どの土器型式の影響を強く受けている地域であるかを検討するのがもっとも妥当である。そうはいってももっとも影響を受けている伊豆半島基部の土器型式が矢崎式土器、矢崎下層土器、長伏式土器などと一定せず、そのときどきの都合で変更されたり、土器型式としてはじめから破綻したものと指摘されたりで、どの型式を用いても不都合な時代があった。
　これに対して南関東の土器型式を用いるとすれば、利島ケッケイ山遺跡出土の土器群を平沢式土器として再整理した実績があるだけである。ケッケイ山遺跡の出土土器は鴨ケ池遺跡・小田原市中里遺跡・王子台遺跡出土土器と併行関係にあると考えるのがもっとも適切であるように思っている。
　では、それにつづく弥生時代中期の伊豆諸島の土器となると、どうしても新しい土器群の検討を必要としているように思っている。とくに三宅島・大里遺跡・同一遺跡である大里東遺跡、坊田遺跡検出の土器群をどう位置づけるのかが大きく問われていることになる。かつて坊田遺跡の土器は須和田式土器と位置づけられたこともあったが、今日の視点でみるとそれよりも新しく位置づけた方がよいと思っている。利島の平沢式土器の次に位置づけ、弥生時代中期中葉の宮ノ台式土器の直前に位置する土器型式をあらためて提唱しなければなら

ないと考えている。

(1) 三宅式土器と大里東式土器

　1988年、『島の考古学―黒潮圏の伊豆諸島―』（橋口　1988）のなかで、大里遺跡の出土土器と坊田遺跡の出土土器とを同一土器型式の範囲と考えて、三宅式土器を設定したことがあったが、それに対して賛否両論のご意見をいただいた経緯がある。その当時は、該期の住居跡も発見されず、土器そのものの製作地が伊豆半島の基部周辺で、そこから土器が大里遺跡や坊田遺跡に運ばれてきたものであることもあって、三宅式土器を設定をするにいたるまでの資料不足の感は免れなかった。

　ところが、大里遺跡に接した涸沢の築穴沢の改修工事にともなって、築穴沢の東隣から同じ時期の弥生土器が発見され、あらためて調査団が結成され発掘調査が行われることになった。確認調査が1994（平成6年）に、本格的な発掘が1995年2月から7月末まで実施されて、さいわい見学する機会に恵まれた。発掘現場の状態から東京都指定の大里遺跡の遺物集中地点と大里東遺跡の遺物集中地点とが同じもので、後世、築穴沢によって分断されたものであることを確認した。

　その報告書は『大里東遺跡発掘調査報告書』（青木他　1995）として刊行され、住居跡6軒、土壙墓9基、土坑7基、それに遺物捨て場が発見されて多量の土器類・石臼・管玉・青銅片・骨角器、それに大量の黒曜石が検出され、従来と比較できないほどの多くの情報を入手することができた。

　報告書では、大里遺跡の弥生土器と坊田遺跡の弥生土器を詳細に検討して、その違いや共通点に触れ、かつ、伊豆半島基部の遺跡出土の一括遺物なども検討して、最終的には大里東式土器を提唱している。しかし、その後に大里遺跡の範囲確認調査を実施して、土器片48点と大小の石鏃・勾玉2点を検出し、その上で青木豊は「都指定三宅村　大里遺跡」を発表し、次のように述べている（青木　1998）。

　　……大里遺跡の存在をもとに築穴沢を挟んで東側に位置する事から、平成

6年度本調査範囲を大里東遺跡と命名してきた訳であるが、都指定史跡としての大里遺跡の存在があってこそ、その東側に遺跡を分離するのであり、それが意味をなすものではないと考えられるならば、大里遺跡として一括りにとらえ、大里東遺跡の名は訂正していくべきものと判断……今回の調査結果によるその同時性を重要視した上で、ここに大里遺跡として弥生時代の集落遺跡の存在を再認識するものである。そして、旧称・大里東遺跡の土器群を元に「大里式土器」の認定が進められつつあるが……、さらに検討が加えられる確固たる一型式として容認されるならば、今回の成果を踏まえた遺跡名を基に「大里式土器」の名称をもって呼称するのが妥当ということになろう。

あらためて大里東遺跡の遺跡名を都指定の大里遺跡として扱うことを明確にした上で、大里東式土器を大里式土器と呼称してもよいと表現しいるのである。この事実を知ったときには、遺跡や土器型式がそのときどきの都合で軽く扱われているような気がして決していい感じはしなかった。先の大里東遺跡の報告書で、詳細にわたる土器群の分析から大里東式土器が設定されたのに、その意味が失われるような気がした。そればかりか「大里東式土器」が一人歩きをしはじめ、大里東遺跡がなくなってしまうという珍現象となる。都指定の大里遺跡のことを承知していたはずで、報告書名をはじめから「大里遺跡—第2次調査報告—」としていれば、何の問題も起こらなかったのにと思うと残念でならない。

　この問題をどう解決するかという妙案は簡単には浮かんでこないが、すくなくとも大里東式土器という土器型式は消滅したことになる。ただ、分析した次の土器群だけが残ってしまうので、その事実を尊重するとあらためて土器型式を設定しなおさなければなくなる。しかし、それとて簡単ではない。ここではまずその土器型式の指標となる土器群をあらためて検討することからはじめたい。

　大里東遺跡の報告書をはじめとして今まで公表されている文献をも参考に、壺形土器をⅠ類からⅦ類に分類するが、本稿ではⅦ類土器を条痕文がつけられ

た土器として取り扱うことにする。その上でその点数と％は次の通りである。

　　　Ⅰ類土器…櫛描文系土器　　　　　　　　　　　　　51点（7％）
　　　Ⅱ類土器…棒状工具施文の土器（報告書では篦状文系としている）
　　　　　　　　　　　　　　　　　　　　　　　　　　98点（13％）
　　　Ⅲ類土器…紐結文・磨消縄文系土器　　　　　　　455点（62％）
　　　Ⅳ類土器…区画文・有突起文系土器　　　　　　　 80点（10％）
　　　Ⅴ類土器…隆起文系土器　　　　　　　　　　　　 41点（6％）
　　　Ⅵ類土器…受け口系土器　　　　　　　　　　　　　6点（1％）
　　　Ⅶ類土器…条痕文がつけられた土器・刷毛目の土器　49点（8％）
　また、深鉢形土器を次のように分類し、土器の点数と％を示せば、
　　　Ⅰ類土器…斜走・縦走の条痕文の土器。　　　　　362点（73％）
　　　Ⅱ類土器…羽状条痕文を有する土器。　　　　　　 77点（16％）
　　　Ⅲ類土器…ランダムなハケを全面に施した土器　　 43点（9％）
　　　Ⅳ類土器…無文または削痕のある土器　　　　　　 13点（3％）
　　　Ⅴ類土器…突帯文を有する土器　　　　　　　　　　0点（0％）

　それらの土器のなかから代表的なを土器を示せば図58〜61のようになる。大里東遺跡の報告書の拓影66図を4図に縮めたものであるが、大里遺跡の出土土器の特徴をよく現しているものと考えている（図58〜61）。

　壺形Ⅰ類土器は図58の1〜4で櫛描文の仲間の土器である。1のように肩部一面に櫛状工具で施文し、2は櫛状工具によって横走りの条痕となり、その間に列点文を配列している。3は間隔をあけて櫛状工具で施文し、4は波状文をあしらっている。

　壺形Ⅱ類土器は、図58の5の短頸壺の中間で、肩部に棒状工具で疑似流水文風に文様を配している。6も同じように棒状工具で疑似流水文を配し、その間に列点文を並べている。7も同様に棒状工具で疑似流水文を描き、8は棒状工具で羽状に沈線を配したものである。

　壺形Ⅲ類土器は図58・59の9〜15で、9・10は結紐文がつけられた土器である。9は頸部に近く、10は肩部に施文されているが、沈線内が無文の部分もあ

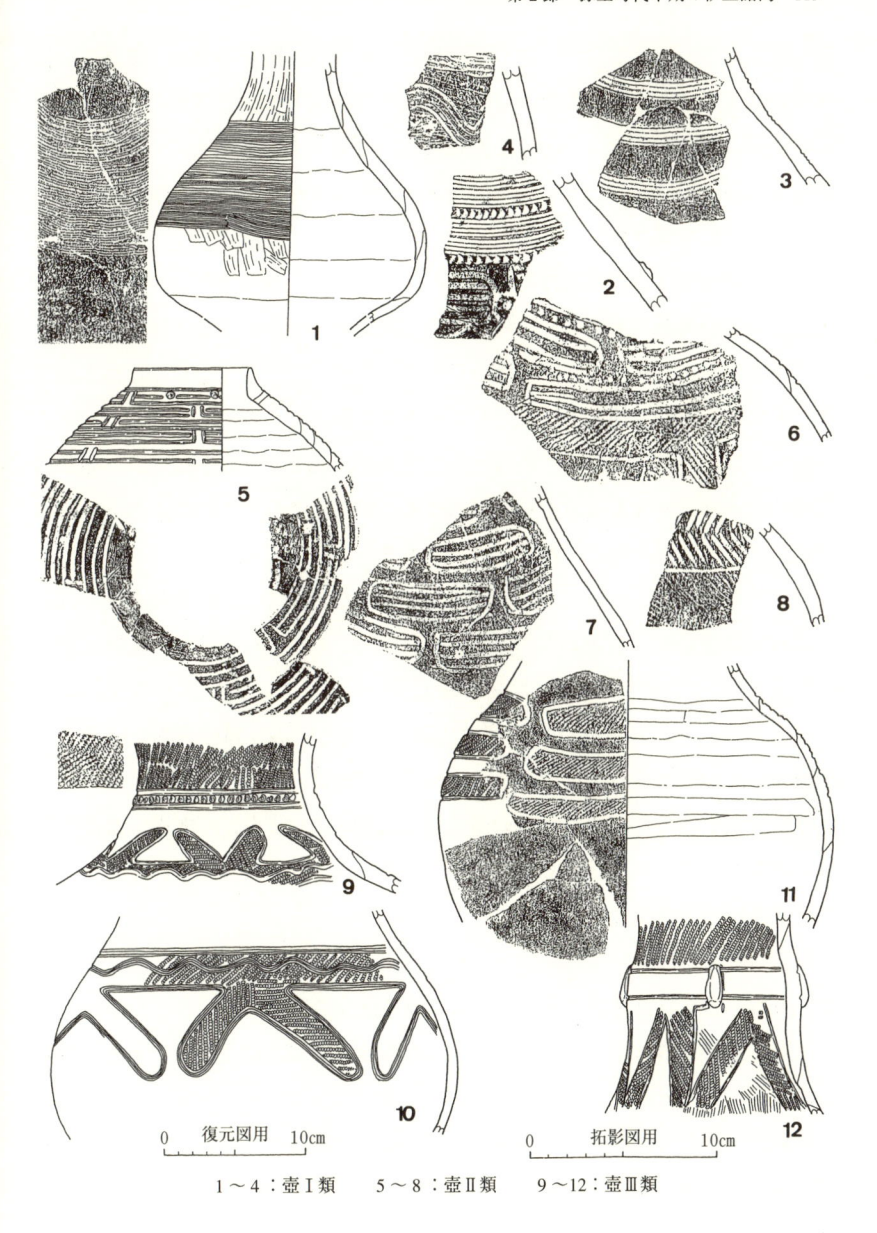

第2節 弥生時代中期の伊豆諸島 113

図58 大里遺跡出土土器(1)

1〜4：壺Ⅰ類　　5〜8：壺Ⅱ類　　9〜12：壺Ⅲ類

る。11はたぶんに王字文がつけられていたと思われ、胴下部は無文である。図58の13は工字文がつけられた土器で、14は磨消縄文で文様を構成し、器形は深鉢形土器の類であるがこの欄に配置した。15は同じく磨消縄文によって文様を創出された土器である。また、12は頸部の土器で隆起文が配され、磨消縄文は大きな山形に配置されている。

　壺形Ⅳ類土器は16から21で、区画文の土器である。21は突起文の土器である。16の肩部を四角形の重区画文と列点文で文様効果をだし、その下は沈線を巡らし、地文は縄文である。18・19は重三角文の卓越した土器で、そのなかを列点文で充填する。19は縄文を地文にして菱形文を配した土器である。17は頸部から口縁部にかけての土器片から復元したもので、縄文が卓越している。頸部の沈線に挟まれた無文帯はおそらく磨消によって創出されたものであろう。21は突起を縦につけた土器で、地文は縄文である。

　壺形Ⅴ類土器は図60の22〜25の隆起文をつけた土器で、22は重三角文の部類に入れてもよいが、肩部にⅤ字状の隆起文が配されているので、壺形土器第Ⅴ類に分類したものである。地文は刷毛目である。23・25にはⅤ字状の隆起文が配され、それに複数のⅤ字状の沈線が沿っている。24は頸部と肩部の境に一条の隆起文が巡る土器で、地文は刷毛目である。

　壺形Ⅵ類土器は図60の26・27の受け口の口縁部で、「く」の字状に曲がる部分に刺突が巡っている。地文は刷毛目である。28・29の土器は櫛状工具によって施文された条痕文である。

　壺形Ⅶ類土器は図60の28・29で、おそらく条痕文を土器の全面に施文した土器である。施文具は櫛状工具と思われ、縦に施文されている。

　以上で壺形土器の説明を終了するが、大部分の土器が図上復元である。つぎに深鉢形土器の説明に入ることにしよう。

　深鉢形Ⅰ類土器は図60・61の30〜32である。30は地文は櫛状工具による条痕文で胴部の二条の沈線が一周し、その沈線を挟んで羽状の箆描文が配されている。31は三条の沈線が一周するタイプの土器である。32は上半が櫛状工具による縦走の条痕文で、下半が斜走の条痕文の土器で、内側にも横走する櫛状工具

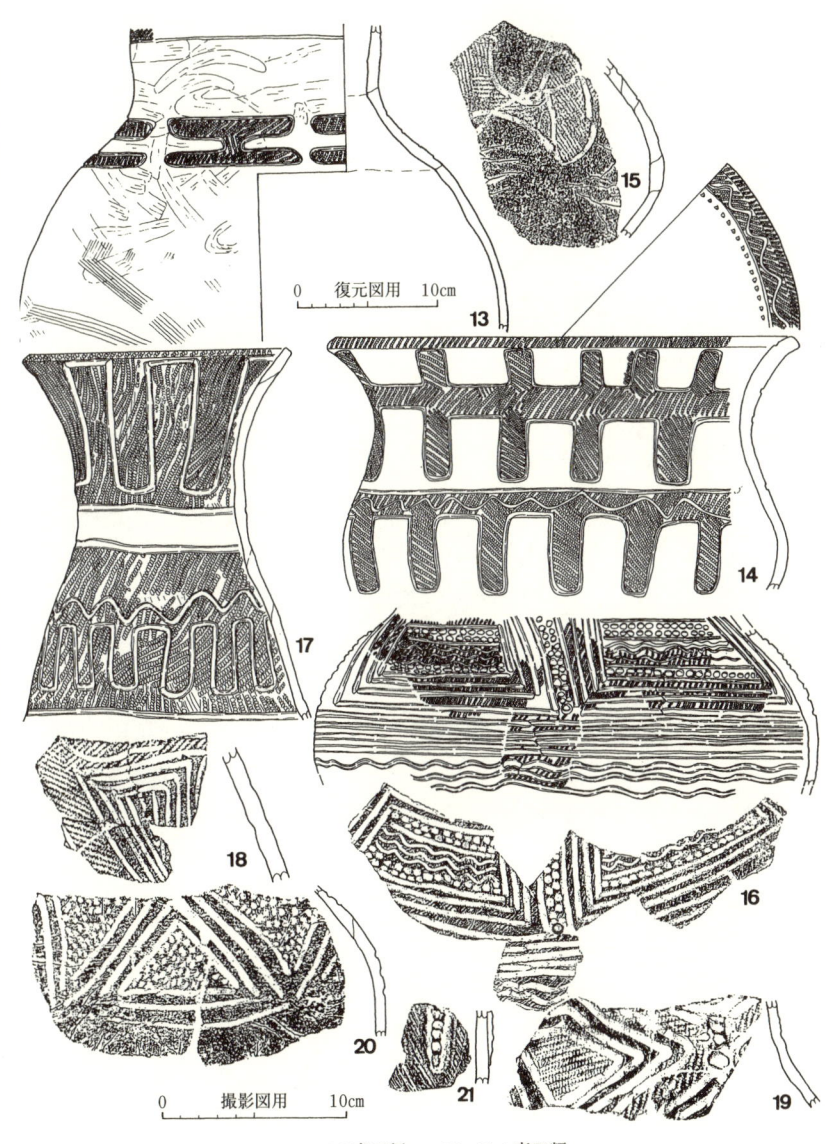

第 2 節　弥生時代中期の伊豆諸島　115

13〜15：壺Ⅲ類　　16〜21：壺Ⅳ類

図59　大里遺跡出土土器（2）

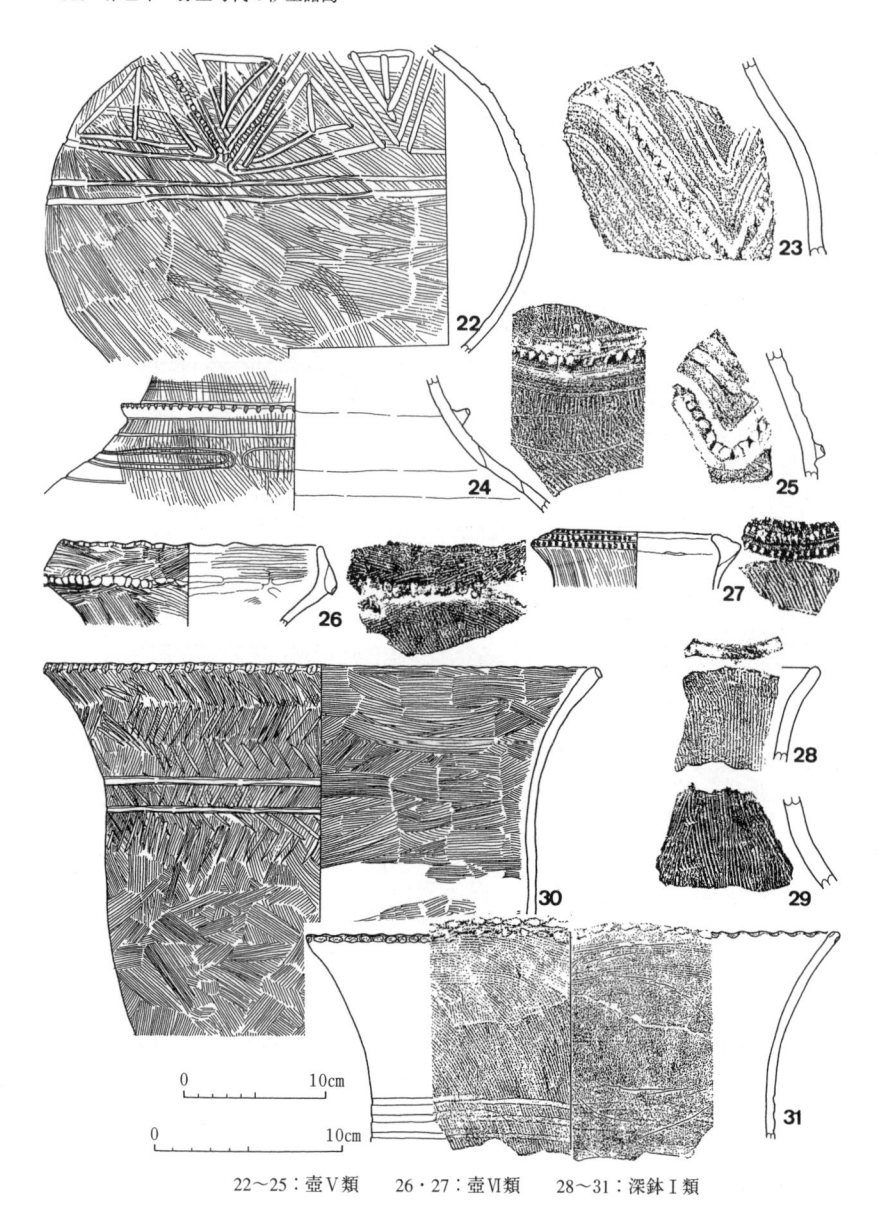

116 第Ⅲ章 弥生時代の伊豆諸島

22〜25：壺Ⅴ類　　26・27：壺Ⅵ類　　28〜31：深鉢Ⅰ類

図60　大里遺跡出土土器（3）

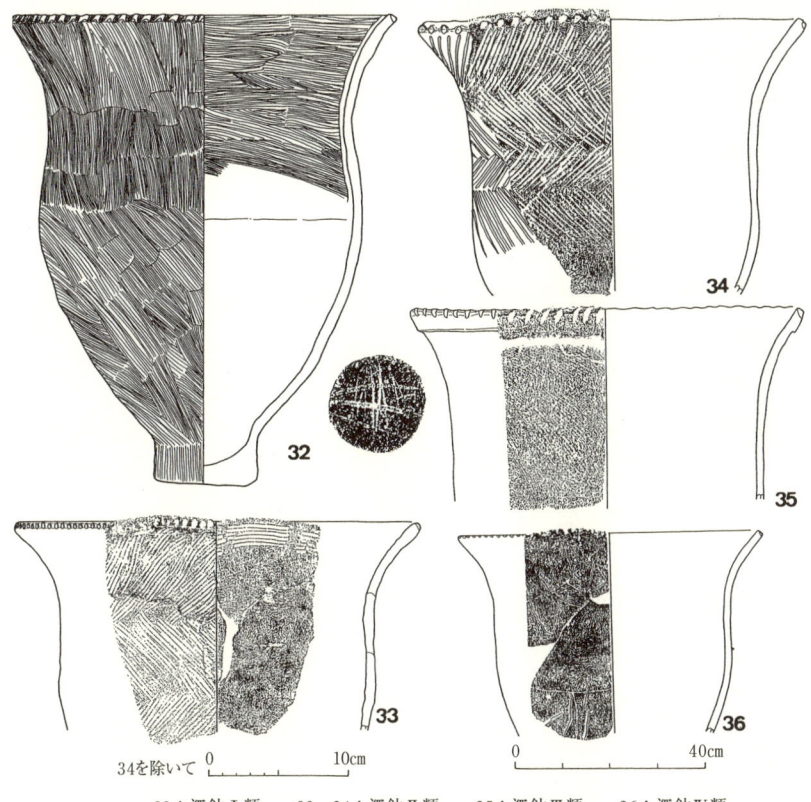

第 2 節　弥生時代中期の伊豆諸島　117

32：深鉢Ⅰ類　　33・34：深鉢Ⅱ類　　35：深鉢Ⅲ類　　36：深鉢Ⅳ類
図61　大里遺跡出土土器（4）

によって横走の条痕文がつけられている。

　深鉢形Ⅱ類土器は図61の33・34で羽状条痕文の土器である。33は大部分が無文で、口縁の下だけに櫛状鎖状文がつけられている。34は羽状条痕文の土器で地文は無文である。

　深鉢形Ⅲ類土器は図60の35で刷毛目がつけられた土器である。口唇には棒状工具によって刻みがつけられている。深鉢形Ⅳ類土器は図61の36の無文の深鉢形土器で、口唇に刻みをもつ。

　以上で大里遺跡出土の壺形土器と深鉢形土器の説明を終わることにするが、

つづいて坊田遺跡出土土器の特徴をできるかぎり述べるにあたって、大里遺跡の分類例とを合わせた方がよいと考えるので、同じように壺形土器をⅠ類からⅦ類まで、深鉢形土器をⅠ類からⅤ類まで分類しなおしている。

坊田遺跡の壺形土器を次のように再分類して、土器・土器片の点数と％を示せば、

　　　Ⅰ類…櫛描文系土器　　　　　　　　　　　　　　　7点（7％）
　　　Ⅱ類…棒状工具によって施文された土器　　　　　13点（13％）
　　　Ⅲ類…紐結文・磨消縄文系土器　　　　　　　　　64点（64％）
　　　Ⅳ類…縄文・区画文・有突起系土器　　　　　　　 2点（2％）
　　　Ⅴ類…隆起文系土器　　　　　　　　　　　　　　 4点（4％）
　　　Ⅵ類…受け口系土器　　　　　　　　　　　　　　 0点（0％）
　　　Ⅶ類…条痕文系土器・刷毛目の土器　　　　　　　10点（10％）

同じく坊田遺跡の深鉢形土器を次のように再分類して、土器および土器片の点数と％（除くⅥ類土器）を示せば、

　　　Ⅰ類…斜走・縦走の条痕文の土器　　　　　　　　64点（59％）
　　　Ⅱ類…羽状条痕文を有する土器　　　　　　　　　20点（19％）
　　　Ⅲ類…ランダムなハケを全面に施した土器　　　　14点（13％）
　　　Ⅳ類…無文または削痕を残す土器　　　　　　　　10点（9％）
　　　Ⅴ類…突帯文を有する土器　　　　　　　　　　　 0点（0％）
　　　Ⅵ類…その他　　　　　　　　　　　　　　　　　33点加算せず

となっている。大里遺跡で住居跡が6軒発見されていたことは先述の通りで、これに対して坊田遺跡では今のところ住居跡の発見はない。この違いが出土土器の総数の違いとなって現れているが、どちらかというと坊田遺跡の方が住んでいた時間が短いように思っている。坊田遺跡出土土器（図62～64）の特徴を述べれば、次のようになる。

壺形Ⅰ類土器は図62の1～3で櫛状工具によって施文された土器である。1のように波状の櫛描文をつけた土器、2のように櫛状工具による施文を一定のところで留めることで文様効果をだし、3は櫛状工具を活用して籠を編んだよ

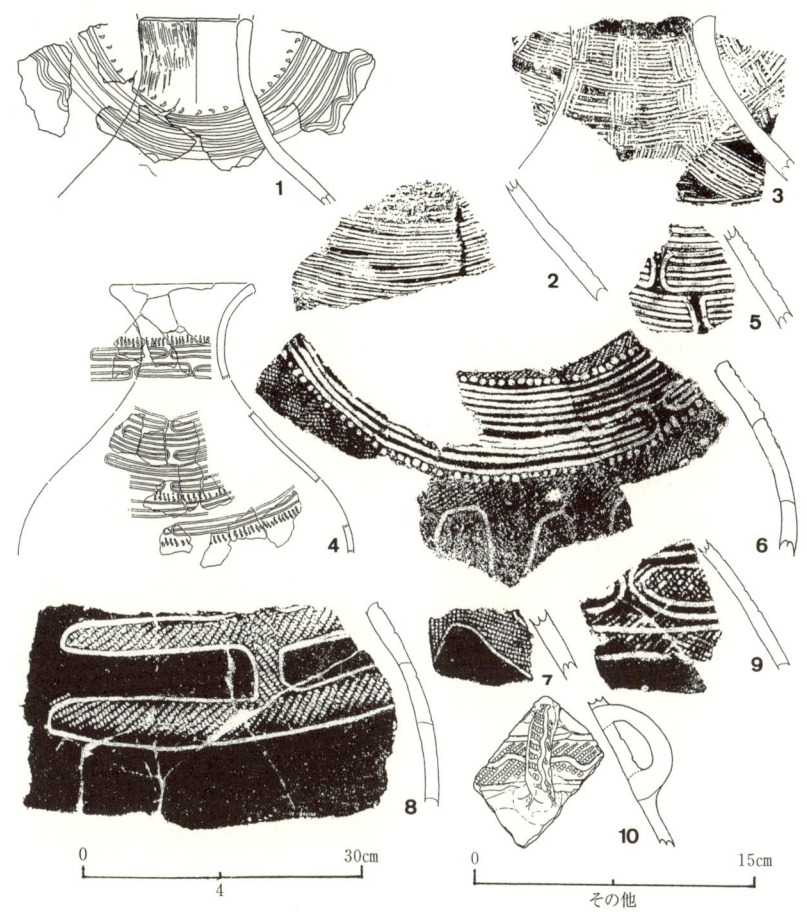

1～3：壺Ⅰ類　　4～6：壺Ⅱ類　　7～10：壺Ⅲ類
図62　坊田遺跡出土土器（1）

うな文様効果をだしている。

　壺形Ⅱ類土器は図62の4～6で棒状工具を活用することで、疑似流水文の効果を狙った土器群をここに置いた。6には磨消縄文も組み合わさっている。

　壺形Ⅲ類土器は図62の7～10で磨消縄文を多用している。7は紐結文、8は王字文の土器で、9は磨消縄文が一部で消し忘れている。10は耳状の把手がつく壺形土器で、弥生土器ではめずらしいタイプである。

壺形Ⅳ類土器は図63の11だけで重三角文の土器である。三角のなかには列点文が配されている。多くの破片が接合してここまで復元することができた土器で、最終段階で口縁部が接合できたときには大きく喜んだことを思いだす。

 壺形Ⅴ類土器は図63の12・13の隆起文の土器で、大里遺跡の場合がⅤ字状の隆起文であったのに対して、坊田遺跡では口縁部に縦につけられている。図14の14・15は壺形Ⅵの土器に分類され、櫛状工具によって条痕文が施文された土器である。

 また、坊田遺跡検出の深鉢形土器の特徴を示せば、次のようである。

 深鉢形Ⅰ類土器が図64の16・17で、斜走の条痕文が全面につけられているが、16には3条の浅い沈線が巡っている。深鉢形Ⅱ類土器が18～20で、羽状条痕文がつけられ、18の口縁内側に櫛目鎖状文がつく。19も同じで櫛目鎖状文の間と下に列点文が配されている。20は縦に羽状条痕文が並ぶ土器でおそらくかなり下までつけられていると思われる。

 深鉢形Ⅲ類土器が21・22で、斜走の刷毛目がつけられ、21・22とも裏面には横走の刷毛目がつけられている。深鉢形Ⅳ類土器が図65の23・24で一部にわずかに地文がのこっているが、全体的には無文の土器である。

 なお、両遺跡の出土土器を比較する意味で、Ⅰ類土器からⅦ類（深鉢形ではⅤ類）の土器の出土を数えてみると次のようになる（表4）。なお、集計にあたって大里遺跡では前後3回の調査によって検出された土器類のすべてを、坊田遺跡では同じく前後3回の調査によって出土した土器類のすべてを集計の対象としている。その際、念頭におかなければならないのは大里遺跡と坊田遺跡の出土土器数の決定的な差である。さらに重要な視点は、両遺跡のすべての土器が伊豆半島の基部を中心とした地域から三宅島に運ばれてきた土器だということである。伊豆諸島が粘土に恵まれない地域であるからである。

 その上で大里・坊田遺跡出土のすべての土器片の点数と％を比較してみると、なんとほとんどの分類例の数値が近いのである。大きく異なるのは、坊田遺跡に壺形Ⅵ類土器の受け口の土器が出土していないこと、壺形Ⅳ類土器では坊田遺跡出土土器の1点が完形土器に近く、もとはといえば、かなりの土器片を復

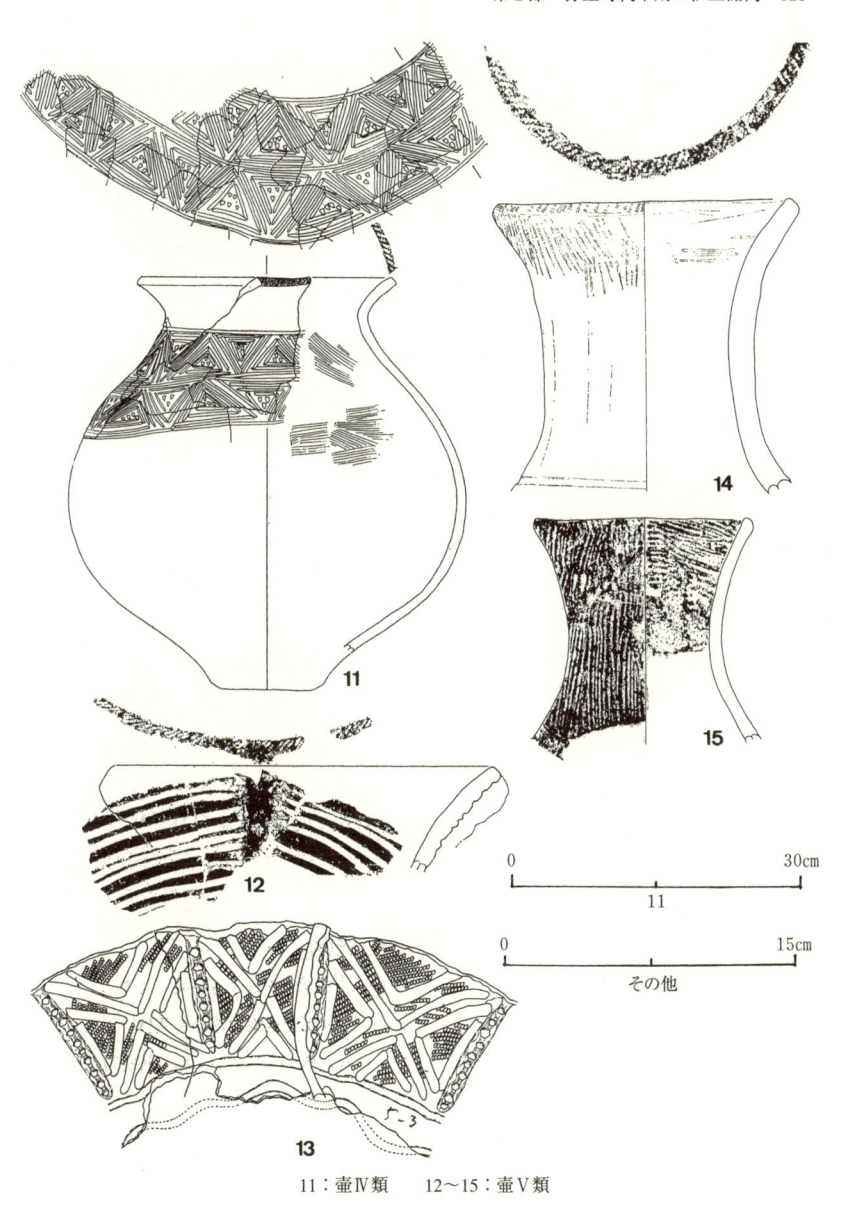

第2節 弥生時代中期の伊豆諸島　121

11：壺Ⅳ類　　12～15：壺Ⅴ類

図63　坊田遺跡出土土器（2）

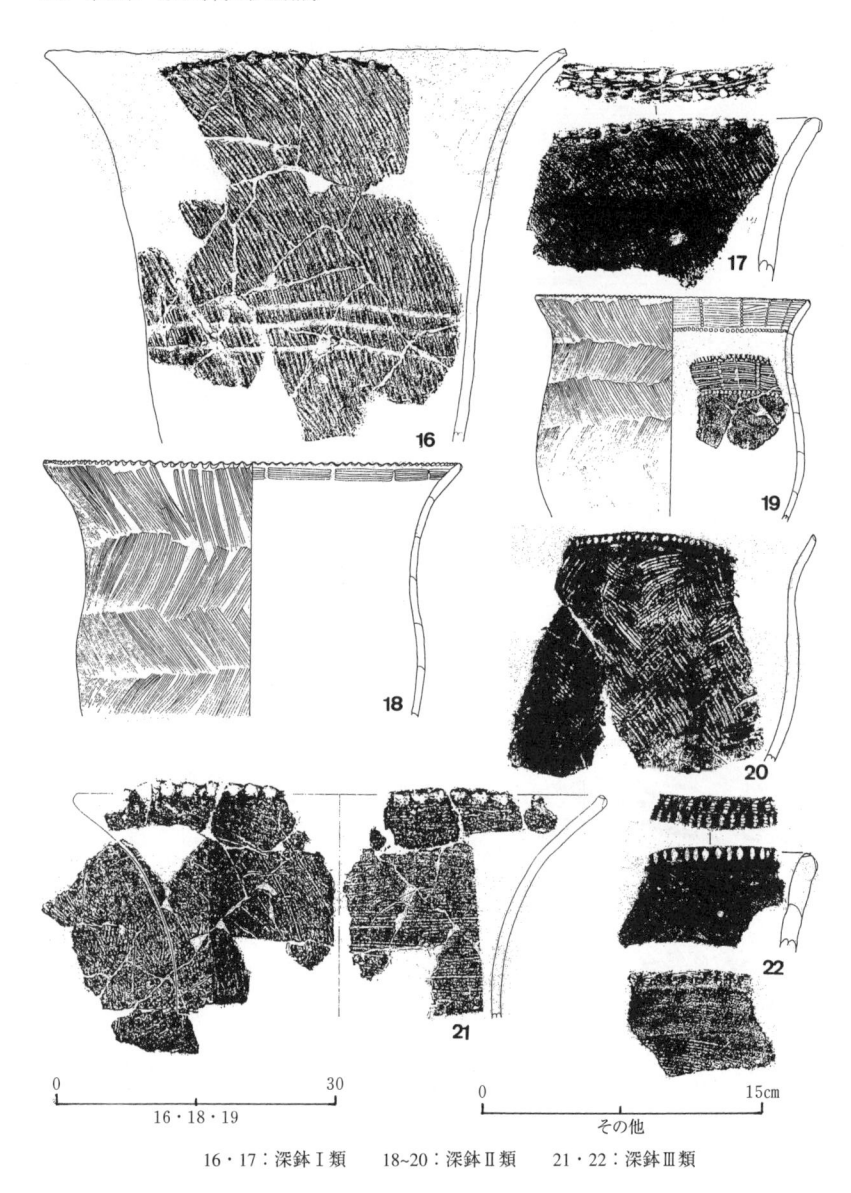

122 第Ⅲ章 弥生時代の伊豆諸島

16・18・19
その他

16・17：深鉢Ⅰ類　　18~20：深鉢Ⅱ類　　21・22：深鉢Ⅲ類

図64　坊田遺跡出土土器（3）

第 2 節 弥生時代中期の伊豆諸島 123

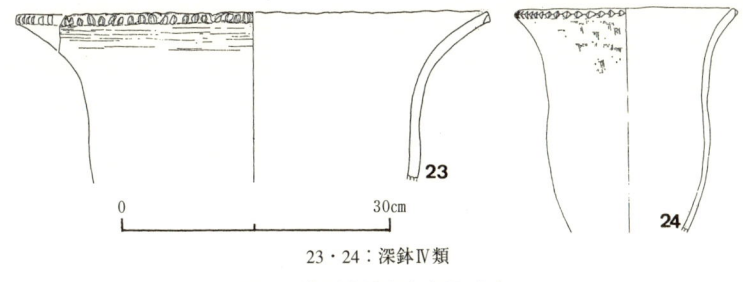

23・24：深鉢Ⅳ類

図65 坊田遺跡出土土器（4）

元したものであるから問題にならないと思われる。深鉢形土器ではⅠ類土器だけが少し違っているが、これとて村落跡が発見されている大里遺跡と包含層出土の坊田遺跡の違いがこの結果を生みだしたものと考えると、決定的な相違点にはならないと思われる。

ただ、筆者も大里遺跡と坊田遺跡では時期的に若干の差があって、大里遺跡の方がほんの少し古い遺跡だと位置づけているが、この差を三宅島における地域差と把握したいのである。しかも両遺跡とも火山活動によって遺跡としての生命を失っており、なかでも大里遺跡は火山ガラの直撃を受けて遺跡の生命が絶ち、坊田遺跡の上に直接に火山灰は堆積していないが、近辺の地層の検討から火山活動の影響を強く受けて、遺跡として残されることになったものである。

また、両遺跡の決定的な違いは黒曜石の出土数である。たとえば昭和48年の大里遺跡第 1 次調査では黒曜石が1,108片、9,572 g に達し、平成 7 年の大里遺

表4 大里・坊田遺跡出土土器の集計
（底部・小破片を除いている）

壺 形 土 器					
類	土器の特徴	大里	%	坊田	%
Ⅰ	櫛描文	51点	7	7点	7
Ⅱ	棒状工具で施文	98点	13	13点	13
Ⅲ	紐結文・磨消縄文	455点	59	64点	64
Ⅳ	区画文	80点	10	2点	2
Ⅴ	隆起文	41点	5	4点	4
Ⅵ	受け口	5点	1	0	0
Ⅶ	条痕文	49点	6	10点	10
深 鉢 形 土 器					
類	土器の特徴	大里	%	坊田	%
Ⅰ	斜走・縦走の条痕	362点	73	64点	59
Ⅱ	羽状条痕文	77点	16	20点	19
Ⅲ	ハケ	43点	9	14点	13
Ⅳ	無文	13点	3	10点	9
Ⅴ	突帯文	0	0	0	0

大里遺跡（橋口・山口 1975）・（青木他 1995、1996） 坊田遺跡（杉原・大塚 1967）

跡第2次調査では点数にして10,000片以上の量に達し、両者を合計するとおそらく20kg近くになるであろう。これに対して坊田遺跡の場合、昭和48年末から翌年1月までの調査で101片、981.6gと少ないのである。この少なさは鉄器の普及とかかわる可能性があり、その点で大里遺跡よりも坊田遺跡の時期が少し新しいのではないかと推定しているのである。

しかし、両遺跡の土器に土器型式を2つ設定するほど大きな時期差がないものと解釈すると、三宅島に弥生時代中期の同時期の遺跡が2ケ所発見されたことになり、引きつづいて弥生時代中期後半に伊豆灯台遺跡・尾いずみ遺跡・ココマノコシ遺跡へと、弥生人は生活の痕跡を残している。火山活動のなかでも島を捨てなかったものと考えている。

最後に、大里遺跡出土土器と坊田遺跡出土の土器をどの位置におくのかという、大きな課題に突き当たってしまう。『大里東遺跡発掘報告書』では主として伊豆半島基部の弥生中期の土器とを比較して、鴨ケ池遺跡出土土器の次の段階に大里東遺跡（筆者訂正で大里遺跡）の出土土器を置き、その次に坊田遺跡出土土器を置くという考えを提示したが、土器型式として把握する場合は、どうしても大里遺跡と坊田遺跡を切り離すことはできない。その根拠はすでに説明した通りである。かつて三宅式土器を提唱した経過をまだ尊重したいと考えている。

三宅島の大里遺跡・坊田遺跡出土土器の集約から、以上のように、三宅式土器を設定した上で、伊豆諸島の弥生時代中期の遺跡を編年表に纏めるとしたら表5のようになる。

このような各遺跡の位置づけと出土土器の編年表を作成して、あらためて島下遺跡第11層出土のいわゆる三宅式土器（図55の1）をみると、頸部近くの文様には須和田式土器の影響を残すが、地文に細かい縄文がつけられていて頸部が短く、口縁部に刻み目があるのは、須和田式土器よりも新しい特徴であると考えてよいと思われる。

これをもとに丸子式土器と三宅式土器をみると、島下遺跡ではじめて両土器の先後関係が把握されたことになり、さらに考察を進めると三宅式土器の母体

第 2 節　弥生時代中期の伊豆諸島　125

となる須和田式土器の時期問題に言及せざるをえなくなるのである。大里遺跡・坊田遺跡ともに須和田式土器（嶺田式土器）につながる古い要素をもつ壺形Ⅳ類土器があるからなおさらである。

それに加えて、丸子式土器とその次に編年されると思われる三宅

表 5　伊豆諸島の遺跡と土器の編年図
（弥生時代前期：東日本では縄文時代晩期後半にあたる）

遺跡名	弥生時代前期（後半）	弥生時代中期
下高洞D	大洞A式　　大洞A′式	丸子・平沢
田　原	水神平・遠賀川・大洞A・A′	丸子式
ケツケイ山		平沢式
島　下	大洞A式	丸子　三宅式
大　里		三宅式
坊　田		三宅式
ココマノコシ		宮ノ台

式土器との間には、土器の器形・文様の上からスムーズに繋がらないばかりか、明らかに断絶があって、丸子式土器から三宅式土器が直接的に発生するとは考えられない。考古学の専門用語でいうと「土器論」の問題に突きあたってしまうのである。そこでここでは丸子式土器・須和田式土器・三宅式土器の関係を次ぎのように整理しておきたいと考える。

丸子式土器と須和田式（嶺田式）土器は併行する時期もあるが、もともとこの両土器は生産基盤などの違いなどにより、別々の集団によって使用された土器と考えられる。丸子式土器は原則的には台地上や独立丘陵に分布することが多く、一部、稲作とかかわり始めて平地に進出する。その東限は伊豆諸島にあって、一部は南関東に及ぶ。

須和田式土器は南関東を中心に盛行し、集落遺跡や周溝墓なども発見されて、今日では新旧に分けられていることは先述の通りである。そのマザーランドは東海地方にあると考えた方がよさそうである。須和田式土器は東海地方の嶺田式土器と同じ時期と考えられることは再三にわたって述べてきたが、案外、その嶺田式土器が関東地方へ伝わる過程で伝播したか、または関東地方の須和田式土器（新）が伊豆諸島に伝播したかのいずれかである。その須和田式土器は

再葬墓の土器として特殊な使われ方をしながら、最終的には稲作民の土器として関東地方に定着し、展開した土器であった。

その直後に駿河地方から南関東にかけて、三宅式土器が占める時期があったのではないかと考えられるのである。この点で三宅式土器は杉原荘介が提唱した小田原式土器と分布圏が重なる可能性が高い。

三宅式土器を設定して、その分布圏を以上のように述べてみると、三宅式土器にもっとも近い遺跡を探らなければならないが、現状では伊豆半島基部から箱根の東に展開する西相模の遺跡にもっとも近いと考えている。具体的には、三宅式土器は沼津市雄鹿塚遺跡、清水町矢埼遺跡、小田原市山ノ神遺跡などの出土遺物などがそれである。

その上で、三宅式土器と近縁関係にある遺跡を探ってみると、壺形Ⅱ類土器の疑似流水文の土器は、たぶんに櫛描文の影響を受けて成立したもので、遠江から駿河・伊豆・相模をへて上総に繋がっていく。このルートは東国への文化伝播の幹線にあたっており、先述のように三宅式土器の主要な分布圏とも一致する要素をもっている。

また、壺形Ⅱ類土器のなかの王字文の土器は、駿河東部から北関東の山麓にかけて分布し、伊豆諸島に近いところでは沼津市荒久土遺跡、芝切遺跡、軒通遺跡などで検出され、関東地方の平野部では横浜市三殿台遺跡から発見されている。磨消縄文による王字文の祖形は、おそらく静岡市西山遺跡出土土器などに求められるのではないかと思われる。

深鉢形土器では、深鉢形Ⅰ類土器の胴部に2条ないしは3条の沈線文が巡る土器は、静岡市有東遺跡、同原添遺跡、同川合遺跡、富士市的場遺跡、同沖田遺跡、沼津市灰塚遺跡、清水町矢崎遺跡、三島市長伏遺跡などで観察されている。

また、深鉢形土器の櫛描文のうちで、口縁部の内側に櫛目鎖状文が巡っている土器の初源は、尾張地方に分布の中心をおく貝田町式土器にあり、東海地方東部の愛知県小坂井町篠束遺跡を皮切りに静岡県では函南町向原遺跡、沼津市雄鹿塚遺跡、神奈川県では小田原市山ノ神遺跡、厚木市川野遺跡（パークシテ

ィNo.1遺跡)、三浦市雨埼洞穴遺跡、横浜市三殿台遺跡、同折本遺跡、千葉県では市原市菊間遺跡などで検出されている。この種の深鉢形土器の分布も、三宅式土器とその後

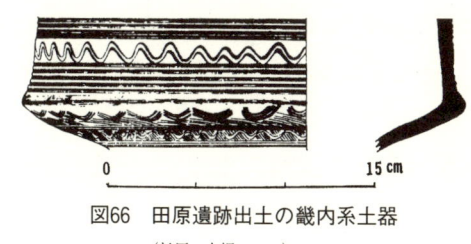

図66　田原遺跡出土の畿内系土器
(杉原・大塚　1967)

につづく宮ノ台遺跡のあり方を象徴するかのような分布をなしているのが特徴である。

　三宅式土器とその後につづく宮ノ台式土器のおもな分布を以上のように探ってみると、弥生時代中期中葉の本土と伊豆諸島とは驚くほど密接な関係にあったことも明確になった。それは伊豆半島を中心にして駿河東部から南関東にかけての東西に長い海岸線沿いに、海を介して伝播していった可能性をも表明しているのに等しく、同時にそれは南関東に稲作を完璧に定着させた人びとの道程でもあったろう。

　海を自由に乗りこなす弥生人は、伊勢湾沿岸の弥生時代中期の貝田町式土器を上総の君津市常代遺跡(甲斐他　1998)に運び(第Ⅳ章)、近畿地方の弥生時代中期初めの畿内第Ⅱ様式の土器を伊豆諸島の新島・田原遺跡(図66)に運び込んでいるから、伊豆半島の基部あたりの土器類を伊豆諸島に運ぶのはごく日常的な行為であった。そればかりではなく大里遺跡検出の玉類の多さは特筆してよいように思っている。

　　大里遺跡第1次調査……………………………大小の管玉5点
　　大里遺跡第2次調査(大里東遺跡)………大小の管玉17点
　　　　　　　　　　　　　　　………破砕された管玉3点
　　　　　　　　　　　　　　　………軟玉製の勾玉3点
　　大里遺跡第3次調査(範囲確認調査)……軟玉製の勾玉2点

　これらの管玉のうち、大里遺跡第1次調査で検出されて管玉は、寺村光晴の考察で、東海地方西部あたりの管玉と特徴を同じくすることが判明し(寺村1975)、遠く三宅島まで運ばれてきたものであることがわかっている。ここで

も海上交通に長けた弥生人の姿をみることができる。なお、弥生時代の航海の手段である準構造船の出現については、第Ⅳ章を参照していただきたい。

第3節　弥生時代中期末から後期の伊豆諸島

　弥生時代中期末から後期にかけての伊豆諸島では、その前代に比較して遺跡数は増加するが、出土遺物が少なくなる。その上遺跡の範囲が明確にならないことで、遺跡そのものの存在感が薄くなっている。学術調査が実施されその成果が世に問われた遺跡が少ないのである。

　八丈島・八重根遺跡の場合は、八丈島・八重根漁港の拡張工事に先立って調査されたもので、伊豆諸島における弥生時代後期遺跡のはじめての本格的調査（米川他　1993）となった。遺跡の大部分は古墳時代中期から後期の土器と独特な島の土器を含むものであったが、一部で弥生時代の住居跡と考えてもよい遺構が発見され、そこを中心に10点の弥生時代後期・久ケ原式土器が検出されている。

　三宅島では中期後半の遺跡としてココマノコシ遺跡のほかに、伊豆墓地遺跡があり、後期に所属するものとしては西原Ｄ遺跡、大長井遺跡などが知られているだけである。いずれも5～6点の出土遺物になってしまう。

　神津島では弥生時代後期の遺跡があるとかなりの文献に記されているが、採集活動に参加した研究者に問いあわせてみると、あまりにも小さな破片で今ならその時期に比定しない可能性があるとのことである。したがって神津島の弥生時代後期の遺跡については抹消しなければならない。

　新島では山津稲荷遺跡が弥生時代後期の土器として認知されているようであるが、詳細は不明である。

　利島では、有名なケッケイ山遺跡のほかにツッサビ教員住宅遺跡があって、弥生時代中期の遺跡として考えてよいようである。

　大島では中期の2遺跡、後期に9遺跡が知られ、いずれも土器片の採集が伝えられているだけであるが、そのなかにあってカン沢遺跡の合せ口壺棺はとく

第3節　弥生時代中期末から後期の伊豆諸島　129

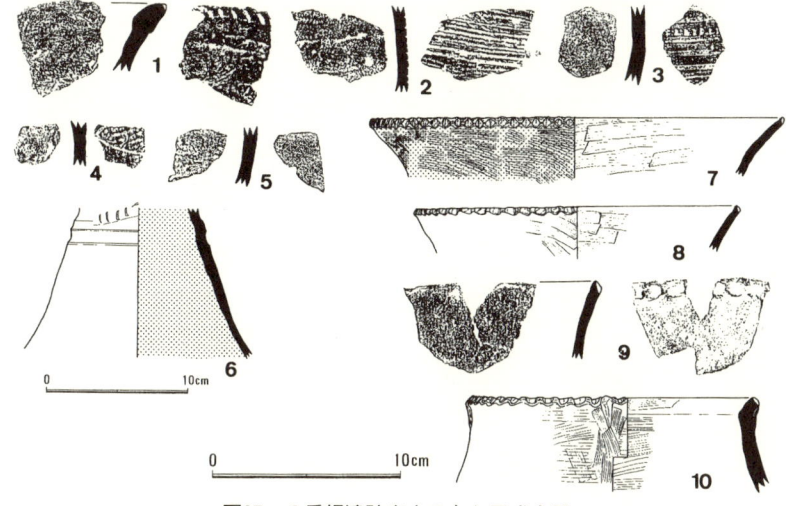

図67　八重根遺跡出土の久ケ原式土器

に注目してよい。弥生時代後期の久ケ原式土器である。

　弥生時代の中期後半から後期にかけての伊豆諸島の遺跡の概要は、ほぼ以上の通りであるが、これらのなかで特徴的な遺跡・遺物をあげれば、八丈島の八重根遺跡、三宅島のココマノコシ遺跡、西原D遺跡、大島のカン沢遺跡の出土遺物である。これらの遺跡と出土遺物を紹介することで、弥生時代中期後半から後期の伊豆諸島の様相を探ることにしよう。

　八重根遺跡では先述のように住居跡と思われる土坑が発見され、そこを中心として第Ⅵ土層上面から弥生時代後期の土器10点（図67）が検出されたものである。

　1～5が壺形土器、6が高坏形土器の脚部、7～9が台付甕形土器、10が平底の甕形土器である。この図のうち破片の場合は拓影図の左が土器の裏を表し、右が土器の表面の文様となっている。2は条痕文の土器、3は地文として条痕文があり、その上に列点文が配されている。4は舌状沈線のなかに羽状縄文がつけられた土器である。6には2条の沈線が巡り、その上に爪に似た文様がつけられている。7の口縁部にかなり明確な刻み目がつけられ、8も同様で、9

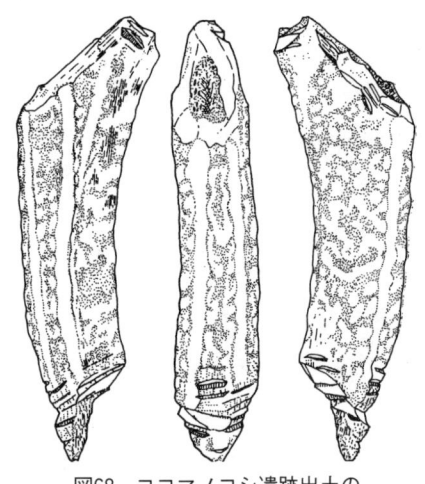

図68　ココマノコシ遺跡出土の
　　　刃痕のある鹿角

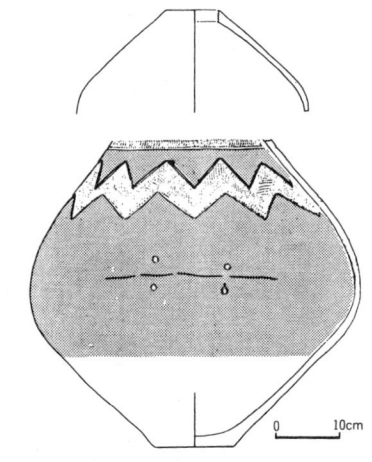

図69　カン沢遺跡出土の合せ口壺棺
　　　　　　　　　（大島町教育委員会蔵）

にも巡っている。10の口縁部近くには縦の浮文がつけられている。いずれも後期の久ケ原式土器である。

　ココマノコシ遺跡は、伊豆諸島の弥生時代研究の歴史をみるのに忘れてはならない遺跡である。火山島である三宅島での遺跡の性格をめぐっては、ココマノコシ遺跡が太路池や心澪池などによる爆裂火山の放出物（火山灰）下の遺跡であるのか、海蝕による岩陰遺跡であるのかで小論争があったが、現在では爆裂火山による火山灰下の遺跡と考えられている。

　出土遺物は宮ノ台式土器のほかは黒曜石、軽石製浮子、人の臼歯、貝類、魚類、爬虫類、哺乳類、鳥類などの遺存体で、なかでも鹿角には鉄製刃物による刃痕（図68）が残り、伊豆諸島での鉄器の普及を物語ると考えてよい。

　西原D遺跡の出土遺物は、かつて島内各所に分散して保管されており、『三宅島の埋蔵文化財』をまとめるにあたって1ケ所に集め、その全容が判明したものである。久ケ原式土器の特徴を示す山形の縄文帯をもつ壺形土器と輪積み痕を明確に残す台付甕形土器、口縁部に縄文帯をもつ鉢形土器をみて、三宅島まで久ケ原式土器が搬入されていることが判明したときには、密かに感激を覚えたものである。ところが前述のように八丈島で発見されたときには、再三に

わたって述べているように黒潮本流を乗り越えて弥生人がふたたび八丈島に渡海していたことになって、大きな驚きであった。

　カン沢遺跡の土器（谷口　1998）は、壺形土器2個体を利用して合せ口とし、埋葬用の合せ口壺棺として用いられたもの（図69）である。弥生時代の住居跡の一部が発見され、弥生時代中期の宮ノ台式土器も近くから出土している。そこから15mほど奥まったところで一色直記によって発見されたものである。

　壺形土器の胴下半を壺棺の蓋として利用し、胴から上は欠損している。現状での高さは15.6cmで、底の径は8.4cmを測り文様はまったくない。棺の部分は壺形土器の頸部から上が欠損し、肩の部分には沈線で区画された山形文を巡らせ、その内側には羽状縄文で充填している。頸と肩の境目には一条の沈線が巡り、そこに同じく羽状縄文が配されている。外側には底部近くを除いて全面に朱彩されている。胴部の中心あたりに輪積みに沿って亀裂がはしり、その部分を補修するための上下二列の孔が穿たれている。現状での土器の高さは46.8cm、底の径は14cmてせある。久ケ原式土器の典型で、この種の壺棺にはおそらく洗骨した人骨をふたたび埋葬したものと考えられ、再葬墓とよぶ場合が多い。東日本では東北南部の縄文時代晩期にこの風習が始まり弥生時代中期まで主として関東地方まで広まった葬法である。

　弥生時代になると集落から離れて墓域が形成されたようで、再葬墓の終焉の時期は、本土の平野部では弥生時代中期の宮ノ台式土器のころまでと考えられ、すでに周溝墓という新しい葬法が定着していた。そのため伊豆大島のカン沢遺跡の再葬墓はおそらく房総半島か三浦半島あたりから移入された久ケ原式土器を用いて、弥生時代後期までの葬法が残存したものであろう。同じような例は伊豆半島では河津町の姫宮遺跡、千葉県館山市の安房国分寺跡があり、後者から久ケ原式土器期の再葬墓が発見されて、遅くまで残った遺風であったろう。

　再葬墓が東日本に流布した地域的な葬法であるのに対して、弥生時代にほぼ全国的に拡大した葬法に方形周溝墓がある。この葬法は関西地方で弥生時代前期に出現し、関東地方では弥生時代中期中葉から採用され、関東地方北部から東北地方では古墳時代のはじめにかけて流行する葬法で、いまのところ伊豆諸

島からの発見はなく、もっとも近い方形周溝墓は河津町の古墳時代前期の姫宮遺跡、南伊豆町の弥生時代後期の日詰遺跡で発掘されている。さて、伊豆諸島の弥生時代は、久ケ原土器の時期まではっきりと残っているが、それ以降になるとその正体がつかめなくなってしまう。遺跡はいくらか発見されているので無人島になったわけではないが、その全容は今後の発掘調査に期待する以外にない。その意味で遺跡数がもっとも多く、伊豆半島にもっとも近い大島に注目しておきたいのである。

弥生時代後半の伊豆諸島の様相はこのようであるが、これに対して駿河・伊豆では登呂遺跡や沢田遺跡・山木遺跡などをはじめ多くの遺跡で水田跡が発見され、豊富な木器類も検出されて弥生時代の水田耕作の実態が詳細に解明されている。今日、全国的に弥生時代の水田が100ケ所近くが発見され、その実相が詳細に把握されるようになったが、その先駆的役割を果たしたのがこれらの遺跡であった。また、狩野川流域から愛鷹山山麓にかけては弥生時代後期になって遺跡数が増加し、畑作の卓越地帯と思われる丘陵地にも遺跡が分布するようになり、人びとの生業問題を考察するのに無視できない立地条件を示している。

さらに海での生業問題を考察する場合、静岡平野から駿河湾最奥部沿岸、伊豆半島沿岸から小田原市城内遺跡にかけての20ケ所以上の弥生時代後期の遺跡から大型石錘（有頭石錘）が発見され、漁業集落の存在が指摘されたが（江藤1937）、この見解は今でも生きている。

弥生時代の精神生活を具現させた小銅鐸が静岡市有東遺跡、富士市船津陣ケ沢遺跡、沼津市井出開峯遺跡から発見されている。また、銅片が出土した三宅島の大里遺跡に次いでの青銅製品としては、指導者（権力者）の存在を想起させる特殊な遺物である有鈎銅釧が、清水町矢崎遺跡から2点（図70）、小破片であるが沼津市御幸町遺跡から1点、下田市了仙寺洞穴から2点など静岡県東部に集中して発見されている。箱根の山を越えては秦野市根丸島遺跡が有鈎銅釧出土の東限となっている。

このように生業問題でも身分階級に関する遺物でも多彩な内容をもつ駿河東

第3節　弥生時代中期末から後期の伊豆諸島　133

部の弥生時代後期の土器の編年は、小野真一によって沢田式（登呂式）土器―目黒身式土器―尾の上式土器とされたが、目黒身式、尾の上式土器については、後述するように土器型式として確定しえない一面をもつ一方、再考すべきという考古学者の声は絶えず聞かれていた。

　近年、この編年問題に取り組む若手の研究者が出現して、従来の編年にとらわれずにあたらしい編年体系を確立しよ

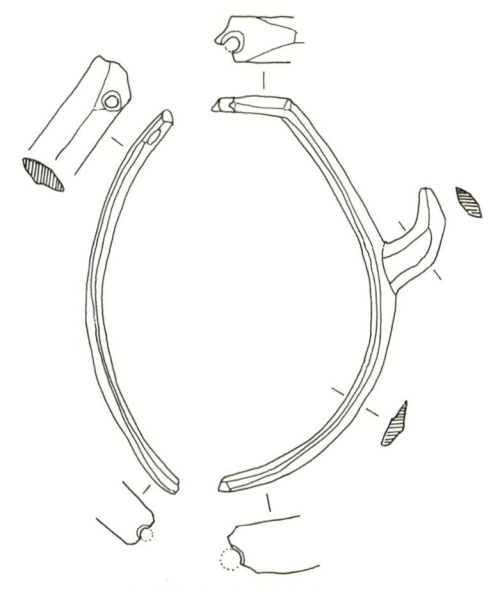

図70　矢崎遺跡出土有鉤銅釧（京都大学蔵）

うとしている。たとえば、富士宮市教育委員会の渡井英誉が沼津市雌鹿塚遺跡出土土器を標式として（沼津市教育委員会　1990）、弥生時代後期の土器を大きく雌鹿塚様式として把握することを提唱し、さらに詳細に分析し、雌鹿塚Ⅰ段階・遠江の菊川式土器が搬入される雌鹿塚Ⅱ段階・雌鹿塚Ⅲ段階・弥生時代の終末の雌鹿塚Ⅳ段階に分類している。かつての何々式という土器型式にはおさまらないほど、土器の組合わせが複雑になってきているからである。

　これに対して神奈川県を中心とした南関東の弥生時代中期以降の様相は、静岡県側とは異なった側面をみせる。南関東の弥生時代中期の宮ノ台式土器期になると、神奈川県東部・東京都・埼玉県・千葉県で環濠集落が形成され、いわゆる拠点集落が出現するのに対して、次の久ケ原式土器期には環濠集落が発見されても小さく、南関東一円の弥生時代後期の土器型式を久ケ原土器のみで表現することは適切ではないと主張されたこともあった。1982年、神奈川県遺跡調査発表会で環濠をもつ久ケ原式土器期の横浜市大原遺跡が報告され、同時に久ケ原式土器は弥生時代後期前半に南武蔵を中心に狭い分布圏をもつことが追

認された（坂本・鈴木　1982）。そして久ケ原式土器は南下し、伊豆諸島の大島・八丈島に達していることはすでにみてきた通りである。

　相模西部の土器は、今述べた久ケ原式土器の範疇で把握されない側面があって、土器型式を設定しにくい状況があった。1962年のこと、小田原市北窪小原遺跡を調査し、概報をまとめる折も、相模川以西の弥生時代後期の土器の把握に苦慮した経験をもっている。そのときは無理して南関東の土器型式に当てはめたことがある。それから約40年近くのなかで、神奈川県西部の弥生時代後期の土器型式は、東海地方からの土器の搬入問題も絡んで複雑に展開しており、そのなかで相模川沿岸と酒匂川沿岸とを同じ土器型式で括れないという特徴もあって（大島　1997）、今後とも東海系土器との関連で把握する必要があることはいうまでもないが、暫定的に相模湾岸様式とよばれる状態であるという。これらの東海系土器の分布については、第Ⅳ章でその概要を述べている。

　さて、伊豆半島・箱根山を中心とした駿河・伊豆と相模の弥生時代後期土器研究の現状は、以上のようである。この現状に照らして伊豆諸島の検討をしてみると、弥生時代後期中葉から終末期にかけての遺跡の実態と土器の様相は以前として不鮮明で、その正体をつかむことが困難になっている。

第4節　弥生時代から古墳時代へ

　弥生時代後期末から古墳時代はじめにかけての人びとの移動や交流にともなって、東海地方西部や近畿地方、時として北陸地方の土器が運ばれてくることがある。これらの土器と在地の土器との共伴関係をとらえて弥生時代から古墳時代への胎動を探ろうとする試みが、土器の編年作業確立への努力と相まって本格的になってきている。そのなかで弥生時代と古墳時代の画期をどこに置くかが論議されている。

　日本考古学協会栃木大会による「関東における古墳出現期の諸問題」と題する1981年のシンポジウムや埼玉・群馬・長野の3県によるシンポジウムなどによって、古墳時代の初現問題を論じることで弥生時代との画期を求めることに

第 4 節　弥生時代から古墳時代へ　135

沼津市御幸町遺跡

小田原市
千代遺跡

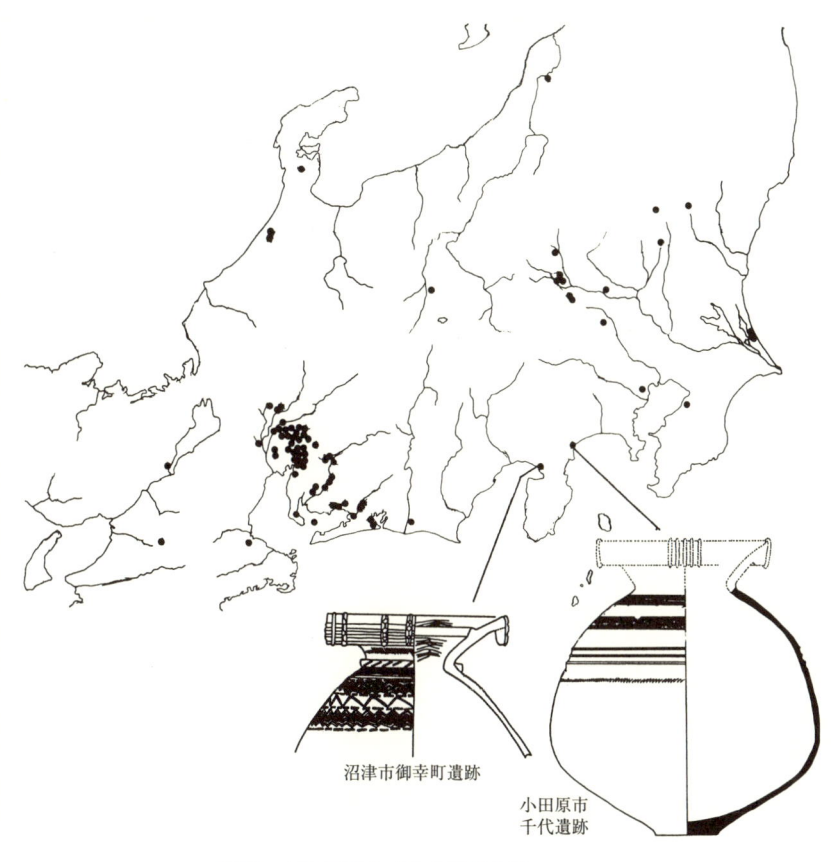

図71　パレススタイル土器の分布（浅井 1986）

なる。1985年、考古学研究会主催のシンポジウム〈考古学の時代区分〉で、「弥生時代から古墳時代へ」などが発表されている。一方、小出義治を代表として『古墳時代土器の研究』（1984）が刊行され、早いうちに弥生時代から古墳時代への基礎資料が出揃った。さらにそれ以降も東日本の弥生時代終末から古墳時代はじめにかけての研究がさらに深化されることになった。

　それらを参考にしながら伊豆諸島にもっとも近い諸地域の弥生時代から古墳時代の編年をみると、東海地方西部では山中式土器―欠山式土器―元屋敷式土器という編年が検証されるとともに、古墳時代初期の指標となる土器をパレス

スタイル土器とする見解が主張されてきている。伊豆諸島ではまだ、パレススタイル土器は発見されていないけれども、伊豆半島の基部にあたる沼津市御幸町遺跡や小田原市千代遺跡から検出されていて、伊勢湾沿岸から関東地方にかけてのパレススタイル土器の分布（図71）が明確（浅井　1986）になってきている。東海系土器の東漸という意味でとらえたいと考えている。

　伊勢湾からの土器の移動はその後もつづき、駿河東部・南関東一帯への土器の移動問題がクローズアップされ、4世紀はじめ、確実な到来を告げる土器として伊勢湾沿岸のS状口縁台付甕、俗に"S字甕"とよばれる台付甕形土器の駿河東部や関東地方への進出をもって古墳時代前期と考えるという主張が主流を占めるようになった時期もあった。

第5節　弥生時代以降の島の生活

　伊豆半島・箱根を挟んで駿河東部と西相模地方の弥生時代の様相を概説し、駿河東部、伊豆ではその周辺に比較して青銅製品の出土が多いことや、水田跡の発見に象徴されるように、弥生時代の生業の実態が把握しやすいことを述べてきた。

　ここでは伊豆諸島ばかりでなく、本土でも弥生時代の畑作（焼畑）にかかわると思われる打製石鍬や食の関連する石皿・調理台などに焦点をあて、さらには江戸時代の文献や民俗例を援用しつつ、弥生時代以降の生業問題・焼畑農業の問題と食の実態に迫ってみたいと考える。かつて私は三宅島で毎年のようにくり返し行われている焼畑（切替畑）の取材を行い、いくつかの論文にして発表したことがある。

　三宅島での10年に及ぶ生活を離れて東京多摩の地に生活の拠点を移してからも、伊豆諸島はもとより伊豆半島・丹沢・多摩・秩父の山村にのこる焼畑の実態に気配りし、その一部はすでに発表した（橋口　2000）。これらの諸地域では昭和30年代を境に焼畑（切替畑）が行われなくなっていったが、今でも開墾する場合は従来の焼畑の慣行を残している。

第5節　弥生時代以降の島の生活　137

秩父では5月ごろの風のない曇天を利用して、数人で火入れ・山焼きをしている光景に接したことがある。伊豆半島における観察では2度とも8月の開墾（焼畑）に接した。南アルプス山麓は春焼きで、一部に夏焼きもあるとのことであるが、私の接した伊豆半島の夏焼きは現代風にアレンジされた

図72　伊豆半島のカツ畑（焼畑）

換金作物（キヌサヤエンドウ）を植えるためのものであった。畑作が優越していたかつての伊豆半島は、"カツ畑"とよぶ焼畑地帯（図72）でもあった。
　三宅島では天明2年（1782）の『七島巡見志』に焼畑の記録がみえる。
　　此島稼之儀は山方之男は重に畑をつくり、或は薪を伐出し山萱を刈苦にあ
　　み国地え渡し、其外海老・鮑（ほしあわび）・栄螺（さざえ）等を取候。
　　海女も有之、近来は鮫をも少々宛釣、所にて燈油に煎し候由、女は畑之耕
　　作を第一に仕、其間ひろめんば・大ふのり・ところてん草・海苔等を採、
　　粮に致し、少々宛江戸へも売出し申候由（括弧内は筆者）
とあって、江戸時代における島人の生活もたいへん興味深い内容となっているが、なによりも男が畑をつくり、女がそれを耕すという習慣は、現代にもそのまま生きていることが驚きであった。今、60歳以上の島の男衆が中学・高校時代には、毎年1月、焼畑作りの伐採作業に動員されたというから江戸時代の畑作りと同じであった。
　また、文政10年（1827）の「三宅島仕様書　上」には、
　　畑江はんの木植置九ケ年目十ケ年目に伐取且地味ニ寄十弐三ケ年も建山ニ
　　仕置伐取場所茂有之候　但はんの木者薪ニ仕、江戸表江積出し余者自分薪
　　ニも仕、直竹自然生畑過半御座候、是も江戸表江積出し申候
　　右伴之木竹の枝葉を焼、粟を蒔収納仕候跡、竹之根堀取麦菜作付仕、翌年
　　収納仕、三ケ年目ニ地味宜所岡穂少々作付仕候得共、旱害仕、さつま芋・

> 稗作付仕場所地味ニ寄、粟一と作ニ而荒シ、或者翌年芋作までニ而荒シはんの木植候畑茂御座候。其余分者もろこし・大豆・大角豆・蕪・大根等小作分者、右作之内江交リ仕候

とあって、1年から3年作で畑をはんの木林にして10年から12〜13年も放置して、再開墾することが記録に残され、作物の種類やその作付け順については1年目：粟、2年目：麦または菜、3年目：さつま芋または稗、場所により粟というこの記録のもつ意義は決して小さくはないと思っている。

次ぎに述べる太平洋戦争以前の三宅島坪田の焼畑作りや作物の作付け順とがあまりにも近似するからである。「島の生活誌—三宅島—」(橋口　1988)によると、

> 村全体で共同作業が生きていた昭和10年代には、二月の凪の早朝、村触れがあって、村雇いの美声のもち主が"今日は畑焼きだ〜ぞ！よ〜い"と振鈴をチリンチリンといわせながら、村中を触れあるいたものだという。…切替畑の1年目はアラコといい粟を播く。粟の収穫後の秋には麦を播いて、正月がすぎれば2年目のフクナとなる。春、麦の畝間に里芋を植えておく、初夏に麦を収穫してから里芋を成育期に入り、初秋から翌年の春までが里芋の収穫期に入るのである。このように三宅島坪田では2年で3作し、3年目でふたたび荒けたままにしておく。放置するとやがてはんの木林となり……

とあるが、地味の豊かな三宅島伊豆では4年近くまで焼畑への作つけが実施されている、江戸時代の記録と大差ないのである。

さて、このような粟・麦・里芋などの作物そのものとその栽培・維持管理法は、すべて人の手をへて伝播されるものである。その人から人の手で伝播された卑近な例を明治時代にみることができる。明治30年代、八丈島から沖縄本島の東の南大東島に移民して開拓をしているが、その南大東島からもたらされた水芋が八丈島で栽培されているのである。このような例を引くまでもなく、里芋も粟も、江戸時代のさつま芋も、もとをただせば南からわが国に伝播した作物で、これらの作物が伊豆諸島で栽培されていることそのものが、黒潮圏の申

第5節　弥生時代以降の島の生活　139

し子といってよいであろう。

　かつて、八丈島の焼畑の類型を南島系の根栽型焼畑農耕文化の範疇に分類したのは佐々木高明で、その分類は伊豆諸島全体に拡大してもなんら問題がないものと思っている。粟の収穫も竹製穂摘具によるもの（図73）で、黍の穂摘みの民俗例は東京都の多摩地区でも観察することができる。

竹棒を割って、その角度を利用する
図73　三宅島の竹製穂摘み具

　以上、伊豆諸島における焼畑と作物についてその概要をみてきたが、その伝播の時期が問題となってくる。かねがね伊豆諸島における焼畑の始源問題を弥生時代以前ではないかと予想してきたが、その見解は今もかえていない。その上で弥生時代以降の伊豆諸島の生業問題について、考古学の立場から迫ってみたいと考えている。

(1)　伊豆諸島の石器類

　伊豆諸島の遺跡で発見される弥生時代の石器の大部分は、三宅島から出土しているものが多く、今後の精査で大島の下高洞遺跡D地点、利島のケッケイ山遺跡・ツッサビ遺跡、新島の田原遺跡などから石器類の検出が明らかになる可能性があることは、以前から述べたことであった。とくに古い調査ほど弥生時代の石鏃などに注意を払ってこなかった歴史があるからである。

　ところが、平成8年『利島村史―研究・資料編―』が刊行され、ケッケイ山遺跡出土遺物の再検討が行われた。先にも記したように須和田式土器とされていた弥生土器が、近年の須和田式土器の再検討のなかで、平沢式土器として位置づけられ、さらには安山岩製の石器未製品（図74の1）、それに東日本最古とされる鉄器があらためて公表された（石川　1996）。安山岩は長さ約12.2cm、幅約8cm、重さが210gの扁平な石器の未製品であるが、手鍬として位置づ

てよいと考えている。テンナンショウやカシュウイモの採集には移植コテで十分という結論から、手鍬の役割を考えたのは許されるであろう。さらに、石器からみた伊豆諸島の生業問題や食の実態を追及するにあたって、三宅島・島下遺跡の打製石鎌、大里遺跡の各種の石鍬と打製石包丁・石皿・台石（調理台）・磨石、坊田遺跡の大小の石鍬や石皿・磨石などは無視できない遺物である。そこでこれらの石器類について検討を加え、そこから生業問題と食の実態に迫ってみる。次に個々の遺跡の出土の石器から検討することにする。

・島下遺跡

　遺物の出土土層は11層（弥生時代中期）、12層（弥生時代中期前半）、13層（縄文時代晩期・大洞A式土器）で、13層から石斧の頭部片、12層の生活跡から石製石鎌（図74の2）が検出されている。玄武岩製で左右の長さは17.1cm、重さ206gで、刃部はみごとに使い込まれて丸くなっている。急遽、國學院大學の乙益重隆に鑑定を願ったことを思いだす。その時点で磨製石鎌の欠損品が愛知県西志賀遺跡で検出されていることが判明しており、その後に駿府城内の遺跡から磨製石鎌の半欠品が発見されていることがわかったが、打製石鎌の検出は瀬戸内海地方より西のことで、東日本では島下遺跡の他では出土していない。この打製石鎌の刃が丸くなったのは確実に生業問題と絡んでくると思われる。

・大里遺跡

　1973年（昭和48）の第1次調査（『三宅島の埋蔵文化財』）、平成7年からの第2次調査（『大里東遺跡発掘調査報告書』）、平成8・9年の範囲確認調査（都指定大里遺跡）の前後4回にわたる調査で、大小の石鍬・石包丁・石皿（図74の3～9）・磨石は毎回の調査で出土している。第1次調査のときに、はきだし口のある石皿（8）や石製調理台（9）が検出され、また、後者は節理に添って剝離した扁平な玄武岩の表面がつるつるになっていて、砥石とも異なる。

　第2次調査では柄の部分が長く刃部が菱形状になっている石鍬（3）が発見され、玄武岩製で長さ22.9cm、幅11cm、厚さ3.6cmである。また、長さ15cm以下の中型の石鍬（4）は、同じく玄武岩で長さが14.1cm、幅10.1cm、厚さが2.9cmである。玄武岩製の石包丁は4点ほど発見されているが、黒曜石の剝片のなかに

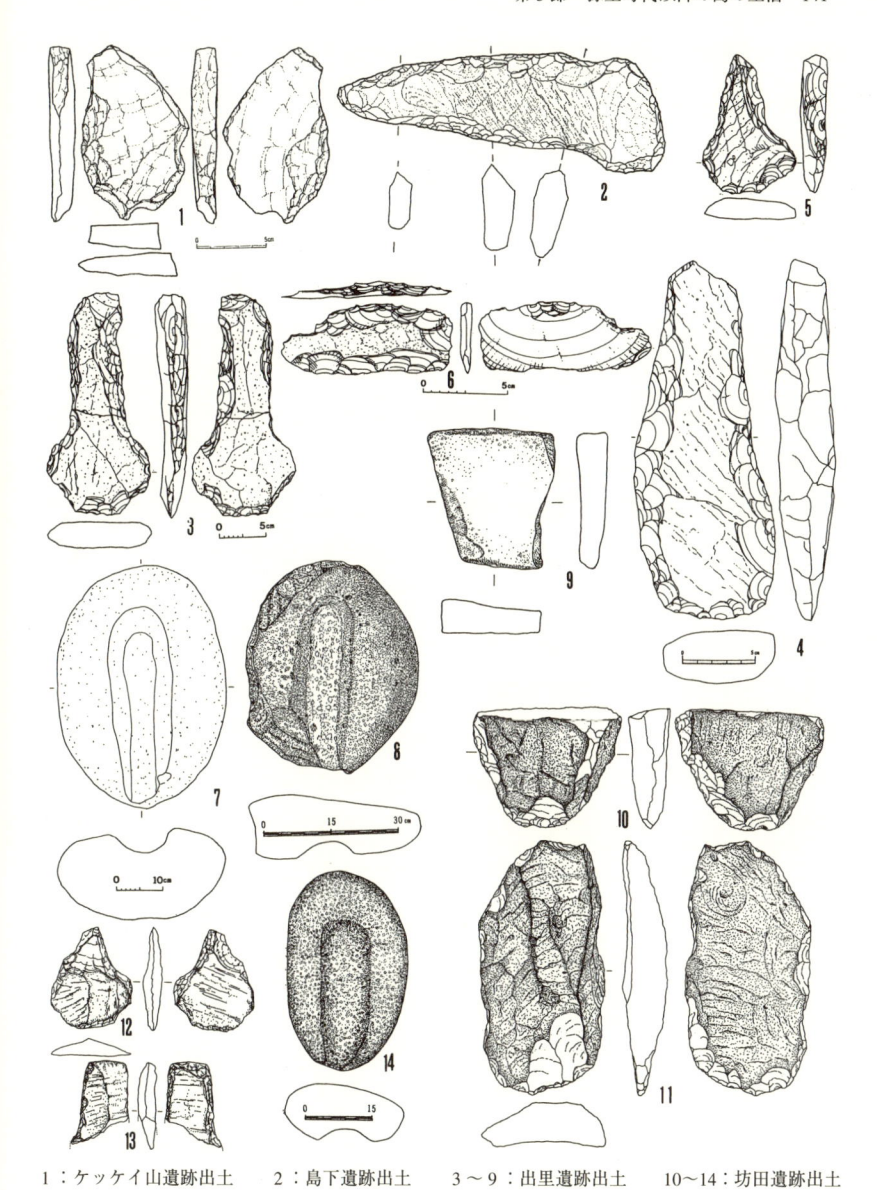

第5節 弥生時代以降の島の生活 141

1：ケッケイ山遺跡出土　2：島下遺跡出土　3〜9：出里遺跡出土　10〜14：坊田遺跡出土

図74　伊豆諸島出土の生業・調理関係の石器

もかなりの収穫具があったはずである。ここではその代表として1点の石包丁（6）を示すことにしよう。左右の長さが10.1cm、上下で4cm、厚さが0.7cmである。

はきだし口のある石皿（7）も玄武岩製で全面に気泡による孔がみられ、長さ49.7cm、幅36.2cm、厚さが18.6cmで、重さが3.32kgを測り、一定の場所に本来は固定して使用したものと考えている。俗にいう多孔質玄武岩といわれる部類である。8も同じく多孔質玄武岩で長さが44.7cm、幅38.5cm、厚さが14.4cmを測り、溝の部分は長さ36.9cm、幅12cm、深さは3cmもある。第2次調査でオオムギとキビの穎が発見され、この畑作物発見の意義は大きい。それに土製紡錘車5点が検出されている。

第3次の範囲確認調査でも局部磨製の小型の石鏃が出土し、玄武岩製の大型石鏃（4）もある。撥形で長さ22.9cm、幅9cm、厚さ3.6cmである。また、第1次調査で炭化植物ではシイノミが発見されている。

・坊田遺跡

大里遺跡は島の南側に立地しているが、坊田遺跡は島の北西にあって本土がみえる位置にある。大小の石鏃やはきだし口つきの石皿が数点、さらには磨石がかなりの量発見されており、生活の度合いは大里遺跡に似る。大型石鏃（図74の10・11）のうち、10は約半分が欠損して、それでもかなり大きいことがわかる。長さ12cm、幅15.6cm、厚さ4.4cmで、かなりの打圧によって折れており、その部分に打点とフィッシャーが明確に残っている。11は節理に添って獲得した玄武岩を利用して石鏃にしており、長さが24.6cm、幅12.5cm、重さが1.75kgを測る。両者ともにかなりの大型の石鏃で、固くしまった火山灰を耕したり、大木を伐採するのに適した石鏃だと考えている。

これに対して中小型の石鏃は2点（12・13）で材質は玄武岩、12の石鏃は大里遺跡の石鏃（5）に近似する。決して偶然ではなく生産体系が似通っていた可能性が高い。長さは10.5cm、幅8.5cm、厚さ2cmを測り、13は下半が欠損しているが、完全な形なら柄の部分は短いけれども大里遺跡の柄つき石鏃（3）に共通する。現状で最大で上下の長さは6cm、柄の部分のつけ根の幅が2.7cm、

厚さが9.9cmである。はきだし口つきの石皿は全体で4点出土しており、その他に小さな石臼と考えたほうがよい石皿が検出されている。石皿（14）は採集品で、上下の長さ43cm、幅27cm、厚さ12.3cmである。

　伊豆諸島出土の生業関係と食の実態に迫る石器を抽出してみると以上の通りである。これらの石器は石鍬のように開墾や伐採用に用いられるものもあれば、中型の石鍬は除草や根茎の収穫用に使われたもの考えている。粟・黍・稗の収穫にあたっては穂摘み法によるのが一般的で、全国各地で民俗例としてみられたばかりでなく、発掘によって各種の穂摘み具が検出されていることは周知のことである。三宅島で少なくとも昭和40年代末まで穂摘みが行われてきたことは、先述の通りである。なお、麦の収穫には穂摘みは適さず、おそらく古代においては節の部分で折ることで収穫したのではないかと考えている。

　その上で、伊豆諸島と深く関係する伊豆半島からその基部、静岡県東部や神奈川県西部検出の石鍬や石包丁の出土例をみると、石鍬では伊豆半島南部の南伊豆町日詰遺跡・河津町の姫宮遺跡、松崎町の鴨ケ池遺跡などで、いずれも弥生時代中期から後期にかけての時期である。姫宮遺跡だけ古墳時代前期まで石鍬が残っている。伊豆半島の基部でみると沼津市大平丸山遺跡に打製の石鍬があり、富士川町山王遺跡では数十本の打製石鍬が発見されて、石鍬の製作遺跡の感を呈する。

　関東地方の西部丘陵地帯の弥生時代の遺跡で、石鍬が検出されている遺跡は以前にくらべて比較にならないほど多くなり、埼玉県・東京都・神奈川県の弥生時代の石鍬の集計で16遺跡となり、それに古墳時代前期の東京都あきるの市代継・富士見台遺跡を加えれば16遺跡となる。

　これらの遺跡の分布を図75に示す。石鍬を出土する遺跡をみると古くは清水市天王山遺跡では縄文時代晩期にさかのぼり、三宅島の島下遺跡の大洞A式土器期に石器頭部が発見されているが、石鍬の頭部の可能性もある。次いで静岡県では丸子式土器などの条痕文系の遺跡が多いことに気づく。先にも記したようにこれらの遺跡の立地は畑作優越地帯にあって、静岡市丸子セイゾウ山遺跡、同佐渡遺跡、富士市渋沢遺跡などがそれにあたる。沖積地に下りているの

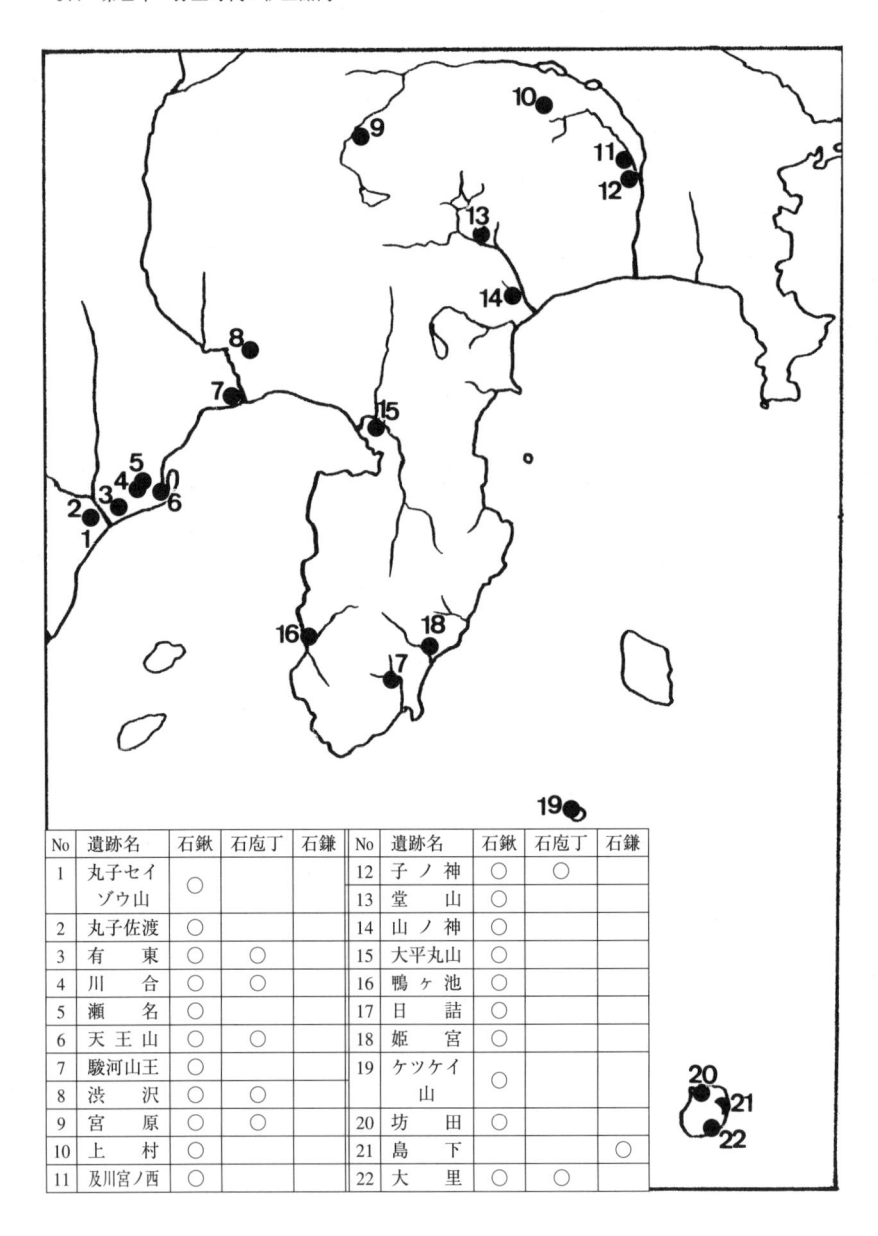

144　第Ⅲ章　弥生時代の伊豆諸島

No	遺跡名	石鏃	石庖丁	石鎌	No	遺跡名	石鏃	石庖丁	石鎌
1	丸子セイゾウ山	○			12	子ノ神	○	○	
2	丸子佐渡	○			13	堂　山	○		
3	有　東	○	○		14	山ノ神	○		
4	川　合	○	○		15	大平丸山	○		
5	瀬　名	○			16	鴨ヶ池	○		
6	天王山	○	○		17	日　詰	○		
7	駿河山王	○			18	姫　宮	○		
8	渋　沢	○	○		19	ケツケイ山	○		
9	宮　原	○			20	坊　田	○		
10	上　村	○			21	島　下			○
11	及川宮ノ西	○			22	大　里	○	○	

図75　石鏃・石庖丁・石鎌の分布（石庖丁には磨製・打製・剥片がある）

は静岡市瀬名遺跡だけである。相模地方でも条痕文系土器の立地のあり方はほぼ同じで山北町堂山遺跡や清川村上村遺跡などいくつかの遺跡で共通する。これに対して須和田式土器の段階で沖積地に進出しているのは鴨ケ池式土器（平沢式土器）と時期を同じくする沼津市大平丸山遺跡である。その後の弥生時代後期以降の伊豆半島の遺跡は日詰遺跡、河津町姫宮遺跡などで沖積地の遺跡である。水田経営をしながら一方で、畑作に従事する遺跡であった可能性が高いと考えている。ただ、日詰遺跡のように方形周溝墓をつくるために用いられた石鍬の最後の姿もみることができる。

　先にも記したように伊豆諸島では水田耕作はまったくのぞめず、切替畑（焼畑）が卓越しており、わが国の社会体制が大きく沿革する戦後まで、その生産形態の主流に大きな変化はなかったと考えられる、自給自足体制を基本とした伊豆諸島の生活は、海・山の食料資源に大きく依存しつつ、弥生時代以来の伝統でもある切替畑をつくらない年はなかったはずである。

　さいわい大里遺跡の第2次調査によって、オオムギやキビの穎が検出されて、従来の石鍬だけから焼畑問題を検討する以上の考古資料が得られたことになる。先にみたように三宅島の焼畑の実態から、これらの作物は、焼畑で栽培されたと考えるのがもっとも自然である。海や山での採集などと併せ考えると、伊豆諸島の生活実態が見えてくると思っている。　弥生時代の以来の食の実態は、焼畑からの収穫物と採集食料であったことはまず間違いはない。その点でもっともたいせつな出土遺物が、はきだし口のある石皿、石皿とセットをなす磨石、すべすべした台石（調理台）などである。これらの石器は調理関係の遺物であることは異論の余地がないと思われるが、その利用方法となると実験考古学による検証が必要である。

図76　坪田大里遺跡隣の焼畑

そのいくつかを紹介して食の実態に迫ってみたい。

昭和48年、大里遺跡の第1次調査の際、なによりも発掘現場の隣で焼畑（切替畑）つくりの最中（図76）であったことが大きな刺激となって、実験考古学に取り組むことになった。焼畑は現にみているので、食の問題に実験が集中した。まず、味の基本となる塩作りである。一升瓶に海水を汲んできて、アルミ鍋で製塩の実験である。野外で火を起こし、約20分で塩が煮詰まってくる。最終的にはアヒルの卵大の荒塩の収穫である。

(2) 動物性蛋白質の食料資源

伊豆諸島の現生の哺乳動物はネズミ以外になく、縄文時代から弥生時代にかけての島の遺跡ではシカやイノシシの出土に恵まれている。たぶんに伊豆半島からもたらされてのものであろうが、シカの場合は角だけ島に運ばれてきた可能性もある。島のイノシシは本州島のものにくらべて小さいとされているが、それでも縄文時代早期以来、弥生時代にいたるまで本土から延々と運ばれてきたのである。第Ⅰ章でも記したように、縄文時代の八丈島の倉輪遺跡では、魚骨・獣骨などとともに発見されたものや住居跡から発見されたものなど、さまざまであるが、満1歳のイノシシ、2.5歳までのイノシシがあり、季節も秋から冬・春にかけての狩猟時期であった。この結果は愛知県伊川津遺跡のものに近似して島内で狩猟活動があったことを推測（金子浩昌　1987）している。

三宅島の場合でもイノシシは、縄文時代では西原遺跡・友地遺跡、弥生時代ではココマノコシ遺跡から検出され、弥生時代ではココマノコシ遺跡からシカの角が検出されているが、島で繁殖していたとはまったく考えていない。これに対して島には無尽蔵に鳥が生息し、蛋白源は鳥であると思っている。その典型的な食の事例をオオミズナギドリにみることができる。

ココマノコシ遺跡からもミズナギドリが検出され、オオミズナギドリを含めて肉ばかりでなく骨まで叩いて食の対象とすることができる。塩蔵がきき、江戸時代には肉醤として珍重されていた記録が御蔵島に残っているので、少なくとも弥生時代に食の対象となっていたことは間違いない。

大里遺跡の発掘中にワナを仕掛け、天然記念物のアカコッコを捕って羽を剥ごうとすると、本来の羽剥きはこうするのだと、鳥の頭の下に一周するキズをつけて、そこから鳥皮を一気に下に向かって剥いて鳥肉を出すのである。御蔵島での生活経験がある大学生の仕業である。後年、御蔵島の取材で同じような光景に接しているから、熟練するとできるものらしい。

(3) 弥生時代の植物食の対象

繁茂しているサトイモ科のカシュウイモの藪に入り、2㎡を設定してイモとムカゴを採集してみると、何と530gも採集して、それを蒸したり、焼いたり、海水で煮たりして食べる実験をしたが、優に2人分の食料となる。カシュウイモは本来は中国原産の植物で、いつわが国に伝播してきたかは不明であるが、東京都奥多摩では江戸時代後半には焼畑の作物として栽培されていた。享保19年（1734）栃窪村の作付け面積をみると、

　　　稗：495畝、大豆：329畝、蕎麦：268畝、菜大根：157畝、黍：126畝、小豆：124畝、煙草：105畝、大根：102畝、芋：85畝、ゼンブ：37畝、粟：5畝

とあって（松村　1955）、最後の粟は常畠での栽培が広く行われて、焼畑では5畝となっている。このなかの「ゼンブ」がカシュウイモのことで、奥多摩では毛芋ともよんでいる。80歳前後の方々は20歳位までは食した経験があり、「そんなに旨いもんじゃない」という感想をもっている。

伊豆諸島ではジブとかジェブともいうが、御蔵島ではニガカシュウと食べられるカシュウイモを区別できる人がいるが、素人には見分けがつかないという。三宅島神着では、20年前まではジブ食の伝統が残っている家もあったが、さすがに今はそれもなくなっている。このカシュウイモは、遅くとも弥生時代にはわが国に伝播して焼畑での作物となったと推定しており、今は焼畑から逃げて山野に自生しているものと解釈している。はきだし口のある多孔質玄武岩製石皿（図73の7・8・14）でカシュウイモを下ろすと、ちょうどヤマノイモを下ろしているときのようにねばねばしたトロロをつくることができるので、

そこに石皿の役割を求めることもできる。

　ヤマノイモも自生し、10月から翌年の春の発芽する前まで採取することができる。黄色い葉っぱの落ちた冬は素人には見分けが困難であるが、山に慣れてくると枯れた蔓をたどって根茎部分の在処を探しだし、その部分を掘ってヤマノイモを獲得する。その技術はみごとである。山人の得意技であろう。

　一方、伊豆諸島では縄文時代以来、澱粉採取の対象となる5月から6月の植物にテンナンショウがあり、それに秋に収穫の対象となるクズとあわせると、澱粉採取の対象となる無尽蔵の植物ということになって、そのためにもはきだし口のある石皿が出土すると考えている。多孔質玄武岩の石皿がその役割を十分に果たすのである。ときには磨石を用いて芋類を潰す必要があり、それを揉み出して澱粉を取り出すのである。第74図9の台石の表面はほんの少し窪んでその中心とその周辺がつるつると光っている。先にも記したように決して砥石ではなく、植物質の食料を丸めたり、叩きつけたりして光るようになったのだと考えれば、調理台そのもののはたらきをしたものであったろう。

　本土の弥生時代には想像もつかない以上のような食関係の石器が三宅島から検出されており、古墳時代まで石皿が残る伊豆諸島であってみれば、地域的特質として種々の石器を位置づける必要がある。

　しかもこの伊豆諸島は照葉樹林帯の島であるが、本土と比較して完璧に欠落する食用植物がある。堅果類の代表でもあるマテバシイや澱粉食の代表的な植物、ヒガンバナ・ワラビなどがそれである。これらを補うものが極相林をなすシイノキであり、タミノ木で、秋になるとその実は無尽蔵である。御蔵島では椎の実粥がつくられ、三宅島では今も嗜好品として採集される。江戸時代には新島から江戸に積み出している。

　初夏に澱粉を充填するテンナンショウ、秋に澱粉を充填するキカラスウリもある。キカラスウリは根から澱粉を採り、じつは嗜好品となるが、種を飲み込んだら確実に便秘になるという特質がある。その澱粉は薬用の天瓜粉である。タミノ木の実の食べ方については調査していないが、太平洋戦争以前の記録が残っているから記憶している人を探しだすことができるかも知れない。それに

あまり旨いとはいえないが、トコロがまた無尽蔵であるから食料にはこと欠かなかった。20年前まではトコロの塩茹を懐かしむ風もあった。

さて、以上のように弥生時代の食資源を明らかにした上で、伊豆諸島の食資源の年間サイクルを記せば図77のようになる。本項では民俗資料をも援用して伊豆諸島の食の実態に迫ったつもりである。あらためて述べれば伊豆諸島の食資源は、縄文時代はもちろんのこと、弥生時代以降久しくは十分であったということである。

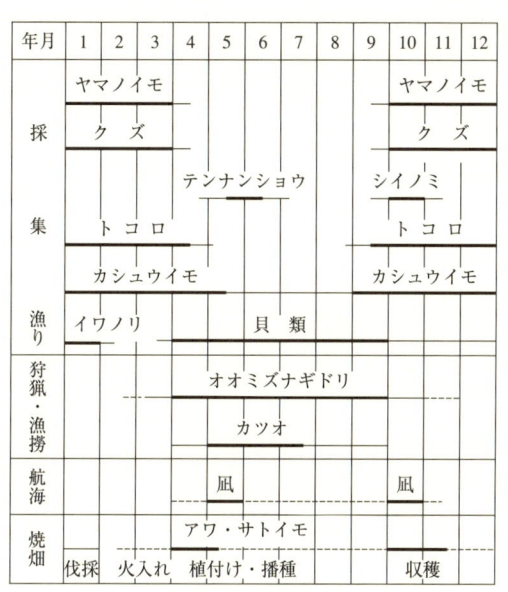

図77　伊豆諸島の食採取カレンダー

註　小田原市中里遺跡の発掘現場の見学会で、須和田式土器とともに摂津の弥生土器が出土し、この中里遺跡に稲作技術を伝えたのが海を介して将来された摂津の弥生人であったことが判明して、大きな収穫であった。

第Ⅳ章　渡海の考古学
―― 東日本の丸木舟・準構造船 ――

第1節　黒潮本流を越えた人びとと貝の道

　永年にわたって伊豆諸島の考古学的・民俗学的研究を手掛けてみると、東日本の諸地域との往来の問題を念頭におかざるを得ない事例に接するようになる。加えて、海を介しての『縄文時代の交流・交易』(橋口　1999)を視点において日本列島全体を俯瞰してみると、原産地が明確な石器・石材、貝や貝製品、土器、朱などが相当に遠くまで運ばれている例も、よりいっそう明白になってくるのである。

　縄文時代後期を例にとってみると、佐賀県腰岳山の黒曜石が800km前後も離れて沖縄本島に運ばれたり、新潟・富山両県を原産とする翡翠(硬玉)製大珠が日本海を西進して、九州の西海岸沿岸沿いに南下し、種子島の現和・川氏地区の現和巣遺跡から採集されている(図78)ことなどがそれである。この間、実に1,100kmほど離れていることになる。

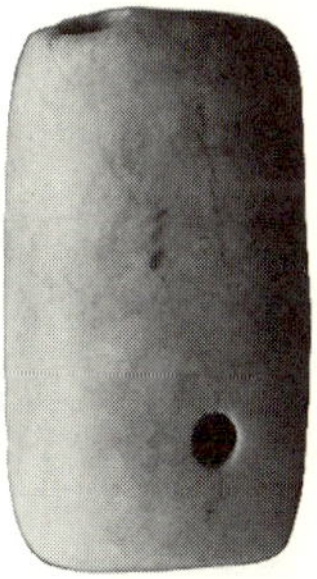

　さらに遠く運ばれている例は、本州島でいえば弥生時代中期はじめ、北海道でいえば続縄文時代にダイミョウイモガイ製の貝輪が南北海道の有珠モシリ(有珠10)遺跡(大島他　1989)に運ばれ、その距離は対馬海流に乗って2,000km以上にも及ぶことも明確になっている。

　その延長線上で縄文・弥生・古墳時代の航海の問題に視点を移してみると、最終的には丸木舟や準構造船の問題となる。少なくとも10年ほど前までは古墳の壁画や宮崎県西都原古墳出土の船形埴輪などから、弥生時代から

図78　現和巣遺跡採集の翡翠大珠

(西之表市開発センター蔵)

古墳時代にかけて準構造船が出現すると考えられており、まさに舟・船の問題に突き当たってしまうのである。ここでいう舟とは概して丸木舟のことをさし、船とは準構造船の出現をもって用いようと考えている。

今日では良好な丸木舟・準構造船の新知見も増えてきている。そこで東日本と伊豆諸島との関係をも追いながら、丸木舟や準構造船の問題を取り扱ってみたいと考える。その前に海を介しての交流・交易の視点をもちつつ、まず、黒潮本流を越えた縄文人の姿を追ってみよう。

(1) 縄文人の海の道

南西諸島から伊豆諸島までの太平洋岸側で、黒潮本流を乗り切って縄文人が遠隔の島に渡る例は、今のところ縄文時代前期になってからである。なかでも南九州の先に浮かぶ種子島や屋久島から、約190kmの海域を南下して奄美大島にいたる道は、その間、トカラ列島が点々と存在するとはいえ、黒潮本流をも乗り切る丸木舟と操船技術なくして語れないことである。その大事業を最初にやりとげたのが縄文前期の海洋性に富んだ曽畑人であった。

さらに沖縄本島に渡って、そこに3ケ所の曽畑式土器を出土する遺跡を残しているのである。読谷村渡具知東原遺跡や北谷町の伊礼原C遺跡、名護市屋我地大堂原貝塚がそれである。詳細については第Ⅱ章で述べている通りであるが、その後も断続的に渡島し、ふたたび活発になるのが、縄文時代後期のことである。南九州を中心にして九州一円に分布している縄文後期の人びとが、市来式土器を携えて奄美大島や沖縄本島に渡島して、かなりの遺跡を残しているのである。トカラ列島の口之島のヤコゴロウ遺跡、奄美大島の宇宿貝塚、嘉徳遺跡、沖縄本島の浦添貝塚に達しているのである。浦添貝塚では高さ21cmの深鉢形の市来式土器（図79）が出土している。

縄文時代後期から南九州と奄美諸島・沖縄本島との交流・交易の恒常化につながる道が開け、南島の喜念Ⅰ式土器が屋久島で、宇宿上層式土器や嘉徳Ⅰ式土器が薩摩半島まで運ばれていることが判明している。このような交流・交易の恒常化の道は、南島産貝の九州への交易の道へと発展して、弥生時代にその

最盛期を迎えていることはあまりにも著名である。さらに古墳時代までつづいていることは木下尚子の研究に詳しく述べられている（木下 1996）。

これに対して東日本では伊豆諸島の三宅島から、黒潮本流を乗り切って八丈島に渡島したのは、南九州にくらべると約800年も遅く、縄文前期末近くになってからである。八丈島の倉輪の地で前後約400年にわたって集落を営み、伊豆半島や南関東の土器とともに各地の土器を搬入し、男女2体と女性と思われる骨の一部な

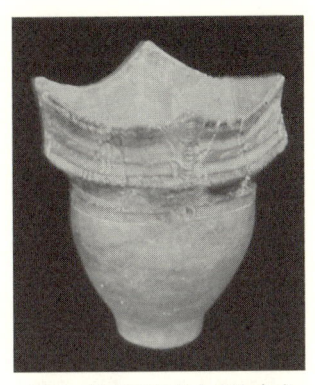

図79　浦添貝塚出土の市来式土器（ミュージアム知覧提供）

どが検出されている。さらに新潟・富山県境原産の蛇紋岩製の各種玉類が検出され、住居跡も6軒分以上が発掘されて、長期にわたって村落が営まれていたことが判明した（小田静夫　1991）。

その最後は縄文時代中期前半の阿玉台式土器の時期で、その後、2,000年ほど八丈島は無人島になってしまう。ふたたび八丈島に人びとの移動が確認されているのは弥生時代後期のことで、八重根遺跡にその痕跡を残している。その後、断続的に人びとが渡島し、古墳時代後期、奈良時代の時期から八丈島に恒常的に人びとが生活をはじめるようである。

伊豆諸島に人びとが進出してくる最大の理由が、神津島産の黒曜石を利器の原材として本土に運ぶこと、オオツタノハガイやハチジョウタカラガイなどを採取し、オオツタノハガイ製貝輪などを本土の各地に運ぶ役目を果たしたと考えていて、後者を「東の貝の道」とよぶことにしている。

かつて、南島からの貝の道を「第一の貝の道」、伊豆諸島からの貝の道を「第二の貝の道」とよんだこともあったが（橋口　1988）、岡本勇の提案で、その後は「東の貝の道」とよぶことにした（橋口　1994）ものである。なお、第Ⅱ章で詳述しているような東の貝の道ではオオツタノハガイだけでなく、ハチジョウタカラガイの道もあり、北日本へのタカラガイの道もあるのではないかと

も考えている。ただ、太平洋側では房総半島でタカラガイが棲息し、日本海側では男鹿半島までタカラガイが棲息しているので、北日本に運ばれたタカラガイの道については明確になりにくいという弱点がある。

(2) 弥生時代からの海の道

　東の貝の道や黒曜石の本土への運搬路としての他に、考古学的にみると伊豆半島と伊豆諸島間の伊豆の海を経て、土器などが東にも西にも運ばれることが知られている。概して西から東に運ばれる例が多いけれども、そのことは丸木舟や準構造船との関連で考えてみる必要に迫られる。そこでここでは主として弥生時代から古墳時代の例を取り扱ってみたい。

　まず、稲作の伝播にともなって東進したと思われる、いわゆる遠賀川式土器について記さなければならない。その遠賀川式土器も東海地方を東進して、その東端が伊豆半島の河津町姫宮遺跡、伊豆諸島では新島の田原遺跡、大島の下高洞遺跡Ｄ地点、ケイカイ遺跡、南関東では秦野市平沢同明遺跡などから検出されているが、そのうちで平沢同明遺跡から出土した遠賀川式土器は、明らかに伊勢湾沿岸あたりでつくられたと思われる完形の壺形土器で、西志賀Ｉ式土器（図80）と考えられている。種籾が入ったまま運ばれてきたのだと考えるのは私一人ではないと思われる。おそらく海路伊豆半島をまわって相模湾に入り、花水川下流から秦野市まで運ばれたものであろう。

　弥生時時代中期前半になると、丸子式土器をはじめとして東海地方東部につながる土器が新島の田原遺跡や三宅島島下遺跡、大島下高洞遺跡Ｄ地点などに運ばれてくる。その後の伊豆諸島は中期全体を通じて、どちらかというと伊豆半島の基部あたりとの関係が強くなる傾向にある。

　そういう状況のなかで伊勢湾沿岸の貝田町式土器が千葉県君津市常代遺跡に運ばれて、方形周溝墓から検出されている（甲斐他　1996）。この壺形土器は遠州灘や伊豆半島などを通り越して、いきなり東京湾東部に達した土器（図81）ということになり、丸木舟や準構造船の存在と海の道の存在を考慮に入れてこそ成り立つ東進である。相前後して東海地方西部から伊豆諸島への「玉の道」

第1節　黒潮本流を越えた人びとと貝の道　155

図80　平沢同明遺跡出土の西志賀
　　　Ⅰ式土器（明石新氏撮影）

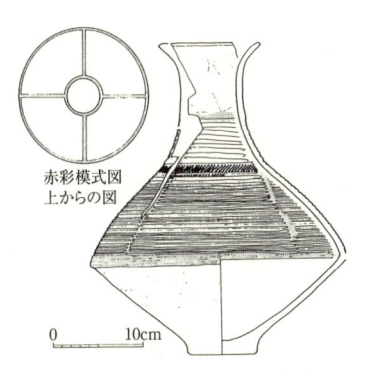

図81　常代遺跡出土の貝田式土器
　　　（一部赤彩されている。報告書
　　　から）

赤彩模式図
上からの図

0　10cm

も開かれており、三宅島の大里遺跡出土の5点の管玉は、その形状からすべて東海地方西部のものであったという重要な指摘もなされている。先に第Ⅲ章でみたとおりである。

　弥生時代後半から古墳時代のはじめになると、東海地方西部で中山式土器や欠山式土器、その次に元屋敷式土器などが編年される。そのなかで中山式土器を中心にパレススタイル式土器とよばれる東海地方西部でも、どちらかというと西遠江の一群の土器が、かねてから南関東の相模川流域を中心にかなり出土するようになっていた。なかでも神奈川県綾瀬市の神崎遺跡では、長径（南北）103m、短径（東西）60mの楕円形の環濠集落を形成し、現状で6軒の住居跡と環濠の一部、それに土器捨て場が発掘されて、そこから天竜川を中心にして分布する西遠江地方の土器が多く検出されるのである。

　西遠江の山中系の土器は出土土器全体の95％以上を占めており、いわゆる地元の土器を多く出土する他の遺跡にくらべて、パレススタイル式土器の出土が圧倒的に多いのである。東遠江から相模まで、この間に均一にパレススタイル式土器が分布しているのならいざ知らず、この間を飛ばして相模に分布（図82）するさまは、先述のように集団移動としかいいようがない状況を示している。その拠点集落の一つが神崎遺跡（小滝他　1992）と思えてならないのである。

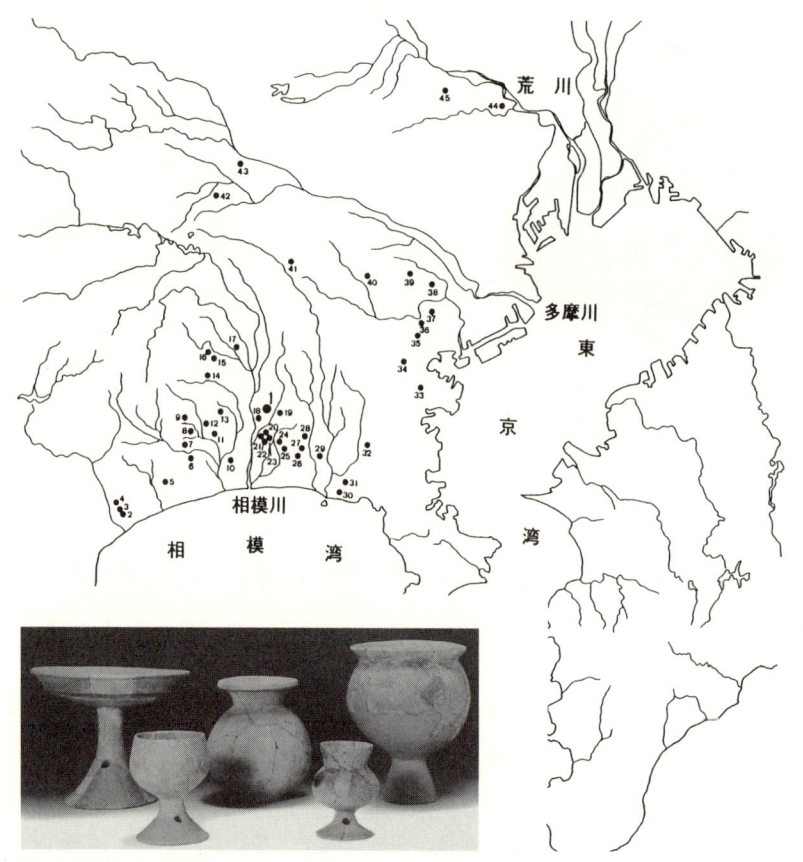

図82　西遠江の中山式土器出土遺跡（小滝他　1992より）と神崎遺跡のパレススタイル土器
　　　（綾瀬市教育委員会蔵）

そしてこの種の土器は東京湾西岸では荒川下流域まで分布し、今のところ、東京湾東岸では数ケ所の遺跡での出土が知られている程度である。

　次の古墳時代前半の元屋敷式土器のころになると、伊勢湾沿岸からおもに東日本一円にかけて口縁部の断面がＳ字状を呈するＳ状口縁台付甕（Ｓ字甕）が動き出す。一つの波は北陸に入り、もう一つの波は東山道をへて信州に入り、やがて北関東（群馬県）に達して石田川式土器を生む。三つ目の波は東の海ッ道をへて南関東に達している。この道は伊豆半島の先端を船で回るルートが主

第2節　丸木舟と準構造船の問題　157

流となっているとおもわれ、その途中でS字甕が大島に運ばれて野増小学校遺跡と七つ池遺跡から検出（図83）されている（小林他1998）。

明らかに海を介しての東海系土器の伊豆諸島への伝播ということになり、神津島の焼山遺跡の有段口縁土器（図83）も、その故地を伊勢湾奥に求めてよさそうである。愛知県石塚遺跡出土土器に近似していると指摘（大参　1968）されている。

以上のように伊豆諸島や神奈川県・東京湾沿岸にいたる東海系土器の動態をみると、再三述べているように、丸木舟や準構造船とその航海技術を抜きに考えられない状況となることは明らかである。

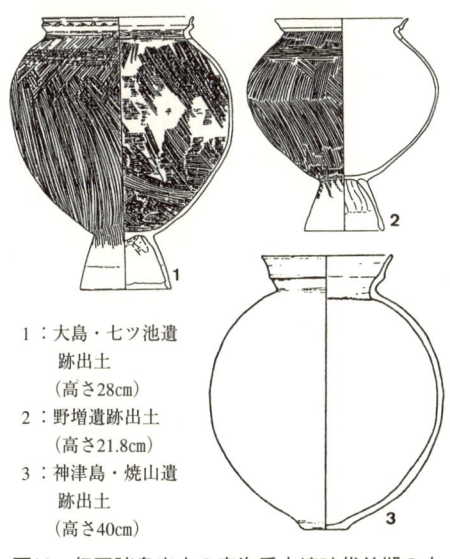

1：大島・七ツ池遺跡出土
　（高さ28cm）
2：野増遺跡出土
　（高さ21.8cm）
3：神津島・焼山遺跡出土
　（高さ40cm）

図83　伊豆諸島出土の東海系古墳時代前期の土器

第2節　丸木舟と準構造船の問題

今までわが国で発見された丸木舟・準構造船の集成を行い、縄文時代から古墳時代にいたる舟（船）を考古学的立場で研究したのは、西村眞治・松本信廣・清水潤三である。その研究の足跡をここで詳細に述べることはしないが、関東地方から東海地方東部（静岡県）にかけての3氏による丸木舟や準構造船の集成に、ここ10年来の新知見を加味して以下の記述をしてみたい。

発掘例や民俗例などから、わが国の丸木舟は縄文時代から各地で利用されはじめ、永年にわたってつくられてきた歴史をもつ。現在でも秋田県男鹿半島で活用され、1990年代のはじめまでは南九州の種子島でも、西之表港と南種子町

の牛野漁港で漁撈活動に利用されるほどの息の長さであった。

　発掘例によると、縄文時代の関東地方の丸木舟は、その段面が半月形か三日月形をなし。古墳時代になって凹字状をしているといわれるが、凹字状の丸木舟は古墳時代から現代までの特徴でもあり、時期判定の決定的資料にはなり得ないという弱点ともなっている。弥生時代の丸木舟の実態はあまりわかっていないのが実情である。東海地方東部（静岡県）では、昭和20年代に登呂遺跡と山木遺跡で弥生時代の丸木舟が発見されているが、推定で３〜４ｍといわれ、断面がＶ字状となっている。船首部分には波切りがついているのが特徴でもある。波切りをもつ古墳時代の船については、後述する。

　最近では丸木舟や準構造船の部材にいたるまでの好資料が静岡県で出土していて、航海問題を考える上でかなり重要な手掛かりとなっている。加えて、祭祀用のミニチュア舟も検出されていて、その時期による特徴をみごとに把握できる考古資料となっている。

　さて、関東地方から東海地方東部出土の丸木舟は、正確な時期が把握しにくく、時期不明の丸木舟が圧倒的に多いが、一方でその時期が明白なものもあり、その概要を茨城県から静岡県にかけて述べることにする。

(1)　茨城県の舟

　茨城県では17例の丸木舟の出土が伝えられている。もっとも発見が古いのは安政年間（1853〜59）のもので、真壁郡下妻市の大宝池から発見されており、大宝神社に保管されている。計測値は表６の通りである。

　明治５年、結城郡守谷町守谷沼の干拓によって発見された丸木舟は、長さの測定ののちに現地に埋め戻されている。また、守谷町の守谷城跡の丘陵下から発見された丸木舟は、鰹節型をしており、材はマツである。

　結城郡結城市山川出土の丸木舟は1915年（大正14）に発見され、これも鰹節型といわれる。東京国立博物館に収蔵されたが、保存技術が開発されていない当時のことで破砕してしまったという。材はクロマツである。

　小貝川右岸の結城郡石下町曲田からは３艘の丸木舟が発見されている。１号

表6 茨城県内出土の丸木舟

NO	出土地（遺跡名）	隻数	長さm	幅 cm	高さcm	厚さcm	形 態	材 質	時 期
1	下妻市大宝・大宝池	1	6.05	58	43〜49			アカマツ	古墳？
2	結城市結城下山川	1	8.46	71			鰹節型	クロマツ	
3	結城郡石下町豊田曲田(1号)	1					板状	アカマツ	
4	〃　〃　(2号)	1	約6.2	約60				アカマツ	古墳以降
5	〃　〃　(3号)	1	約6.2	30			凹字状		古墳？
6	龍ヶ崎市川原代関	1	6.26	65	深さ35		凹字状		古墳？
7	結城郡守谷町守谷沼	1	7.27						
8	〃　　守谷城の丘陵下	1	6.36	100			鰹節型	マツ	
9	石岡市関川・霞耕地	1	5.45〜55	35	深さ13	2.5	平底		
10	北相馬郡藤代岡堰・小貝川川底	1	10.97	80	24〜25				
11	〃　〃　大曲・小貝川川底	1	約8.5	63	24		凹形	ハリギリ	
12	岩井市大口船渡	2							弥・後
13	牛久市小通幸谷	1	6.0	65	25			マツ	古墳？
14	牛久市奥原町天王峯	1	6.0	50				マツ	弥生
15	筑波郡伊奈町狸溂小貝川	1	5.0	56	深20		鰹節型		縄・後？

表7 千葉県出土の丸木舟の時期一覧（その他の丸木舟は時期不明）

時代	縄文時代	縄文草創期	縄文早期	縄文前期	縄文中期	縄文後期	縄文晩期	縄文後期・晩期	弥生	古墳	合計
隻数	3	0	0	1	1	10	1	1	3	3	23

表8 千葉県出土 丸木舟の大きさ別集計（その他は計側値不明）

小型 (3.99m以下)	中型 (4 m代)	大型 (5 m代)	特大型 (6 m代)	最大型 (7 m以上)
6	14	8	10	4

は昭和26年に見つかり、すでに地域の人びとによって掘り出されていたが、両舷はなくほとんど板状に近かったという。2号丸木舟は水圧のため困難をきわめた発掘調査であったようだ。藁縄の破片や土師器片が検出されていることから古墳時代の丸木舟と考えられている。1・2号ともにカラマツである。

また、1・2号丸木舟より約100m離れて3号丸木舟がすでに掘り上げられており、石下町の中島某宅に保存されていた。きわめて保存のよい丸木舟で、断面は凹字状をなしている。

龍ヶ崎市市川原代関の八間川旧堤防下で発見された丸木舟は艫部を欠失して

いて、完形ならば7m近くになると推定されている。断面は凹字状をなしている。また、石岡市関川の霞耕地区の丸木舟はすでに破砕してなく、推定の長さをはじめ計測値は表6の通りである。

さらに、平成2年刊行の『藤代町史』によると同町内から3艘の丸木舟が発見されている。昭和53年（1978）に投網にかかって引上げられ、同年大曲の小貝川川底から最大型（7m）以上に属すると思われる丸木舟が掘り出されて破砕した。同町の高須地区では埋没したままである。

岩井市大口般渡から弥生時代といわれる丸木舟が2艘発見され、1艘が完形である。同じく弥生時代といわれる丸木舟が牛久市天王峯遺跡より1艘、時期不明の丸木舟が同市通幸谷からも出土している。また、縄文時代と伝えられる丸木舟が筑波郡伊那町狸淵の小貝川から発見されているが、鰹節型といわれるだけで縄文時代とされる確証にはなりにくい。

（2）　千葉県の舟

全国的にみて丸木舟の出土数がもっとも多いのが千葉県である。平成3年の集計によると千葉県全域で97艘の丸木舟が集成されており（中山吉秀　1988）、これと昭和63年に集成された丸木舟とを照合してみると、抜けている埋没丸木舟があり、それに平成7年に検出された香取郡多古町字七升の最大型（7m）の丸木舟（佐藤　1995）を加えると100艘に届きそうである。

このなかでもっとも出土艘数の多い地域は栗山川の中・下流域で、香取郡多古町で19艘、同群干潟町で4艘、八日市場市では今もって埋没している丸木舟を加えると発見例が31艘、匝瑳郡光町で4艘、山武郡横芝町で14艘となっている。

これらのなかで、縄文時代後期・晩期を中心に潟港が発達し、漁撈活動ばかりか後述するように外洋に出て遠出する丸木舟もあったようである。

ところで今、約100艘に届こうとする千葉県出土の丸木舟について各時期ごとに集計してみると、表7のようになる。ただし、このなかには推定で所属時期を決めている丸木舟も含まれている。たとえば、千葉市畑町の検見川流域の

第2節　丸木舟と準構造船の問題　161

草炭採掘場から発見された3艘の丸木舟のように、時期の設定にあたって消去法を用いて縄文時代後期ではないかと推定された丸木舟などもあるので、かならずしも正確ではない弱点も含んでいるが、それでも千葉県出土丸木舟の時期別の特徴を表しているように思える。

さらに丸木舟を大きさ別に分類すると、表8のようになるが、この分別は本稿をしたためるにあたって設定したものである。

また、この表は千葉県出土の約100艘の丸木舟のすべてを対象としたものでもなく、現時点での対象艘数は42艘である。この2つの統計によって新たな問題点を引き出せるわけでもないが、5m以上の大型の丸木舟に注目してみたいと考えている。東京湾へ漕ぎ出したり、外洋へ出たりするには、中・小型の丸木舟にくらべて有利だと推定されるからである。ただ、後述するように横須賀市伝福寺裏遺跡出土の丸木舟のように3m強の小型でも、波静かな久里浜の湾内には漕ぎ出していたであろうから、一概に丸木舟の大きさだけで潟湖用とか海用とか決められない側面をもっている。

さて、以上の千葉県出土の丸木舟のうちで、香取郡多古町七升出土の最大型に属する丸木舟には、とくに注目している。長さ7.45m、幅70cmの丸木舟で、縄文時代中期に属すると考えられている（後述）。

(3)　埼玉県の舟・船

埼玉県出土の丸木舟はおそらく25艘以上（表9）で、準構造船の船材も出土している。出土数のもっとも多いのは大宮市膝子遺跡で、綾瀬川沖積地の湿田の土地改良事業によって発見され、昭和33年ごろ、大宮市教育委員会と慶応大学との共同調査が実施された。それに参加した早川智明によると、まるで北西の風にあおられて流されてきたかのような状態で、膝子集落の東端から東へ200～300m、南北1kmの間に、長さ4～7mのカヤ材の丸木舟14艘が発見された。そのなかの1艘から縄文時代後期の安行Ⅱ式土器の波状口縁の深鉢形土器（図84）が検出されたという。まだ、相当数の丸木舟が埋まっており、そのすべてを掘り出すとおそらく30艘にはなるだろうともいう。丸木舟のうち、2艘を大

162　第Ⅳ章　渡海の考古学

表9　埼玉県出土の丸木舟集成

No	出土地（遺跡名）	隻数	長さm	幅 cm	高さcm	厚さcm	形　態	材　質	時　期
1	北足立郡新田村大字長右衛門新田	1	6.06	60	舳 艫 45　65	6			
2	岩槻市和土字村国・元荒川	1	8.42	67	24			アカマツ	
3	南埼玉郡小室村中島	1	5.4	40	21	3	鰹節型	アカマツ	
4	戸田市下戸田	1	約3.0	約30					
5	川越市中老袋の入間川	1	5.49	60	深さ35		鰹節型		縄・後
6	大宮市膝子	14以上	約4.2	約45				カヤ	縄・後
7	川越市老袋入間川左岸	1	5.4	54	深さ35				
8	伊奈氏屋敷跡出土（1）	1	4.85	55.45	深さ20	5		カヤ	後期末～
9	伊奈氏屋敷跡出土（2）	1	3.7		深さ 8	5		ケヤキ	晩期初
10	赤山丸木舟廃材出土	1							縄・後
11	浦和市三室大道・芝川	1	4.5	50					縄・中

図84　膝子遺跡の丸木舟上の土器
（大宮市立博物館蔵）

　宮市教育委員会で掘りあげて、うち1艘を県文化会館に、1艘を大宮公園のなかの旧中山道の脇本陣で保管していたが、脇本陣ともども炎上したとのことである。

　当時の考古学界では木製品の完全な保存技術が開発されておらず、慶応大学に運ばれた丸木舟はレンガ状に破砕されたようである。

　現在、膝子の丸木舟で実測図（大宮市立博物館　1989）が残されているのはたったの1艘で、それによるとほとんど両舷はなく、断面は半円形になりそうである。実測図によると、長さ約4.2m、幅約45cmの丸木舟に安行Ⅱ式土器が載っていたことになる。

　昭和51年には、元荒川出土の最大型の丸木舟の存在が知られることになる。埼玉県岩槻市国の金井益三保存の丸木舟で、元荒川の川底から引き上げたもので、長さ8.43m、最大幅67cm、深さ24cmで、艫が四角につくられており、断面は凹字状をなしている。関東地方の古墳時代型といわれるが、年代は不明とし

なければならない。また、川越市の入間川左岸の老袋でもカヤ材の長さ5.4m、最大幅54cm、深さ35cmの大型の丸木舟が発見されている。また、同市内にはもう1艘丸木舟が保存されている。

埼玉県では縄文時代前期の海進期にもっとも多くの丸木舟を必要としたであろうが、今のところ前期の丸木舟は発見されていない。中期以降もあちこちに沼地が発達していたと考えられ、近世までその名残がうかがえていた。しかし、今のところ縄文時代後期に丸木舟がもっとも多く発見されているのが現状である。

また、新幹線の工事にともなう発掘調査で発見されたのが、伊那氏屋敷跡（青木 1984）の縄文時代後期末から晩期前葉の丸木舟で、昭和59年に埼玉県埋蔵文化財調査事業団により『赤羽・伊那氏屋敷跡』の報告書が発行され収録されている。大小2艘のうち大きい方はカヤ材で長さ4.85m、幅55.45cm、深さ20cm、厚さ5cmを測る。小さい方はケヤキ材で長さ3.70m、深さ8cm、厚さ5cmで舟底が焦げてその部分が薄くなっている。

川口市の赤山遺跡（金箱 1989）は、木道やトチの実の加工場跡などが検出された縄文時代後期の遺跡である。そのなかの板囲い遺構には丸木舟の廃材が用いられていて、遺構付近では丸木舟を利用しなければならない自然条件であったようである。また、多くの加工材、木胎漆器90点、各種の木製容器類、櫛、飾り弓、編み物等が検出された大宮市寿能泥炭遺跡から縄文時代中期から後期前葉と思われる丸木舟が1艘出土している。第1木道遺構とB杭列の中間から舳先を南東にむけて、裏返しになった丸木舟の残欠が出土しており、残存の長さ2.35m、最大幅45cmであった。残念ながら依存状況が悪くて取り上げることができなかったという。

なお、行田市・熊谷市の境にある古敷田遺跡（鈴木他 1991）から弥生時代中期と思われる準構造船の船材が出土（図85）している。5区河川跡から発見されたもので、舳先の部分で板状になっているが、明らかに準構造船の舳先の部材でその一部と側面の一部を欠損し、5ヶ所にほぞ孔をもっている。長さが117.6cm、幅は57.6cm、厚さは12cmである。この準構造船は後に述べる静岡県浜

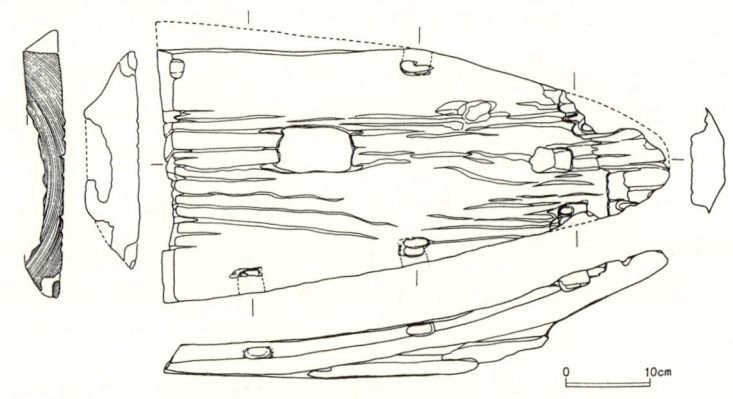

図85　行田・熊谷市境・小敷田遺跡出土の船板（スギ材）(鈴木　1991)

松市角江遺跡の準構造船船材とともに、弥生時代中期の船としては重要視する必要がある。

(4)　東京都の舟

東京都内で丸木舟が発見されたのは4艘である。一つが上野・赤羽間の新幹線工事にともなう北区中里遺跡（古泉他　1989）の大型（5m大）の丸木舟で、材質はムクノキである。全長5.79m、幅72cm、厚さは2～5cmで、丸木舟全体がきわめて良好に保存され、外面は軽石か何かでていねいに磨かれたように滑らかな様相を呈するという。縄文時代中期の海岸線から出土（図86）したもので、まさにすぐにでも漕ぎ出せる状況での検出であった。

同じ北区の袋低地遺跡からは3艘の破片が発見されている。袋低地遺跡は荒川右岸の東京低地から検出（益子　1998）されたもので、平成8年から9年の発掘調査によって第1流路から検出された。1艘はトリネコ属の樹木の幹を利用したもので、長さが1.64mを測る。もう1艘はケヤキ属の樹木でできており、長さが1.48mを測る。^{14}Cの年代測定ではBP3600±250～240との測定値が出ている。いずれも縄文時代後期の所産とみている。3艘目は同じ第1流路東端の合流地点付近で発見され、長さは約1.43mで、放射性炭素による年代測定ではBP3000±380～360の年代値がだされている。縄文時代後期末から晩期の所産

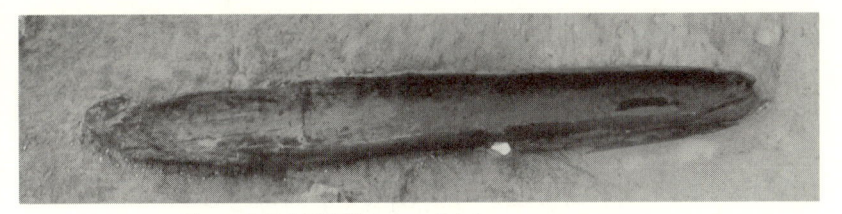

図86　北区中里遺跡出土の丸木舟（北区教育委員会提供）

と考えられる。

(5) 神奈川県の舟

神奈川県では今のところ、横須賀市久里浜の伝福寺裏遺跡から出土した小型の丸木舟1艘のみである。縄文時代中期初頭の丸木舟でムクノキ製、長さ3.04m、残存の最大幅37.5cm、船底の厚さ4cmある。完形の丸木舟とすると最大でも3.10mを越えないとされる小ぶりの丸木舟で、内面に焼焦痕を残している。先に述べたように地形的にみても旧久里浜湾内で使われた丸木舟であろう。

(6) 静岡県の舟・船

静岡県では従来、登呂遺跡と山木遺跡出土の舟に波切りのついた丸木舟があることは前述の通りである。いずれも昭和20年代の発見であった。

その後平成元年、静岡市から清水市に流れる巴川（大谷川）の総合治水対策工事にともなう発掘調査で、「神明原・元宮川遺跡」から丸木舟が発見された（静岡県埋蔵文化財調査研究所『大谷川Ⅳ（神明原・元宮川遺跡）』）。材の放射性炭素による年代測定でBP730±100年という年代値が与えられ、約2,700年前の年代といわれる大沢スコリアの直上から発見されたものであり、両者を合わせ考えると丸木舟の時期は縄文時代晩期の所産ということになる。

丸木舟は土圧によって相当に変形しており、全長6.7m、最大幅は後方にあって65cm、出土状況のままでは深さ10cmであるが、復元すると深さ30cm、幅60cmとなるようである。なお、丸木舟の舳先はカジキの吻骨状に尖っており、そのほぼ中央近くに舫綱用の孔を有する。材はクスノキである。千葉県横芝町高

谷川出土の縄文時代後期の丸木舟も吻骨状に尖っているといわれている。
　さらに平成4年には、国道1号線の静岡～清水バイパスの瀬名地区工事にともなう『瀬名遺跡Ⅰ』が刊行され、それによると古墳時代はじめに所属すると思われる畦畔が発見された。その畦畔の下部から敷板にされたように上下2枚の船材が発見された。上の船材は一辺がはっきりした曲線を描き、一方が緩やかで三ケ月形をしておりいる。長さが6.36m、幅32cmである。下の船材は上よりも小振りで一辺が直線、もう一辺はカーブしていてどちらかというとナイフ形をしている。長さは4.12m、幅37cmである（図87）。
　2つの船材とも、側面に一定間隔で長楕円形や長方形の小さな孔があけられている。2つの船材の孔は統一性を欠き、船材はそのものの特徴が異なることから別々の部材であると思われる。丸木舟に直接つけた波よけ船材というよりも、準構造船そのものの船材ではないかと考えられている。
　平成8年3月刊行の『瀬名遺跡Ⅴ（遺物編Ⅱ）本文編』によると短い方の船材は準構造船の船台部分の舷で、底と両端がカットされて板材として二次利用されたものらしい。船台の内側のカーブは一部残されており、舷縁近くに一定間隔で先述の孔が穿たれ、そこに波よけ用の板を取りつけたもの（図88）と推定される。
　また、平成8年3月に弥生時代中期後半の浜松市角江遺跡の報告書が刊行されて（中川　1969）、それには、

　　見つかった船（材）は舳先部分で、舳先から残存する長さは90.1cm、幅62.6cm、最大幅は17.4cm。樹種はクリ材で板目を利用している。舳先部分を船首と考えると左側に8ケ所、右側に3ケ所、約2.5～3.0cmの方形の孔が穿たれている。また、舳先端に近いところには3.0～3.5cmのひと回り大きい方形の孔があり、その内側に縄紐状のものが残存していた。船（材）の上・下面とも加工されており、側面からみると舳先上端部分がやや反り上がっている。……角江遺跡から出土した船（材）はその構造から丸木舟の上に別部材として取りつけたものと考えられる。……この構造をもつ船は刳舟から準構造船への構造的な発展段階を考える上で注目すべきものである。

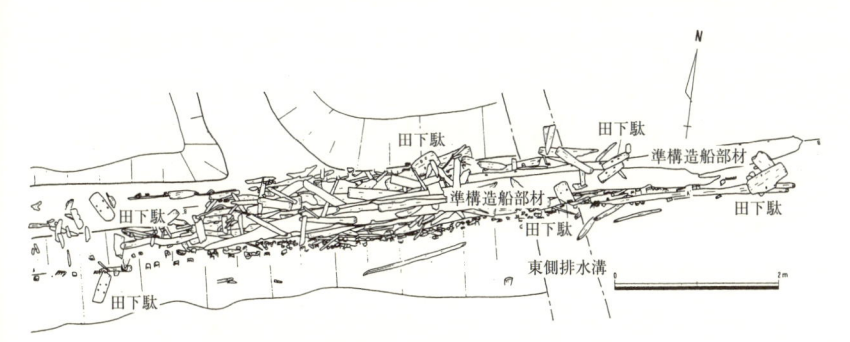

第2節　丸木舟と準構造船の問題　167

図87　瀬名遺跡出土の畦畔と船材（報告書より）

図88　角江遺跡出土の船材
（静岡県埋蔵文化財調査研究所所蔵）

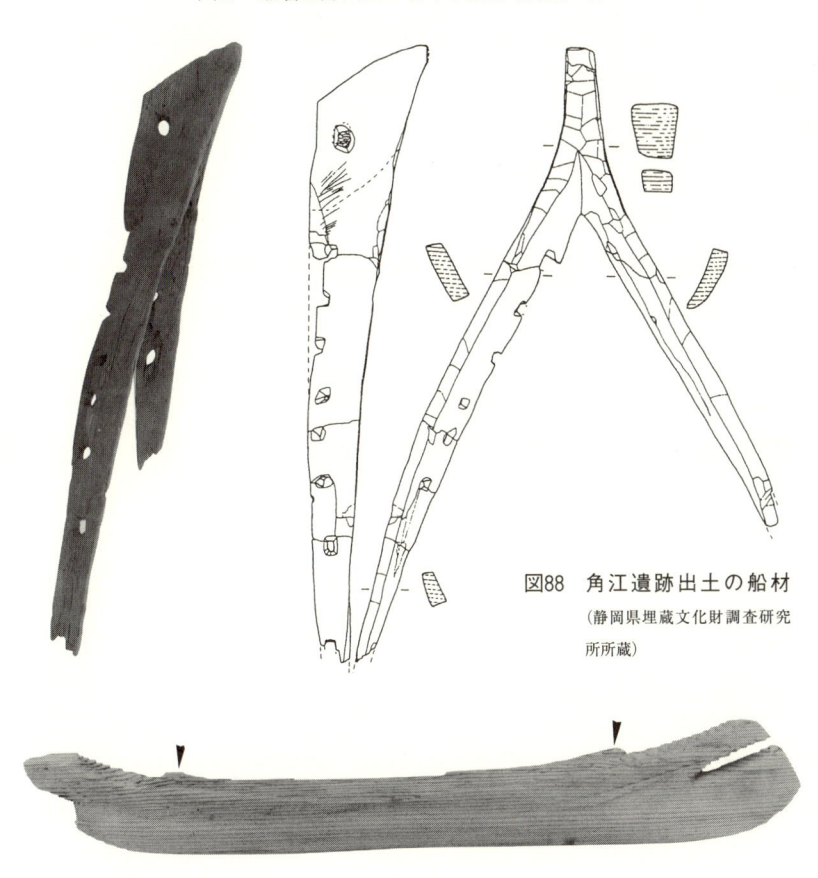

図89　川合遺跡出土のミニュチア舟（静岡県埋蔵文化財調査研究所所蔵）

〈（　）内は筆者による〉

と記されている。丸木舟から構造船への情報を熟知した上での記述になっていることは間違いない。角江遺跡の船材は東海地方ばかりでなく全国の準構造船の開始問題を考える上で第一級の考古資料になると考えている。

さらに東海地方の準構造船問題を考える上で、忘れてはならないのが静岡県内の水辺の遺跡から出土している葬送儀礼関係のミニュチア船である。そのなかから5世紀の船の特徴をもっともよく表現していると思われる川合遺跡のミニチュア船を取り上げてみよう。旧河川から発見されたものでスギ材でできており、長さ34.5cm、幅5.9cm、高さは船底から舳先までで4.9cmとなっている。図88を見ればわかるように、矢印の間の両舷に最高で4mmほどのつくり出しがあって、波よけ板を思わせる準構造船となっている。舳先の部分は同じ5世紀の大阪府八尾市高廻り2号墳出土の埴輪船（長さ128.5cm）の波切り板の特徴と同じく、切り込みが入れられている。このことは5世紀の東海地方東部を、大阪府八尾市高廻り2号墳の埴輪船と同じような準構造船が運行していたことを表現すものに外ならないから、海運史の上でかなり大きな意味をもつミニチュア船ということになる。

以上のように、静岡県内では縄文時代晩期の丸木舟、弥生時代中期後半の角江遺跡の舳先の船材、古墳時代はじめの瀬名遺跡の2枚の大型板状船材、古墳時代中期の川合遺跡のミニチュア船（図89）というように、この10年間に次つぎに新しい舟（船）関係の考古資料が増加してきており、先に記した登呂・山木遺跡の舳先・船底ともにV字状になった弥生時代後期の舟を加えると、よりいっそう航海の問題を考察するのに好資料が揃ったということになる。

(7)　舟・船のまとめ

縄文時代の海を介しての交流・交易の実態や伊豆諸島から本土への貝の道・黒曜石の運搬、弥生時代前期・中期の土器や管玉の動き、関東地方の丸木舟の集成、そして弥生時代後期から古墳時代前期にかけての人びとの移動や土器の動態などを列挙したなかで、再三にわたって丸木舟や準構造船の存在について

第2節　丸木舟と準構造船の問題　169

触れてきた。

　とくに丸木舟の集成のなかから、千葉県香取郡多古町七升の平成7年発見の最大型丸木舟と東京都中里遺跡出土の丸木舟についてふたたび言及して、縄文時代の航海問題について再考してみたい。今日、全国から検出される丸木舟のなかで、中里遺跡出土丸木舟ほどその全容が整っている丸木舟はないと思われる。筆者の便宜的に分類では大型丸木舟に属して長さが5.79mもある。なによりも中里遺跡では縄文時代の最大海進期の海触崖を検出しており、その時期から数百年を経た縄文時代中期初頭の、五領ケ台式土器を出土すると思われる同じ砂層から丸木舟が検出されていたことになる。当時、この中里丸木舟を漕ぎ出せば、そのまますぐに東京湾にでられるような自然環境であったと思われ、東京湾を航海した大型舟であることは間違いなく、7人乗り以上で外洋に自由に乗り出せる丸木舟でもあるとも位置づけている。

　さらには、縄文時代中期前後と考えられている丸木舟が先述の多古町七升丸木舟である。この丸木舟は長さが7.45mを測る最大型の丸木舟で、製作工程の刃部痕が明瞭に観察される。また、船底の直下から縄文海進期に形成された可能性があるカキ等を多く含む貝層が検出されており、丸木舟の時期決定の材料となり、古くなる可能性もあるといわれる。そして、何よりもこの丸木舟のなかから直径15cm前後のやや長めの石2個が発見（図90）されており、この石の用途を巡っては論議をよびそうである。

　石なし県の千葉県で丸木舟に積まれていたこの2個の砂岩らしい石の検出というだけで、この丸木舟は外洋に出て沿岸を北上して、この石を求めてきたに違いないと考えるからである。石そのものも石器の材料なのか、丸木舟の錨用なのかはわからないが、やがて石の特徴が明らかにされ、同時に丸木舟から出土した木材などの鑑定が行われれば、その用途も明らかにされる可能性がある。今ここで結論を急ぐとすれば、木製の碇に縄で強く括りつれた石、すなわち碇そのものではないかとも考えられるのである。

　いずれにしても中里丸木舟よりも大型で、外洋に出たことがまず間違いない七升の丸木舟の発見により、同じような丸木舟での伊豆諸島への道も自ずと開

図90　多古町七升出土の丸木舟と舟上の砂岩（香取郡市文化財センター提供）

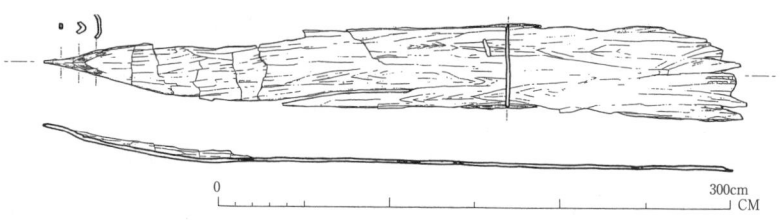

図91　笠島遺跡出土の船底材（古墳時代前期）（石附他 1969）

図92　宝塚1号墳出土の船形埴輪（松阪市埋蔵文化財センター蔵）

かれてきたような気がしてならないのである。一部に縄文時代の丸木舟にも進歩があるようにいわれるが、今のところそこまで言及できるような材料をもちあわせていない。弥生時代の舟・船で昭和20年代発見の登呂・山木遺跡の波切りのある丸木舟残欠のほかに、優れた考古資料に恵まれていたわけでもなく、ようやくその相当部分が東海地方東部（静岡県）で明確になりつつあるというところであろう。

　中川律子がその報告書で述べていることを発展させれば、弥生時代中期後半になって舳先部分が「逆Y字型」の角江遺跡の準構造船の船材に恵まれるようになり、おそらくこれは外洋等での波よけ板として取りつけられたと考えてよいようである。佐鳴湖入り口の角江遺跡から潟港をへて遠州灘に出ていく準構造船を彷彿とさせる。少なくとも登呂遺跡や山木遺跡の波切りのある丸木舟と同じような形態の舟にこの逆Y字型の舳先を取りつけやすいのではないかと考えている。その点で構造船へのはしりの状況とみることができる。

　このような舟・船によって、弥生時代中期の君津市常代遺跡から出土した貝田町式土器も、海の道に沿って運ばれてきたものであり、弥生時代後期後半の東海地方でも、どちらかというと天竜川を中心とした西遠江の地方の土器が南関東に進出するのも、すでに完成していた準構造船による海の道に沿うた移動の結果であると考えることができる。

　さらに東海地方では古墳時代はじめになって、瀬名遺跡の畦畔で発見された準構造船の舷の部材まで再利用されている状況が出現するほどになってくる。もっと具体的にいえば、長さ6.36mの船材から推定して、7〜8m大の準構造船までつくられていた可能性すら考えて差支えないほどである。古墳時代前期の伊豆諸島への道も、どちらかというと準構造船が出現してからの海の道に沿って、S字甕や有段口縁土器がもたらされたものであったろう。

　さらに海の道は東だけに向いているのではなく、西へも開けていた。黒潮反流は御前崎から遠州灘をへて伊勢湾入り口さえも越え、熊野灘を通って潮岬まで達している。この黒潮反流の行き着く先、和歌山県串本市笠嶋遺跡（石附他1969）から古墳時代前期の東海系土器とともに船底材や舷側板・アカカキなど

が出土している。なかでも船底材（図91）と舷側板は特筆してよい。船底材はクスノキ製で柾目の木取り、現存の長さ4.20m、最大幅は55cm、厚さは3〜4cmである。船首が尖り最先端の幅は2cmで先端から18cmのところにV字状の刳り込みがあるという。おそらく水押しがない船ではないかと考えられている。舷側板は保存状態が悪くて取り上げることができなかったといわれる。30cm間隔で4×4cmの方形の切り込みがあって、舷側板の一種と考えられている。

また最近、伊勢湾に入ってまもなく、松坂市宝塚1号墳（福島他　2000）から船型埴輪（図92）が出土しているが、これは明らかに準構造船を模したもので、船の積載量を増すために舷側板を取りつけている。船の側面に3対のピポットがしつらえてあり、水手6人、舵取り1人、その他に2人くらいの船員からなる大きさの準構造船である。この船形埴輪は5世紀の葬送儀礼にまつわる船であるが、当時の準構造船の特徴をよく具現していると考えているのは私一人だけではあるまい。

さらに、大阪府の八尾市久宝寺に3〜4世紀の準構造船があり、5世紀には八尾市高廻り2号墳の埴輪船が知られている。これらの状況のもとでは、全国的に準構造船がつくられていたことの現れでもある。東の海ッ道に沿って海の道が機能し、太平洋沿岸を自在に往来する古代の人ひどの海の道でもあった。そのために第Ⅰ章で述べたように伊豆の海沿岸では海にむけての祭祀遺跡が残されたのであり、それは東海道支配の海の道の象徴的な存在であった。

第Ⅴ章　律令体制の地域的展開
——伊豆諸島の堅魚節生産と平城京——

　律令時代とは、大化改新から平安時代の延喜期（901〜922）までを指すことが一般的であるが、本章では鍋形土器の年代を700年ごろから800年ごろの約1世紀に比定できることから、主としてこの時期の伊豆諸島（伊豆国）の位置づけを試みることで、律令体制の地域的展開の1例を示すことにしたい。鍋形土器は堅魚節の製造にかかわった遺物で、平城京に堅魚節や堅魚煎汁を税として納めたことが明確になりつつある。

第1節　鍋形土器をめぐる若干の研究史

　1958年、東京都による伊豆諸島の総合調査がはじまり、その後後藤守一・杉原荘介や吉田格の伊豆諸島の調査でも、鍋形土器は未発見のようである。

　1965年5月、都立三宅高校に赴任した私を、一人の生徒が富賀浜遺跡に案内してくれた。一抱えも二抱えもある海岸の礫の間に見え隠れする包含層から、今思えば鍋形土器の小破片を採集していたはずなのに、その時期や土器の性格については追及しないまま、しばらく放置することになった。ただ、東京都の総合調査以来の新しい遺跡の発見に間違いないと考えて、分布図に登録することになった。

　私の赴任よりも早く、富賀の地に農場を営むジャック・モイヤーにつれられて三宅島にやってきたアメリカンスクールの生徒たちが、富賀浜B遺跡で多くの遺物を採集したが、そのなかに形状をうかがえる鍋形土器の大破片が含まれていた。ジャックは土器の年代と用途を調べるために国際キリスト教大学と上野の東京国立博物館に鑑定を依頼したが、年代・用途ともに不明として三宅島に返却されていた。

1975年の『三宅島の埋蔵文化財』(橋口　1975)に富賀B遺跡出土の遺物の一部を古墳時代のもの、鍋形土器は中世(鎌倉時代)の製塩土器の可能性がある土器として報告してしていた。本章をまとめる段階では、駿河・伊豆および伊豆諸島の鍋形土器の性格がようやく明らかになってきたという経過がある。

　手元にある資料をもとに鍋形土器の研究史を紐解く限りでは、1960年、清水市天王山遺跡の発掘報告書『清水天王山』(和島他　1960)に、はじめて実測図が掲載され、1972年の浜名湖弁天島海底遺跡の報告書(市原他　1972)に、鍋形土器は大型の鉢形土器として紹介されていた。

　そして、1974年から調査がはじまった沼津市藤井原遺跡、1978年に調査された沼津市御幸町遺跡で、鍋形土器が大いに注目され、藤井原遺跡では調査された97軒の住居跡のうち、実に52軒の住居跡から鍋形土器が検出され、沼津市歴史民俗資料館の瀬川裕一郎の論文となって結実した(後述)。

　伊豆諸島考古学研究会は、1979年の夏から神津島の本格的に調査に入った。3次にわたる半坂遺跡の発掘調査で鍋形土器が出土し、この時点で先述の三宅島富賀浜B遺跡出土の鍋形土器を含めて、再検討せざるを得なくなってくる。それは平城京木簡のなかに、

　　　伊豆國賀茂郡三嶋郷戸主占部廣庭調麁堅魚拾貳斤(後述)

とあって(狩野　1979)、三嶋郷とは伊豆諸島を指すのではないかという見解と強く結びつき、鍋形土器が堅魚節の製造にかかわる土器である可能性が濃厚になってきたからである。

　相前後して瀬川裕一郎と緊密な連絡がとれるようになり、1979年12月、半坂遺跡の第2次調査のとき、瀬川は神津島に来島し、出土遺物の検討に加え、砂糠崎の黒曜石の露頭を実見したりしている。そして、1980年3月、「藤井原の大鉢—律令時代鍋形土器の変遷—」(瀬川　1980)を発表し、鍋形土器の研究が大きく前進したのである。

　1980年夏には神津島・半坂遺跡の第3次調査を実施し、その年の秋、「神津島半坂遺跡出土土器をめぐるミニシンポジューム」を沼津市で開催した。静岡・神奈川・山梨の研究者を中心として、伊豆諸島の一つ・新島の前田長八(私

設の新島郷土館長）も出席して、半坂遺跡の出土遺物の検討を行った。このとき、前田は新島渡浮根遺跡出土の縄文時代後期の土器とともに式根島出土の鍋形土器を持参し、この鍋形土器の鑑定を東京国立博物館に依頼したが、不明といわれた旨の報告がなされた。

　この事例からも理解できるように、このころまでは鍋形土器の年代と用途については、よく知られていなかったのである。その後の伊豆諸島では、東京都による大島や式根島などの調査が進み、式根島では野伏遺跡や吹之江遺跡の出土遺物が公にされ、「奈良・平安時代の伊豆諸島の遺跡」（武笠　1984）が発表されたりした。

　つづいて吉田恵二を団長とする吹之江遺跡調査団によって、都史跡として保存することを目的とした確認調査が2度に渡って実施され、その概報が公にされた。そして、1986年8月末からは最終調査が行われて報告書が刊行（吉田他　1987）されている。

　また、駿豆地方では静岡県田方郡函南町教育委員会によって、1984年3月、『伊豆逓信病院内遺跡』（山内　1987）の報告書が刊行され、従来の研究成果をふまえて鍋形土器に年代が与えられるようになっていった。

　その後、三宅島に渡島していた伊豆諸島考古学研究会に、新たに鍋形土器を出土する遺跡の所在とともに土器片が預けられ、高橋健樹が実測して報告することになった（高橋　1993）。近年では『東京都　大島町史　考古編』（川崎他1998）が刊行されて、鍋形土器を出土する諸遺跡の様相が明確になっている。

第2節　鍋形土器の編年と分布

　1979年の夏から1980年の夏にかけて、3次にわたって神津島・半坂遺跡の発掘調査を実施したことはすでに述べた。調査は神津島の歴史を明らかにする教育委員会の要請による学術調査であった。調査面積は55.53㎡で、深いところで2m前後の白い火山灰（白ママ層と地域ではよんでいる）の直下に、黒色土があらわれ、その面が遺物の包含層であった。

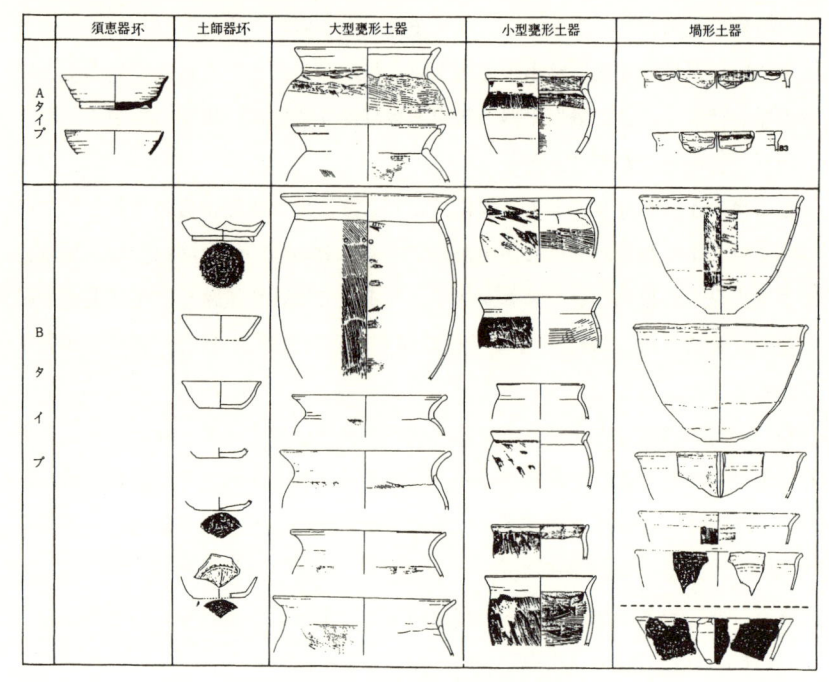

176 第Ⅴ章 律令体制の地域的展開

	須恵器坏	土師器坏	大型甕形土器	小型甕形土器	埦形土器
Aタイプ					
Bタイプ					

Aタイプを古く、Bタイプを新しく位置づけている

図93 半坂遺跡の出土土器

　遺物は白ママ層の下部にも包蔵されており、黒色土がまったく付着していないものの、大部分は土器の上面に白ママが付着し、裏に黒色土がつくもの、黒色土のなかから検出されるものの3通りの出土状況に分けられた。

　整理の段階で、この出土状況の3形態が時間差を判定する基準になる可能性があることに注目したが、結果はそう簡単に得られるわけではなかった。したがって、半坂遺跡出土土器の実測図を作成するにあたって基準にしたのは、坏形土器の本土での編年とそれに伴出する土器の組成をもとにしている（図93）。

　1987年の時点では、遺物の時期決定では、かなりの信憑性が高いと考えると同時に、次のような限界をもっている。それは半坂遺跡のすべてを調査した上で、総合的に判断してこの図を作成したものではないことである。

　このような限界がありつつも半坂遺跡の出土土器の実年代をおさえられたの

は、遺物包含層の黒色土を覆う白ママ層をめぐる噴火の記録である。
『続日本後記』仁明天皇の承和七年（840）九月の条に

　　去㆓承和五年七月五日夜㆒、火、上津嶋左右海中燒、炎如㆓野火㆒、十二童子相接取㆑炬下㆑海附㆑火、諸童子履㆑潮如㆑地、入㆑地如㆑水、震㆓上大石㆒、以㆑火燒摧、炎煬達㆑天、其狀朦朧、所々燄飛、其間經㆓旬、雨灰㆒灰満㆑部、仍召㆓集諸祝刀等㆒、卜㆓求其祟㆒云……

という記録がある。このときの火山灰が御蔵島や八丈島を除く伊豆諸島と房総半島の一部に堆積していて、伊豆諸島では律令時代の出土遺物の時期を決める「鍵層」になっているのである。伊豆諸島ではこの「鍵層」の上層から鍋形土器を出土する遺跡は、これまでのところ発見されていなかったが、式根島の吹之江遺跡の調査でやっと明らかにされた。

　藤井原遺跡の調査や半坂遺跡の調査に遅れて、1984年（昭和59）から調査が始まった吹之江遺跡では、1986年の3次調査まで史跡指定を目的に調査され、C地点が祭祀遺跡、B地点が生活遺跡であった。しかも表土から遺物の包含層下までの土層が残されていて、遺物の年代と前後関係を探るのに絶好の資料（図94）を提供することになった。遺物の出土土層は同じB地点でⅡa層とⅢ層に分けられ、Ⅱb層が古いタイプの鍋形土器・駿東型甕形土器・暗文のある盤とよばれる土師器が出土し、その上に神津島の天上山の噴火による白ママ層が堆積し、その上の黒色土（Ⅱb層）のなかから新しいタイプの鍋形土器と須恵器が検出されている。そのⅡb層の上が新島の向山を火口とする白ママ層によって覆われており、このB地点の調査だけで鍋形土器に2時期あることが土層によって確認されたのである。ちなみにC地点出土の祭祀遺物についても図化してあるので参考にしていただきたい。

　この調査結果から次のような結論が導きだされてくるのである。すなわち、神津島の白ママ層は、承和5年（838）にあたるから、吹之江遺跡・半坂遺跡の下限は少なくともそれ以前ということになる。半坂遺跡の坏形土器を限りなく、838年に近づけてみたとしてもそこまでは下がらず、本土の編年では9世紀の初頭ということになって「白ママ層」とは誤差が生じることになる。それ

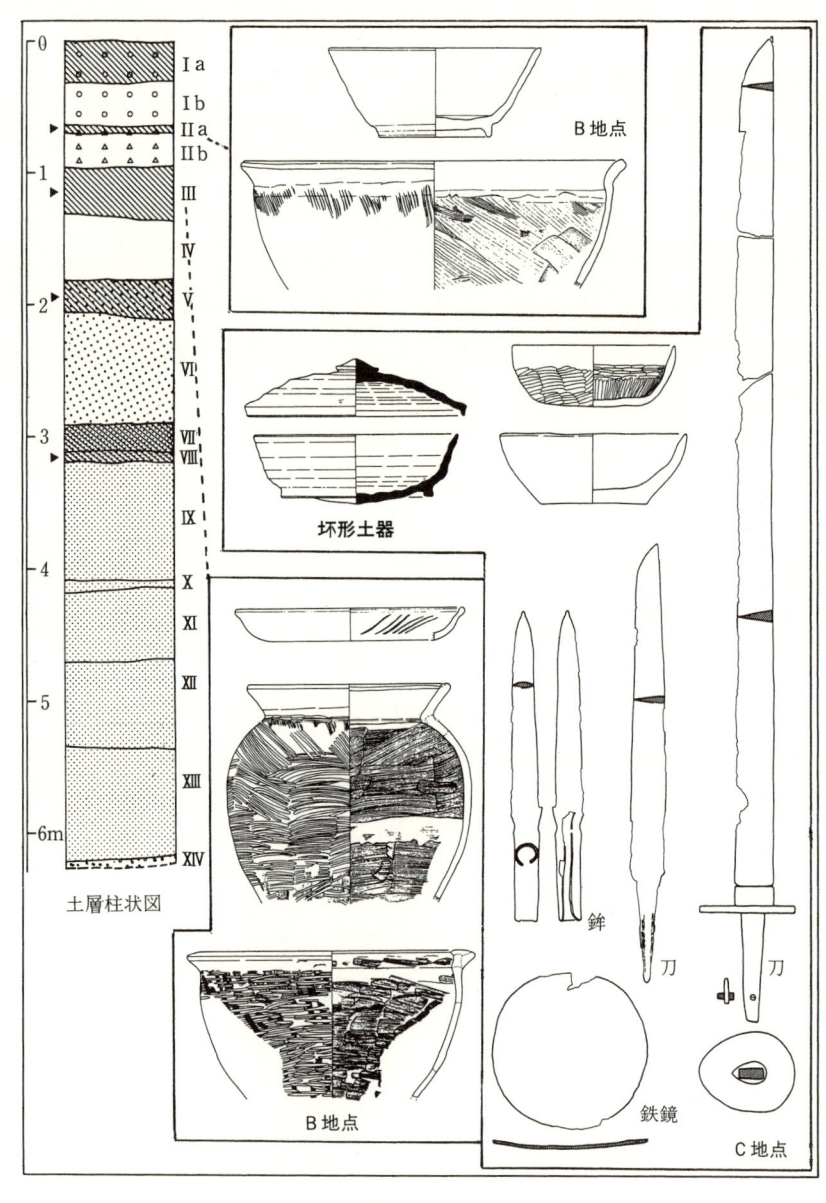

178　第Ⅴ章　律令体制の地域的展開

B地点：生活遺跡　　C地点：祭祀遺跡
図94　吹之江遺跡の出土遺物（報告書より）

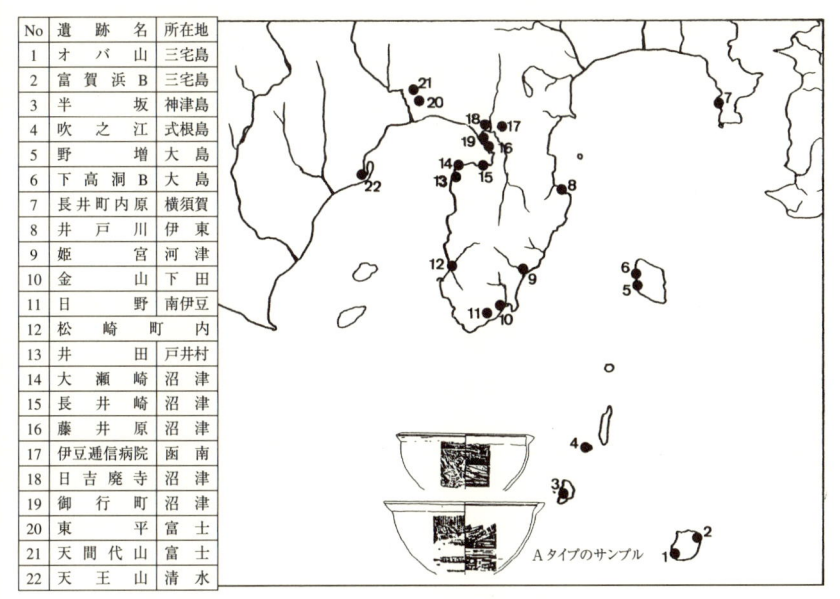

第2節　鍋形土器の編年と分布　179

No	遺跡名	所在地
1	オバ山	三宅島
2	富賀浜B	三宅島
3	半坂	神津島
4	吹之江	式根島
5	野増	大島
6	下高洞B	大島
7	長井町内原	横須賀
8	井戸川	伊東
9	姫宮	河津
10	金山	下田
11	日野	南伊豆
12	松崎町	内
13	井田	戸井村
14	大瀬崎	沼津
15	長井崎	沼津
16	藤井原	沼津
17	伊豆通信病院	函南
18	日吉廃寺	沼津
19	御行町	沼津
20	東平	富士
21	天間代山	富士
22	天王山	清水

図95　Aタイプの堝形土器の分布　(下：口径推定51.4cm)

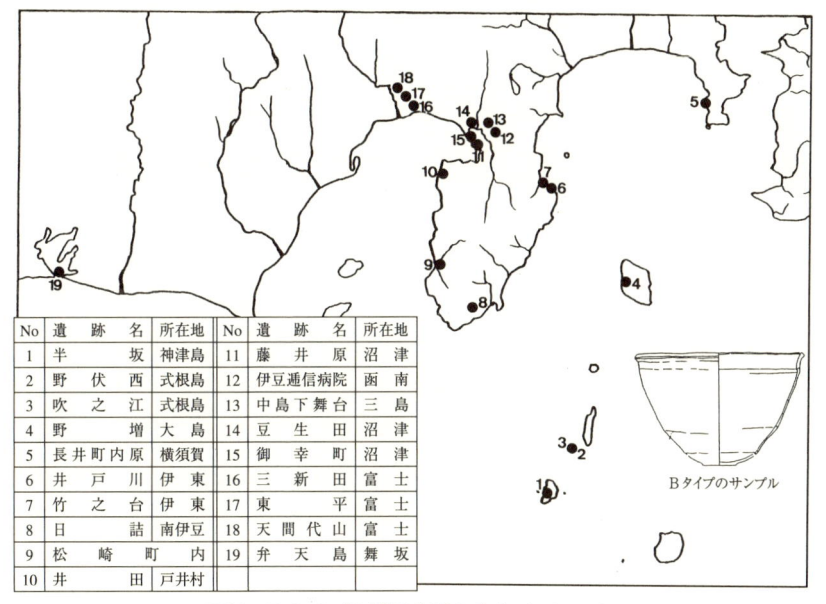

No	遺跡名	所在地	No	遺跡名	所在地
1	半坂	神津島	11	藤井原	沼津
2	野伏西	式根島	12	伊豆通信病院	函南
3	吹之江	式根島	13	中島下舞台	三島
4	野増	大島	14	豆生田	沼津
5	長井町内原	横須賀	15	御幸町	沼津
6	井戸川	伊東	16	三新田	富士
7	竹之台	伊東	17	東平	富士
8	日詰	南伊豆	18	天間代山	富士
9	松崎町	内	19	弁天島	舞坂
10	井田	戸井村			

図96　Bタイプの堝形土器の分布　(口径48cm)

でも図93のBタイプの鍋形土器の実年代がこの噴火から押さえられたことにはなろう。図92右下の破線から下の鍋形土器は白ママ層から出土し、この土器はA・B両タイプの鍋形土器と少し様相を異にする。

　次に半坂遺跡の上限をどうするかという問題がある。やはり坏形土器をもとに実年代に近づける以外にない。半坂遺跡の坏形土器でもっとも古く位置づけられるのは、Aタイプの須恵器坏形土器で、底部が高台下に飛び出していることを特徴とする。このタイプの坏形土器は式根島の吹之江遺跡からも出土しており、半坂遺跡のものは浜名湖の西、湖西市古窯址群で焼かれた須恵器である。Aタイプの坏形土器は浜松市伊場遺跡からも出土し、同一土層から木簡も出土していて、その年号をもって年代を割り出す方法も採用されたが、現在では、藤原宮でのAタイプ須恵器坏の出土例をもとに消去法でおおよその実年代に近づけているようである。この両者を尊重すると図93のAタイプの土器は7世紀末から8世紀はじめということになり、藤原宮の例を重視すると8世紀はじめに限定される可能性が大きい。

　なお、第Ⅰ章でもこの種の土器の年代問題に言及しているが、そこでは710年以前の土器という表現を用いている。

　このように半坂遺跡出土土器の上限と下限の見通しがついたなかで、Aタイプ・Bタイプを一応の基準に、鍋形土器の分布図を示すと図95・図96のようになる。

　この分布図によって鍋形土器は、伊豆国と駿河国を中心にして地域的に限定された土器であることが判明してくる。図94では主として伊豆国と駿河国に分布が集中し、三浦半島からも検出されている。図95になると、集中の度合いは基本的には変わらないが、遠江まで鍋形土器の分布が拡大しているので、平城京からは遠江の堅魚木簡が検出されているのと合致してくることになる（後述）。

　このように鍋形土器をA・Bの両タイプに分けて分布図を提示したが、Bタイプの鍋形土器の実年代には幅があることが確かなので、そのことについては本章の"まとめと問題点"の節で言及することにしよう。

第3節　税制からみた伊豆国

　大化改新によって、中央に京師（都）と畿内をおき全国を60余ケ国に分け、かつ七道をおいて支配する中央集権体制が採用された。この国数には増減があって伊豆国が駿河国から分離したのは天武天皇9年（680）のことであった。この年は、律令体制が固まる区切りの年にあたっており、やがて『日本書記』の編纂が開始されて、古代の天皇制国家の確立期に入る年である。

　律令時代の国数は大宝年間（701～703）には58国2島、天平宝字元年（757）には65国3島、天長元年（828）には66国2島（壱岐・對馬）である。伊豆国は東海道に属している。

　全国のそれぞれの国は、租税の収納額に応じて大国・上国・中国・下国に分けられ、伊豆国は下国として位置づけられている。また、各国は京師（都）からの距離によって近国・中国・遠国に区分され、近国は10月末日、中国は11月末日、遠国は12月末日まで、京師への納税を完了するよう義務づけられていた。伊豆国は中国で国府は田方郡（三島）にあるとされ、京師に税を運ぶ日数は「上」の場合、『倭名類聚抄』では23日、『延喜式』では22日となっており、「下」と記された帰りは空身のせいか11日となっている。

　延喜刑部式にいう流刑地は遠流・中流・近流の3区分になっていて、伊豆国は遠流として位置づけられ、京師より770里（1里は540m）とされている。

　律令体制が整備されるなかで、各国から京師に運ばれる各種の税は、京師に近いか遠いかなどの、それぞれの国の地理的条件を考慮に入れて、極力その国の特産物を納めさせようとしている。なかでも遠江以東の東国からは布類など軽量のものが多い。

　延喜主計式によって東海道に属する諸国の税をみると、
　　　絹………参河・遠江など28ケ国
　　　絁………駿河・伊豆・甲斐・相模・武蔵・上総・下総・常陸・上野・下野
　　　　　の10ケ国

布………安房・上総・下総・常陸など20ケ国
　　海産物…参河・駿河・伊豆・安房・上総など21ケ国
となっている。これらは少なくとも天武・持統朝には、調布帛雑物として京師に納められたと考えられている。これらの種々の税のうち海国である伊豆国を念頭において、京師に集められる海産物のいくつかをみてみると、天皇供御の食料として志摩・若狭・紀伊・淡路などからは魚・鰒・螺などの魚介類の鮮物が駅伝を使って運ばれており、参河からは赤魚・須々岐・佐米の楚割などが納められていた。その他の国からの海産物は伊豆国を含めて乾物や塩蔵品などが主で、それは京師への運搬に時間と人手を要するための自然のなり行きと考えてよさそうである。

　このような種々の税制の問題点を伊豆国に具体化させながらもう少し述べてみよう。律令時代の税制といえば、租・庸・調・雑徭と答えるのが通例である。この通常の税のほかに負担の大きい各種の税が課せられていた。あわせてこれもみてみたい。

　租は、律令体制の地方財政の根幹をなす税で、区分田として農民に水田が班給され、その班給された土地への課税である。伊豆半島では現在、伊東市・河津町・下田市・南伊豆町・松崎町の一部に水田があることはあるが、山地に富む地形に生活する伊豆国の農民のすべてに水田が班給されたとはとても考えられない。

　伊豆国で区分田として水田が班給されたとすれば、条里の遺構が残るとされる狩野川流域の、田方郡の農民だけであったはずである。ということになると、『続日本記』養老3年（719）でいう、

　　詔して、天下の民戸に陸田一町以上、二十町以下を給いて地子を輸せしむ。
　　　断に粟一升なり（訳文）

を伊豆国で施行されたかというとそれも無理であったろうと思えてならない。陸田の場合は常畠化していることがのぞましく、伊豆半島では近年まで「カツ畑」とよぶ焼畑地帯であり、3〜4年周期で耕地を変えていたからなおさらである。焼畑を営む律令時代の農民たちの移動には一定の規則性があったとはい

え、基本的には自由であったろうから陸田の「地子」の制度が伊豆国で導入されたかについては疑問に思っている。水田の地子は国司によって収納され、地子帳として毎年太政官に報告するよう義務づけられているので、狩野川の流域ではこの制度が採用されていた可能性はある。

　本来なら以上のようであった地子が、やがて主として地方の特産物を納める税制になっていった。延喜式によれば、伊豆国の地子は、堅魚332斤・堅魚煎1斗・甘葛煎2斗、絁10疋、中紙50帖などとなっている。ちなみに隣国の駿河国の地子は甘葛煎2斗・堅魚600斤、堅魚2斗・商布500段となっているのである。

　調と庸は個人の労働力に課せられた税で、中央政府の費用の大部分をこれでまかなったとされ、その負担は正丁は一人前、次丁は半人前、中男は四半人前と規定されている。その品目は、改新の詔によれば、

　　旧の賦役を罷めて、田の調を行へ、およそ絹、絁絲、綿は郷土のところ出に随へ、…別に戸別の調を収れ、一戸に皆布一丈二尺、およそ調の副物には塩、贄、亦た郷土のところ出に随え（訳文）

となっており、おもに土地の特産物を納めるように、これまた規定されているのである。延喜民部式によると伊豆国から調として納めるものは、

　　一窠綾三疋、二窠綾二疋、冠羅一疋、緋帛一五疋……自餘輸レ絁、堅魚レ

となっており、庸は「輸レ布」だけである。

　また、養老賦役令の（三）によって、全国の産物を雑物として集めると、

　　雑物を輸せば鉄は三口、鍬は三口、塩は三斗、鰒は一八斤、堅魚は三五斤、烏賊は三十斤、……胎貝の酢は三斗、近江鮒は五斗、煮塩の年魚は四斗、煮堅魚は二五斤、堅魚の煎汁は四斗（訳文）

などとなっている。まさしく税の多様性が指摘できるのである。これはいずれも正丁一人あたりの雑物としての税の負担量を示しているらしい。そして、同賦役令（五）にいう副物は正丁一人につき「……堅魚の煎汁一合五勺……」となっている。

　そして調の副物が養老元年（717）に廃され、天平勝宝年間（749〜754）のころに中男作物となり、延喜主計式によると、伊豆国からの中男作物は「木綿

・胡麻油・堅魚煎汁」となっている。

　雑徭は、租・庸・調のすべてに匹敵するほどの重税とされた上に、農民には義倉・出挙・その他の雑税が課せられ、加えて兵役が待っていたのである。

　伊豆国への雑税には、延喜民部式によると年料別貢雑物として、「零羊角四具、甘葛汁三斗」、諸国貢蘇番次七壺、交易雑物として「猪皮十張、鹿皮三十張、堅魚煎汁一石四斗六升、榧子四合」などが課せられたことになっている。雑税にいう猪皮、鹿皮はまさしく山に恵まれた伊豆国ならではの特産物ということになり、伊豆半島は今でも猪・鹿の猟場として有名である。かつては、カモシカ（零羊）が棲していたことも雑税によって判明し、その角四具の納税が義務づけされている。薬用であったろう。

　また、延喜典薬式によると諸国進年料雑薬として伊豆国では18種が指定されている。

　　　藍漆四升六両、商陸・白石脂各五斤、白薇七斤、
　　　防風一五斤、木と三斤、石と十一斤、瓜蒂五両、
　　　木防己・赤脂各十斤、黄蘗二斤一両、榧子・薯
　　　蕷・蜀椒各一斗、莨唐子一斗、荊子四升

などである。

　以上のように課せられた税種からみると伊豆国は下国とはいえ、特産物を中心として中央政府に国情が手にとるようにわかっていたことになり、基本的には海国であることが税制の上からもはっきり読み取れるのである。随所にでてきた堅魚や堅魚煎汁がそのことを物語っている。

　そして、それは平城京出土の堅魚木簡の出土（図

図97　平城京出土の堅魚木簡
（奈良国立文化財研究所蔵）

97) によって裏づけられていたのである。木簡にいう賀茂郡とは伊豆半島の南半がそれで、三嶋郷が伊豆諸島を指す可能性があることは先述した通りである。天平18年は西暦746年にあたり、律令体制の全盛期が過ぎてはいるものの、国分寺の建立をはじめとして仏教の隆盛期にあたっている。

第4節　堅魚の漁期と税の運脚

　漁師は潮の流れや海の色・潮のにごり具合をみて、海水の温度やそこに集まる魚種にまで見当をつけながら漁に従事する。伊豆諸島の漁師もまたしかりである。加えて伊豆諸島では釣り漁に「カツオドリ」の演じる役割がとりわけ大きい。「カツオドリ」は3月ごろ南洋から飛来し、11月ごろまで日本列島の付属の島じまで繁殖する。和名を「オオミズナギドリ」という。世界最大の営巣地は御蔵島で、その数は300万羽とも700万羽ともいわれる海鳥である。地中に2m近い穴を掘って営巣する。
　御蔵島以外の伊豆諸島の営巣地は、利島・新島の付属島の早島・式根島・神津島の付属島の祇苗島(ヘビ島)・三宅島・八丈島などである。昼間は海上を自由に飛んで餌となる小魚を探し、夜になると帰巣する。
　関西ではこの「オオミズナギドリ」の大群がサバに追われた小魚群につき、サバの存在を知らせてくれるので「サバドリ」とよび、若狭湾の冠島が営巣地である。伊豆諸島ではカツオに追われる小魚の群(ナミラという)につくので、「カツオドリ」または「カツドリ」とよばれるのである。
　カツオ漁の始まる5月になると、カツオやメジマグロなどに追われたイワシ・ムロアジなどの大群が海水を盛り上げるほどに1ケ所に集まって、海の色が変色するほどである。伊豆諸島ではこの「ナミラ」をめがけてカツオドリが数千羽も群がるのである。そのさまは壮観である。
　伊豆諸島の漁師は乱舞するカツオドリをめがけて船を走らせれば豊漁にありつける。その下には目指す魚がいることになるのである。今でこそエンジンをつけた高速船を走らせるが、「ナミラ」は沖合にできるとはかぎらず、沿岸

図98 半坂遺跡の出土鉄片

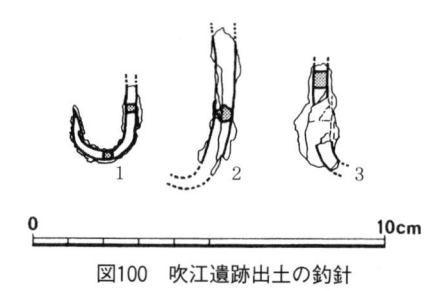

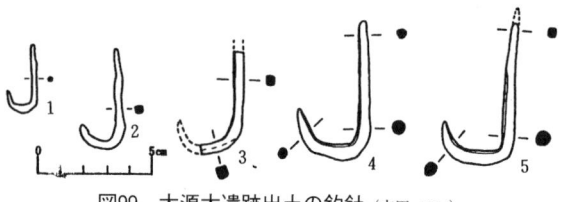

図100 吹江遺跡出土の釣針

図99 太源太遺跡出土の釣針 (吉田 1984)

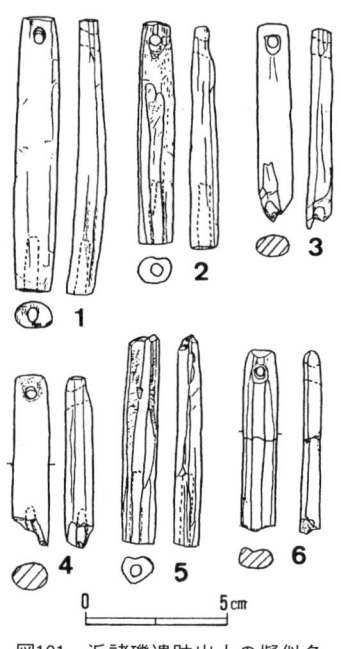

図101 浜諸磯遺跡出土の擬似角釣針 (報告書より)

も発生するから往年は漕ぎ船で十分であった。伊豆諸島の縄文・弥生時代の遺跡からカツオやオオミズナギドリの骨が検出されるのをみると、「ナミラ」めがけて舟を漕ぎ出した当時の人びとのことが容易に想定されるし、「オオミズナギドリ」そのものを食料にしたこともうかがえる。

　餌は今でこそ「化け」とよぶ疑似餌であるが、往年は「イワシ」・「コサバ」などの生餌のチョン掛けの可能性が高い。餌の捕り方も「タモ網」さえあれば、「ナミラ」に近づくとごく簡単である。カツオやメジマグロなどに追われた小魚は舟の周囲に自然に集まってくるからである。今日でも船のライトに群がる飛魚や小タカベを「タタモ網」で掬ったり、岸壁の明かりめざして集まる小魚を掬い捕ることが行われたりしていることからも、生餌の調達方法が簡単

であったことは理解できると思う。

　昭和30年代までの漁師の生餌の調達は、潜って「トーゴー」とよばれるイワシの一種を網に追い込み、それをもとにカツオ釣りに従事したという。

　釣針は縄文時代・弥生時代は鹿角製、それ以降は鉄製釣針の可能性が高く、伊豆諸島においては弥生時代の鉄製品は利島のココマノコシ遺跡から、律令時代の鉄は神津島の半坂遺跡から出土（図98）しているので、鉄製釣針存在の察しがつく。漁村の形態を備えた神奈川県藤沢市の太源太遺跡（吉田他　1984）で、律令時代の4号住居跡および包含層から逆棘のない鉄製釣針（図99）が、伊豆半島の河津町姫宮遺跡からは古墳時代から律令時代にかけての逆棘のあるものとない鉄製釣針が検出されていることも、伊豆諸島での鉄製釣針の存在を想定させてくれる。

　現に式根島の吹之江遺跡の隣接するA・B・H地点から3点の鉄製釣針が検出（図100）され、そのうちの1には鋭い逆棘がついており、幅は2センチ、B地点からの出土である。2・3は釣針の一部分で断面が正方形に近く、2がA地点の出土で、3がH地点から発見されている。これらの釣針のうちB地点からは堅魚節生産に用いられたと考えている鍋形土器も検出されており、その時期もほぼ律令時代である。

　一方、三浦半島ではすでに弥生時代後期から、「ツノ」とよばれる疑似餌が出現しており、7世紀後半から8世紀前半の浜諸磯遺跡（中村　1998）からも6本の「ツノ」または「角釣針」とよばれる、牛の中手骨または中足骨を加工した疑似針が検出（図101）されている。残念ながら針の部分は失われいるが、針を通す孔の部分に鹿の骨の一部と鉄錆のついたものがあり、針として鹿角製と鉄製の針がつけられていたと考えらられている。伊豆諸島でも「ツノ」とよばれる疑似餌が使われていた可能性はさらに高まった。

　さて、伊豆諸島におけるカツオの漁期は黒潮本流の流れ方が通常なら5月ごろから8月いっぱいで、この間に捕れたカツオは逐次、堅魚節に製造し、旧8月中旬までに賀茂郡衙に集め京師に運搬する手立てがとられ、同時に堅魚煎汁も集められた。税はそこからさらに国府（田方郡）に集積されて京師にむけて

運脚が始まると考えるのが通例である。
　しかし、伊豆国賀茂郡からの税の運脚は、おそらくこの通常の路線にはのらないのではないかと考えている。国府に運ぶよりも伊豆半島の先端から黒潮反流と風を利用して一気に御前崎に達し、さらに天竜川の河口近くの古磐田湾に達する方がむしろ便利ではないかと思っている。ついで潮流と風をみて伊良湖岬をまわれば、伊勢湾に到達することはさほどむずかしい航路とは思えないのである。この海上ルートは、賀茂郡からの税の運脚に適したルートと考えてよさそうである。このことについては後述しよう。

第5節　鰹節製造の民俗例と鍋形土器

　鰹の生節や鯖の生節をつくるときには最終工程でかならず燻す。この間に内臓をとったり血合を除去しりするときに大量の水を必要とする。水に恵まれない伊豆諸島では、それをどう確保するかが、重大問題なのである。伊豆諸島でもっとも水に恵まれる島は御蔵島で、その次が八丈島、3番目が神津島である。この神津島（神集島）には水分けの伝説があって（松本　1980）、各島に水を分与したという。
　江戸時代の『伊豆海島風土記』（樋口　1974）によると神津島は、
　　漁猟多き方なり、しかも鰹を煮に、水能故か、鰹節異島にまさり、江戸へ
　　出し是を賣に三宅島新しまの鰹節よりも其値ひ高し
とあって、水の豊富な神津島の状況が鰹節製造の記録とともに残されている。伊豆諸島ではこれ以外に江戸時代およびそれ以前の鰹節製造の文献はない。記録としては、先述の堅魚木簡の時期にさかのぼってしまう。
　島での自家用の鰹節づくりは昭和30年代までは行われていて、図101はそれを再現したものである。まず、カツオの頭を切断し、内臓を取り出して水洗する。あらかじめ3分の1ほど水を入れた鉄鍋の底に笹を敷いて沸かす。そのなかに数本のカツオを入れて煮る。底に笹を敷くのは、ほかの島じまで寄り合いなどの煮物をするときには、鍋の底に「ハチジョウススキ」を敷いて、里芋・

第 5 節　鰹節製造の民俗例と鍋形土器　189

南瓜・煮魚などを煮ることがあることと共通していて、カツオの焦げを防ぐためのコツといってよい。

　20分から30分してほどよく煮えてから鍋のカツオを取り出し、背の部分から水で冷やしながら指を入れて骨と身をじょうずに剥がす。次いで篠竹の簀の上に乗せて燻すのである。燻し方は2時間でも3時間でもよいが、より完全な鰹節に近づけるためにその分だけ時間をかけるとよい。

　また、半乾きの鰹節（生節）は実に美味で、燻製化されているので長もちがする。そしてこの工程で残された堅魚煎汁を煎じて塩蔵品にしたとしたら、延喜式にいう『堅魚煎汁』に十分になり得るものである。実験でも美味そのものである。

　『日本山海名産圖會』（1754年）には、
　　延喜式民部寮に堅魚煎汁を貢すことと見えて、イカリは今ニトリという物

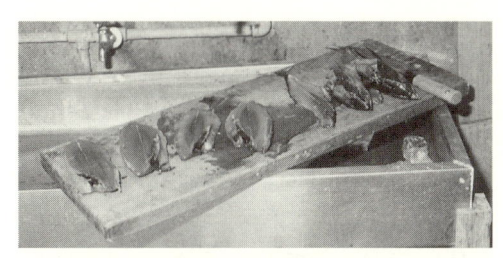

①カツオを三枚にひらく

②笹を下に敷いてカツオの煮はじめ

③カツオの小骨などを除去する

④カツオを燻す

図102　カツオ節づくり　（①を除いて、カツオ一本のままを煮て煮えたら手でひらいて三枚にするのが本来の煮方）

なるべし

とあって、ニトリとは「煮取り」のことで、鰹節をつくるときに釜底にたまる汁で調味料となるものであるから。この見解はほぼ当たっているとみたいのである。

　加えて、カツオを煮る際に鉄鍋の3分の1ほど水を入れることに、もう一度着目してみたいのである。発掘された鍋形土器の内側は、底から3分の1の高さまで焦げ茶色に変色している。このことは鉄鍋を利用した魚の煮方に通じ、鍋形土器の外側に分厚く付着した煤は、相当に長く火にかけたことを意味する。これらの事実と図95・96のように海岸近くに遺跡が立地していることも合わせ考えれば、鍋形土器は、海産物に関係した土器であろうと推定することが許される。

　製塩土器ではないかとする指摘もあるが、それを肯定する材料は何もない。製塩土器ならもっと破砕されて土器片が出土するはずであるが、そういう事実もない。加えて、製塩に関係した土器は薄く、内側は桃色に変色することがあるが、鍋形土器にはこのような事例はまったく観察されないのである。してみれば、鍋形土器の用途は堅魚節の製造用としか考えられないのである。あわせて半坂遺跡では魚の脊椎骨まで検出されているので、間違いないところであろう。

　また、半坂遺跡の小型甕形土器の内側がほぼ満遍なく、焦げ茶色に変色しているのは、堅魚の煎汁製造に用いたのではないかとも推定している。

第6節　堅魚の木簡

　延喜主計式によれば、各種の税として海産物を京師に納める国は、参河・伊豆・安房・上総など21ケ国になっており、そのうちで堅魚を納めるように命ぜられている国ぐには、駿河・伊豆・相模・安房・志摩・紀伊・阿波・土佐・豊後・日向などの10ケ国となっている。

　今日、藤原京や平城京・長岡京から出土している堅魚木簡は、1997年の瀬川

第6節 堅魚の木簡 191

嶋國英虞郡
　名鉗郷□□置國調堅魚十一斤十□
　　　　　　　　　　　　　　〔兩ヵ〕
　　　　　　　□月

遠江國山名郡進上中男作物堅魚十斤
　　　　　　天平十七年□月
　　　　　　　　　　〔十ヵ〕

駿河國駿河郡古家郷戸主春日部与麻呂調煮堅魚捌斤伍兩

天平寳字四年十月専當國司掾從六位大伴宿祢益人
　　　　　　　　郡司大領正六位下生部直信随理

伊豆國那賀郡丹科郷多具里物部千足調
　　　　　　　　　　　　　　九連一丸
　　　　　　　　　　　　　　□□九月

伊豆國賀茂郡川津郷湯田里矢田部与佐理調荒堅魚十一
斤十兩
　　　天平二年十月□□□□
　　　　　　　　〔五連ヵ〕

伊豆國田方郡久復郷坂本里戸主津守部士諸戸口日下部床
　　　　　　　　　　　　　　　　　　　　　〔堅ヵ〕
　足調荒□□
　　　　　八連三丸
　　　　　天平二年十月

七連八節　　　　天平五年九月

伊豆國賀茂郡射鷲郷和太里丈部黒栖調荒堅魚十一斤十兩

伊豆國賀茂郡三嶋郷戸主占部久須理戸占部廣庭調麁堅魚
拾壹斤　拾兩　員十連三節
　　　　　　　　　　　天平十八年十月

伊豆國那賀郡射鷲郷戸主宍人部大万呂□宍人部湯万呂調
麁堅魚十一斤十兩
　　　　　天平勝寳八歳十月

伊豆國交易麁堅魚壹拾斤太盛七連一節
　　　　　　　　　　神護景雲三年十月

伊豆國賀茂郡賀茂郷□□里戸主壬生部犬麻呂□生部千麻
呂調荒堅魚十一斤十兩
　　　　　六連二丸
　　　　　天平五年十月

図103　平城京出土の堅魚木簡

裕一郎の集計では216点となっており、そのなかでも平城京からの検出例が圧倒的に多く（瀬川　1990）、藤原京からは数点、長岡京からは1〜2点である。そのうち国郡名のわかるものを列挙すると145ケ国となる。そのなかから伊豆国の堅魚木簡総数は86点で、国名のわかる堅魚木簡のなかでは59.3％を占める。これに対して駿河国からの堅魚木簡の総数は26点で、国名がわかるなかでは17.2％となっている。国の大きさなどから駿河国の木簡の方が多いはずなのに、伊豆国からの堅魚木簡が多いのである。

　これらのなかからいくつかの堅魚木簡を列挙してみると図103のようになるが、このなかに志摩国・遠江国の木簡2点が含まれている。先述のように延喜式には遠江からの堅魚納税の記録はまったくないのに、平城京木簡出土のこの堅魚木簡のなかに、遠江国の郡名が記録されていることになる。これは考古学の成果が文献を補足していく実例を示したものとして注目に値する。その他に丹波国からの堅魚木簡も1点確認されており、山陰からの堅魚木簡としては稀有な例である。今では日本海側にカツオが回遊することはほとんどないからである。

　それにしても伊豆国からの堅魚木簡が多いのは特異なケースというのではなく、伊豆の海周辺のカツオの質がよいことが最大の特徴と考えられ、中央政府が地方の実情を知り尽くしていた結果ではないかと思っている。

　いずれにしても堅魚の木簡の国郡名が東海道の国ぐにに限定されているのは、カツオが黒潮を代表する魚であることを証明するものである。

第7節　税の運脚と海上交通

　律令時代には戸籍にもとづいて田地が班給され、それにもとづいて税が集計されて計帳となり、各郡ごとの計帳の合計表が京師の太政官に送られていた。それが記録されて大計帳もしくは大帳となり、毎年8月30日（旧暦）まで太政官に送られることになっていた。

　この大計帳があっても各国の税はすべて国府に集められてから京師にむけて、

第7節 税の運脚と海上交通

送られるという原則からはずれる場合があって、少しもおかしくない思っている。賀茂郡衙に集められた伊豆国（三嶋郷）の税は国府を経由しないで京師へむけて運ばれた可能性があると述べたのがそれであった。京師では大計帳との照合ができるので、不都合なことはさほど生じないはずである。伊豆国府に集めるよりも黒潮反流を利用して、古磐田湾のあたりに一気に運脚した可能性がやはり高いとした。準構造船の存在を強く意識せざるを得ないのである。

えてして渡海に筏の利用を考えることがあるが、それは内海にかぎられることであって、旧石器時代・縄文時代以来、神津島の黒曜石が本土に運ばれているのは、丸木舟の造船と操船技術によるものであった。古墳時代の記録と思われる『日本書記』の「應神記」に、

　冬十月、科=伊豆国-。令レ造レ船。長十丈。船既成之、試浮=于海-。
　輕便泛疾行如レ馳。故名=其船-日=枯野-

とあり、風土記逸文（水野　1985）として北畠親房の『鎌倉実記』に、

　應神天皇五年甲午冬十月、課=伊豆国=造レ船。長十丈。船成泛レ海。而
　輕如レ葉馳。傳云。比舟木者。日金山山麓奥野之楠也。是本朝造大船始也

とあるのは何よりも伊豆国が造船技術に長けたことを示すとみることもできるのである。それ故、この記録は単なる伝承として片づけられないほどの重みがあって、後述の「伊豆の手舟」につながると思われる。縄文時代以来の伊豆諸島には、土器を中心とした文物の移動にいくつかの波があって、その第一波は縄文時代前期末から中期初頭、第二波は縄文時代後期である。そして第三波が弥生時代中期で、第四波が古墳時代前期である。その後、今までみてきたように律令体制のなかにしっかりと組み入れられていく。そういう経過のなかで準構造船の存在が念頭にあって、京師への税の運脚は海上交通以外に考えられないのである。

伊豆半島での南北の往来を例にとってみても、今でこそ陸路（自動車道）のコースがとれるが、かつては東海岸の海の道、西海岸の海の道としての船舶による村落間の往来であった。

「伊豆の手舟」（辰己　1984）が、堀江（難波）から防人として九州に兵員を

図104　日本列島のなかではもっとも大きい、黒潮反流（昭和40年代のスチズン時計の漂着実験による）

運ぶ大型船であったからこそ、『万葉集』にもうたわれ、伊豆国から潮岬をまわって京師近くの津に達し、大伴家持の次のような「伊豆の手舟」の詩があるとみている。

　　　防人の　堀江こぎ出る　伊豆手舟　楫取るまもなく　恋は繁けむ　（万葉集4336）

　船の存在を強く意識する第二の理由は、浜名湖の西にある湖西市古窯跡で生産された須恵器や御前崎近くの小笠古窯跡で焼かれた須恵器が伊豆諸島に直に運ばれていることである。両者は神津島から出土し、湖西市古窯跡群産の須恵器は式根島からも検出されている。このように伊豆諸島と遠江との密接な関係を須恵器が証明しいる。また、湖西・小笠古窯跡の須恵器は伊豆半島の基部では未発見であるにもかかわらず、湖西古窯跡群の須恵器が神奈川県平塚市や房総半島で発見されていることを合わせれば、海洋民の活躍を想定しないわけにはいかないのである。

　そして、図104は黒潮反流がダイナミックに西流して潮岬あたりまで達していることを示しており、海洋民がこの黒潮反流を知らないとは考えにくいと考える。

第8節　若干のまとめと問題点

　鍋形土器を中心にすえながら噴火の記録やその他の文献、木簡、民俗資料などを駆使して、総花的ではあったが、伊豆諸島（伊豆国）を中心に「律令体制の地域的展開」について述べてみた。

　視点をかえて言うならば、伊豆諸島にまで律令政府の支配が及んで、海産物、とくに堅魚とその煎汁に目をつけたのは、律令政府が地方のことを手にとるように把握していたことを如実に示すものであるといえる。そして、律令体制が整っていく、680年、駿河国から伊豆国が分離されたのも象徴的なできごとの一つであると思われる。

　ほどなく鍋形土器が出現し、伊豆諸島では約1世紀間も利用されて、9世紀はじめには姿を消している。このようなことはよほどの理由がないかぎり、一般的にはありえないことで、鍋形土器にかぎっていうと、すでにみたように分布が地域的に限定している上に、9世紀はじめに鍋型土器が姿を消すことになったのである。

　その上、伊豆諸島はほとんど粘土に恵まれないことから、鍋形土器作りの集団を他に求めなければならないことになる。瀬川裕一郎の教示によると鍋形土器の胎土分析で、狩野川下流域でつくられたた可能性が高いという結論が導き出されていて、この分析結果は注目に値する。本土に鍋形土器を供給する専門グループがあって、伊豆諸島に鍋形土器を提供していたに違いなさそうである。その点から考えると堅魚節や堅魚煎汁をめぐっての計画村落の問題が浮上してくることになる。

　伊豆諸島出土の鍋形土器の実年代が、奈良時代を中心とした約1世紀にかぎられるのは、計画村落の具現とみてもよいが、鍋形土器がなくなるのはなぜなのかという問題はそう単純には解決されそうもない。たとえば、平安京遷都などの政治的な変化の反映ではないかと考えられる節もあるが、決してそれだけではないであろう。

196 第Ⅴ章 律令体制の地域的展開

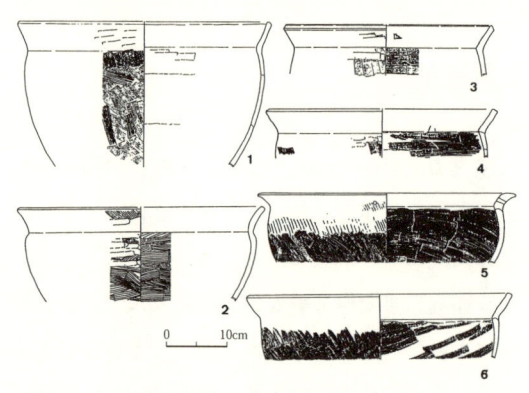

図105 野増遺跡出土の堝形土器 (『大島町史考古編』より)

伊豆諸島の堅魚生産遺跡の終末の問題が今のところ、承和5年（838）の神津島天上山の噴火によって半坂遺跡の生命が絶たれたことにみられるように、神津島・式根島・新島を中心にかなりの厚さの火山灰に遭遇していることと、仁和2年（886）の新島向山の噴火による降灰の被害に、同じく神津島・式根島・新島がまみれたことによって、伊豆諸島の堅魚生産遺跡の決定的な終焉に結びついたものではないかと考えるのが妥当なところであろう。

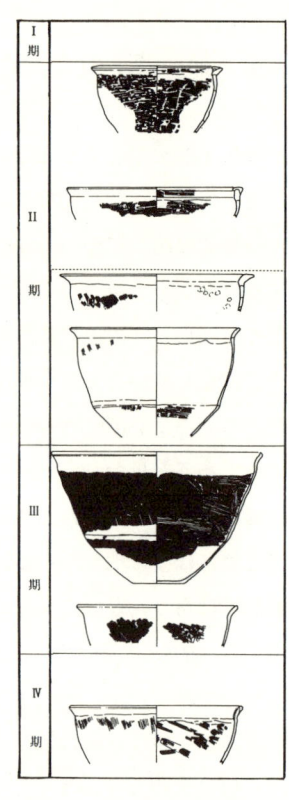

図106 式根島吹之江遺跡による堝形土器の編年
(報告書から)

さらに鍋形土器のいくつかの問題点を探ってみると、藤井原遺跡の鍋形土器の時期を、7世紀から10世紀代に考えていることである。これだけの年代幅があるかは別として、現に大島の野増遺跡出土の鍋形土器（図105）を示すが、このなかに形態上の差異のあることはすぐに気づくのである。また、吹之江遺跡の「土器の編年」の項で、Ⅰ期からⅤ期に分類して鍋形土器の位置づけを行っており、Ⅱ期前半の鍋形土器を7世紀末から8世紀第1四半期に、Ⅲ期後半を8世紀第2四半期に、Ⅲ期を8世紀後半代に、Ⅳ期を9世紀代の所産との年代を求めており（図106）、鍋形土器の時期を考察

するのに伊豆諸島からの年代設定の基準となるものであろう。

　さらに、伊東市の井戸川遺跡や竹の台遺跡、沼津市の藤井原遺跡、御幸行町遺跡なども調査されており、それらの鍋形土器の実年代をどう押さえるかが、問題となってくる。その際に半坂遺跡や吹之江遺跡の年代設定が大いに生かされることを期待しておきたい。

　最後に木簡にいう煮堅魚・堅魚・麁（荒）堅魚の3通りの記述をどう解釈し、どのような形の堅魚なのかという問題である。税として京師に運脚する以上、上がりの22日ないしは23日以上は確実に保存しなければ、税としての意味がないことになる。先に述べたように今日の生節に近い製品では腐敗してしまう。やはり、乾燥状態にしなければ長もちがしないことだけは確かである。

　一方、伊豆国と駿河国の2ケ国だけから、調味料となりうる堅魚煎汁を徴収しているのも特徴である。その煎汁の形状が液状であるのか、あるいはゼリー状であるのかも不明で、どのようにして京師に送り届けたのかという問題は、簡単には解決しそうにもない。同じく甘葛煎や蘇などの場合もそうで、運搬用の容器がどれなのかも検討の対象になってくる。それが木製であれば残りにくいし、須恵器であったとしたら、平城京出土の須恵器の原産地同定をすれば、液状の貢納品の動きを推定する材料になる可能性があると思う。

　煎汁について、『本朝食鑑』（東洋文庫 378）の煎汁の項には、
　　昔は伊呂利と訓んだ。……現今煎取と言っているものであろうか。……煮
　　取とは、鰹節を造るとき、その煎汁を取り渣滓が熬黒するのをいう。
これを受けて瀬川は、
　　鰹節づくりの際の茹で汁で渣滓が焦げるほど煮込んだものが煮取であり、
　　それを薩摩ではセンというと紹介している。大田蜀山人（寛政2年〜文政6
　　年）のころにはセンといったらしいが、いまはセンジといい、煎脂の字を
　　あてている。
と、薩摩枕崎やトカラ列島ではかなり「セン」を製造していたといい、トカラ列島の口之島では明治18年ころに「煎脂」50斤を生産し、同年、中之島で「煎脂」6斤、同年、臥蛇島で「煎脂」18斤、平島で「煎脂」50斤、悪石島で「煎

脂」200斤、小宝島で「煎脂」4斤を生産していた記録が残されていたとつづっている（瀬川　1997）。しかもその形状は煮凝状で桶にいれたものと考えているのである。

　そう言えば伊豆諸島の青ヶ島でもカツオの煮取りを煎じて、それに塩を加えた「ヨロ」とよばれる上等の調味料（松原　1988）を生産しているので、これが薩摩やトカラ列島の「煎脂」に通じるものであろうと思っている。

　また、伊豆国からは下級役人はもとより、対馬・壱岐などと同じように5人の卜部が京師に派遣されて祭祀関連の仕事に従事しており、遠流の国の割りには中央との関係が深かった点も地域研究の題材となりえるので、今後、取り組まなければならない課題が多いように思う。

　また、平城京木簡にあるいくつかの郷に式内社などもあって、律令時代の地域研究の材料にこと欠かない伊豆諸島でもある。その意味で伊豆国をいっそう深く研究する余地は残されていると思う。

第Ⅵ章　江戸湾への道
―― 中世の伊豆の海と伊勢商人 ――

第1節　伊豆東海岸の中世の遺跡と遺物

　中世には伊勢の商人たちが鎌倉・江戸湾をはじめとして東日本の各地に渡海し、輸入陶磁器・常滑・渥美、瀬戸、美濃などの陶器類を運んでいたことが明確になってきた。1989年、その研究をいっそう促進させたのが「『武蔵国品河湊船帳』をめぐって―中世関東における隔地間取引の一側面―」(綿貫　1989)であったことは、ほとんど疑う余地はないであろう。文献史学・考古学に与えた影響はかなり大きいと考えている。それ以来、中世の海運が研究の進化し、今日では注目すべき多くの研究成果が公表されるようになっている。

　本章では「伊豆の海」という一定の範囲、とくに伊豆半島先端の石廊崎から伊豆諸島を含んだ海域に限定し、その範囲に立地する中世の遺跡と遺物を中心として取り扱うこととしたい。中世の伊勢の商人たちはまず間違いなく、この伊豆の海をへて鎌倉や江戸湾をはじめ東日本各地に渡海してきたと想定しているので、伊豆の海を設定する理由の一つもそこにある。さて、この伊豆の海を挟んで伊豆半島と伊豆諸島に、古墳時代中期ごろから祭祀遺跡が立地し、古墳時代後期から奈良時代はじめにかけての古代の伊豆の海の祭祀については、第Ⅰ章で触れたところである。

　まず、伊豆の海の沿岸に面した伊豆半島の遺跡ごと（図107）に出土遺物の説明をすることにする。

・姫宮遺跡

　賀茂郡河津町の河津川沿いに形成された砂州に姫宮遺跡は立地する。縄文晩期末から弥生時代、古墳時代前期、鎌倉時代までの複合遺跡で標高は5～6m

である。鎌倉時代には和鏡（図108）が検出され、この和鏡に布が残存していたことから意識的に埋納されていたものと考えられている。やはり土坑などに埋納されていたもので、祭祀遺跡とみるのが順当のようである。後述するように伊豆半島の南部には総数で105面の和鏡があることが確認されており、南伊豆でも唯一に近い和鏡の出土例である。

・河津城

河津川によって形成された沖積地を眼下に臨む山城で、地域の人びとには城山とか大日山とよばれている。蔭山氏の居城であると伝承されているが、残念ながら文献は残されていない。平成3年から平成4年にかけて河津町教育委員会によって発掘され、その成果は2冊の報告書として刊行（宮本他　1992・93）されている。その後、平成10年に「河津城と中世の河津」（宮本他1998）が発表されて河津城の輪郭が明確になってきている。

ここではそれらを参考として概要を述べることにする。河津城は本郭がもっとも高くて標高が180m、東西24m、南北14mの長方形をなす。そこを中心にして城山の尾根上に点々と小さな郭が確認されて、全体で12郭で構成されていることが判明している。

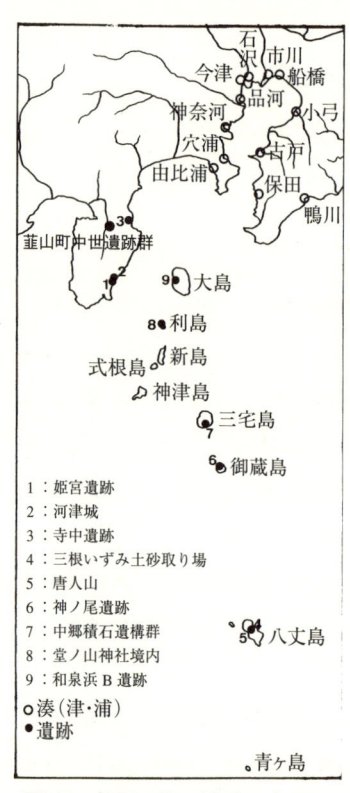

1：姫宮遺跡
2：河津城
3：寺中遺跡
4：三根いずみ土砂取り場
5：唐人山
6：神ノ尾遺跡
7：中郷積石遺構群
8：堂ノ山神社境内
9：和泉浜B遺跡
○湊（津・浦）
●遺跡

図107　伊豆の海の遺跡と中世の湊（江戸湾のみ）

図108　姫宮遺跡出土の和鏡

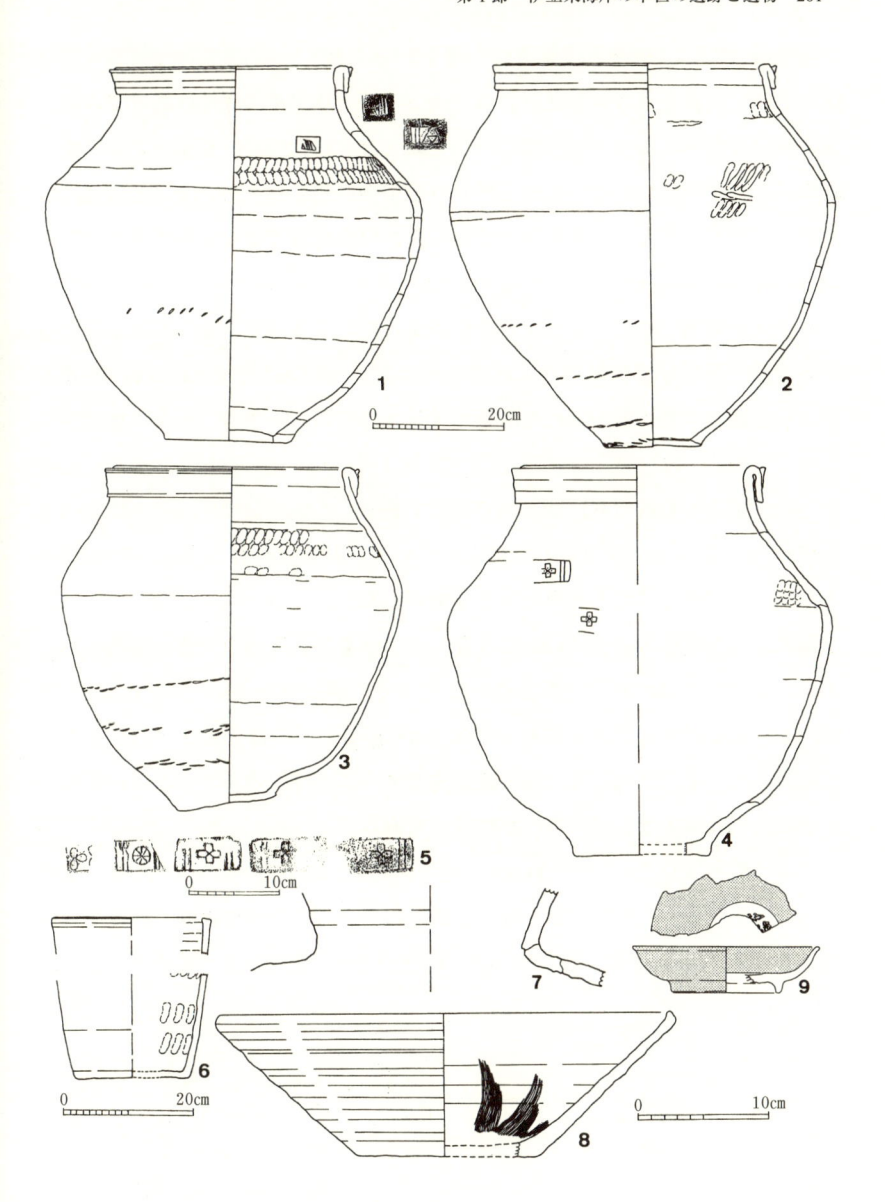

第1節　伊豆東海岸の中世の遺跡と遺物　201

図109　河津城出土の中世陶器

遺構はおもに本郭から発見され、長さ4.2m、幅3.1m、深さ30cmの竪穴状遺構1ケ所と、集石6カ所が発見されている。竪穴状遺構の底部は焼けており、炭化材、炭化米、炭化竹など多くの炭化物とともに鉄製品、常滑焼、瀬戸焼、銅製品などが検出された。また、竪穴状遺構の周辺には直径5cmほどの柱穴跡が巡らされていたらしい。集石はなんらかの埋葬施設ではないかと思われたが、蔵骨器も埋葬用の穴も発見されなかった。

河津城の発掘でもっとも出土遺物が多かったのが4郭で、そこでは1号土器群と2号土器群とが検出され、前者からは常滑焼の破片が約2,000点、後者からは常滑焼の大甕1個が割れた状態で発見されている。接合された大甕は13点にものぼる。では、検出された遺物の説明（図109・110）をしておきたいと考える。輸入陶磁器（9）は、明の青磁である。小皿の口径16.6cm、器高3.5cm、底径8.2cmで1号土器群を中心に出土している。外面は全体に黄緑色の釉がかかり、皿の内面には草木と思われる印刻がある。

復元された常滑の大甕は13点となり、そのうちで代表的な大甕を掲載した。1は、接合してほとんど完形となったもので、器高55.8cm、口径38.4cm、底径20cm、最大径は肩の近くにあって58.8cmを測る。肩の部分は2ケ所にわたって押印され、その内側には二段の規則的なオサエの跡が並んでいる。口縁部がN字状に折り返えされているのが特徴でもある。

2は、器高57.7cm、口径44.6cm、底径14.8cm、最大径は60.1cmを測り、甕そのものがやや歪んでいる。胴下部には四段にわたってヘラの痕跡が残っている。焼きがやや弱い。3は、器高51.2cm、口径40.2cm、底径16cm、最大径は53.4cm

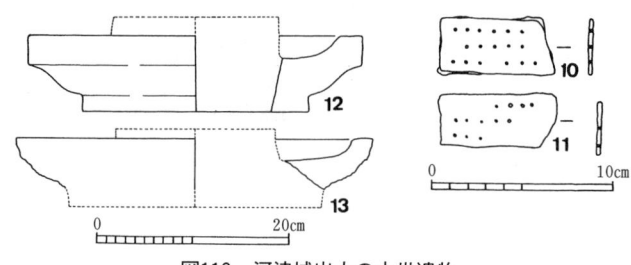

図110　河津城出土の中世遺物

を測る。頸部の内側にオサエの痕跡が残っている。底部が大きく歪になっている。なお、2・3ともに1号土器群の破片群から完形に復元できたものである。

4は、器高は59.2cm、口径40.2cm、底径22cm、最大径は60.1cmを測る。肩部に2ケ所にわたって押印され、N字状の口縁部には隙間ができている。肩部の内側に三段となるオサエの跡が残されている。

5は押印を集めたもので、これによって窯跡などを探索することができると思うが、本節ではそこまで取り組んでいない。

なお、常滑の大甕のなかには、タール状の物質が付着するものがあり、分析によるとこの付着物は油脂の可能性がもっとも高いとされている。穀類の分析結果もでている。(後述)

6は、常滑焼の水差しである。口径は24.0cm、底径は18.4cmを測り、内側に3段のオサエの跡が残っている。7は、渥美焼の壺で、常滑と同じように1号土器群からの出土である。その他に同一個体の渥美焼の壺片が3点あって、そのなかに押印を何回も押したものもある。釉は渥美壺の上半に施され、胎土に砂粒が混じり、色は灰色ないしは青灰色をしている。頸部と肩部の境が「く」の字状に曲がっている。おそらく12世紀代のものと推定されている。8は、瀬戸焼の擂鉢で本郭からの出土である。復元図として示されており、器高は10.9cm、推定で口径35.7cm、底径は13.9cmである。古瀬戸後期様式Ⅳ期 (15世紀後半) に相当する資料である。

鉄製品には折頭式の和釘、刀子、小札などが検出されている。このなかでもっとも多いのは和釘で、報告書に30点が図示されている。図110の10・11は小札で本郭からの出土、その他の小札もかなり同一幅のものが揃っている。10の長さは3.1 cm、幅2.6 cmである。12は、長さ3.9 cmである。

12・13は石製の茶臼で上臼は発見されていない。12は、受皿から台部にかけての破片から復元図としたもので、2号土器群からの発見である。受皿径は35.6cm、底径は24.2cmである。13は、受皿部分の破片から接合したもので、受皿や上端部が研磨され、他にはノミ跡がついている。

石臼は2点とも茶臼の下臼ばかりで、全体にていねいに研磨され滑沢をもっ

ている。12の受皿径は35.6cm、底径は24.2cmを測り、凝灰岩製である。13は砂岩製の受皿部の破片である。

　この河津城からは他に銅製品や炭化物などが出土している。銅製品として中国銭があり、咸平元寶（初鋳998年）や皇宋通寶（初鋳1039年）である。

　炭化物にはオオムギ・イネがあるが、いずれも落城のおりの火災によって炭化したと思われ、本郭に集中している。竪穴状遺構が貯蔵用の施設であると推定されているのと一致する。

　河津城は伝承では蔭山氏一族の居城とされ、2度にわたる発掘で「詰の城」として位置づけられるようになった。そのため、常滑の大甕に水や油脂を入れ、食料は竪穴状遺構に施設をつくって貯蔵し、または俵にいれて備蓄してしいた可能性が大なのである。城の南西の尾根を下ると蔭山氏の館跡と伝えられる場所も残されている。その河津城は1491年（延徳3年、一説に明応2年）伊勢新九郎長氏の伊豆侵攻によって短期間に長氏の配下となり、後年、蔭山氏は小田原衆となっている。

　出土する陶磁器類の年代も15世紀から16世紀初頭によって占められ、蔭山氏の居城であった伝承と矛盾していない。

・寺中・金草原遺跡

　伊東市教育委員会の手で伊東市宇佐美の小字稲田・中島の一部を発掘して『寺中・金草原遺跡発掘調査報告書』（金子浩之　1983）が刊行された。もともとは両遺跡は約500ｍ離れていて別々の遺跡にされていたが、調査してみると同一遺跡ということになり、遺物の説明では両遺跡を同じ図（図111・112）として説明している。調査では金草原遺跡と寺中遺跡のほぼ真ん中を発掘して、後者を寺中地点として報告したという経緯がある。寺中地点は次に述べる製鉄遺跡の寺中遺跡とは同じ遺跡であるが、ここでは報告書に従って概要を述べることとする。以前、まだ発掘の話さえ具体化しないころ現地にたって、小さな二つの河川に挟まれて大部分が石囲いの畑地となっていたことを思い出す。次に述べる寺中遺跡を含めて鉄滓が採集される遺跡として認識し、かつ、河川の下流域でのかなりの量の砂鉄の存在を確認したことがあった。

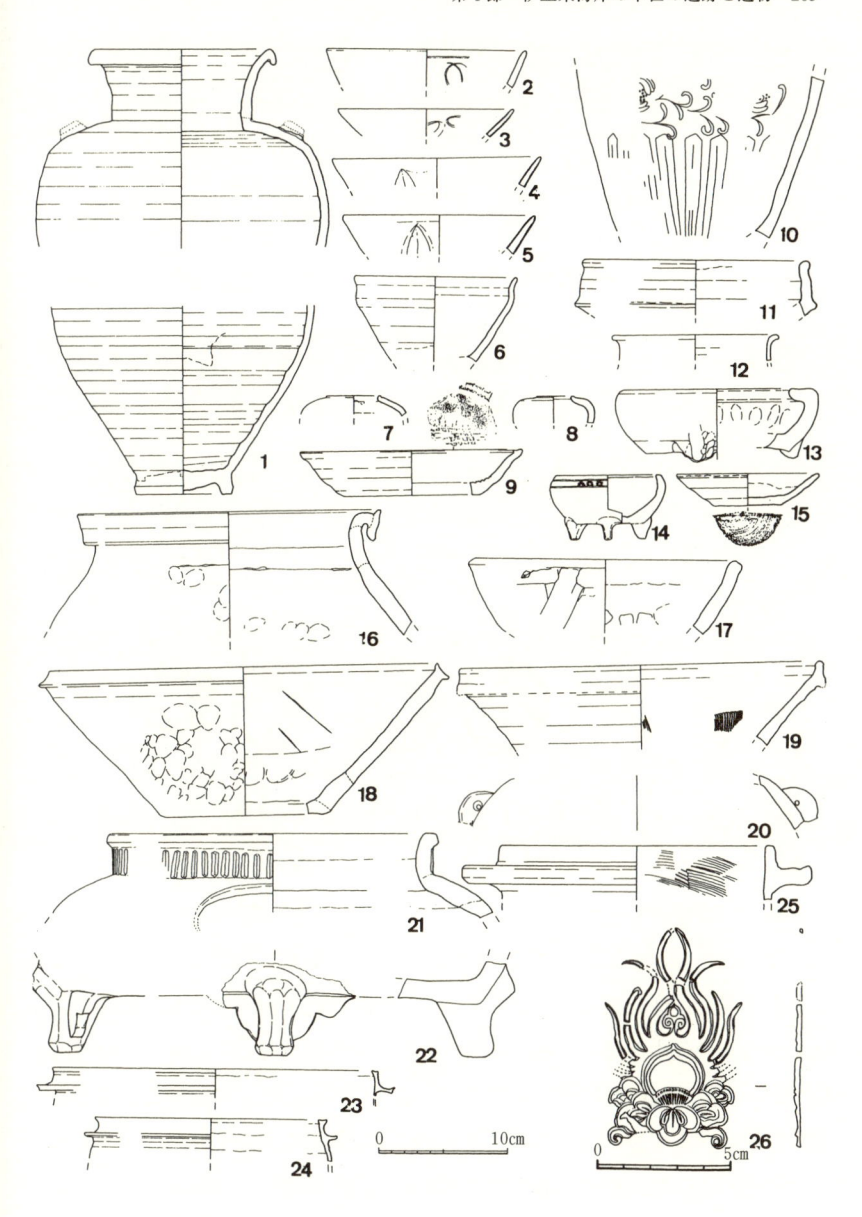

第1節 伊豆東海岸の中世の遺跡と遺物 205

図111 寺中・金草原(3～5・25)遺跡出土の中世資料

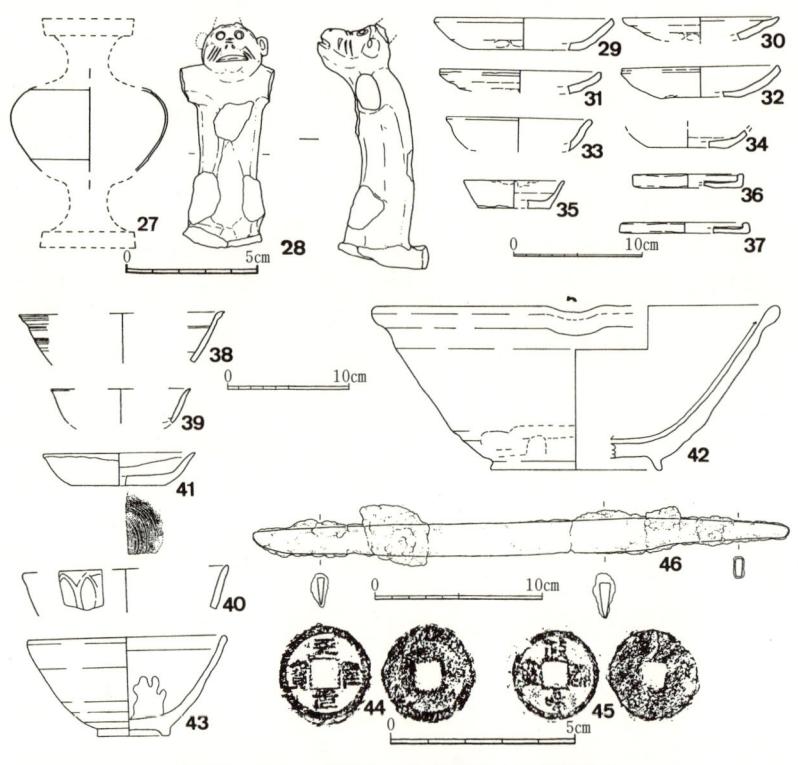

図112　寺中・金草原 (26) 遺跡出土の中世資料

　以上の経過を述べた上で、寺中・金草原遺跡から検出された遺物（図111・112の1～37）の特徴を述べることにしよう。まずは輸入陶磁器からはじめる。
　1は66点の破片を接合して復元された白磁四耳壺で、残念ながら胴部の破片に恵まれず全体像を知ることができない。時期は12世紀の中葉から後半である。他に四耳壺の破片が数点と碗や瓶類の破片も検出されている。2・3は青磁の碗で他に29点の碗の破片が発見されている。これらのなかには同安窯系2点、龍泉窯系のものが27点ほどある。4・5は龍泉窯系の連弁文がつく碗である。
　次に述べるのは国産の陶器で、まず瀬戸美濃系の陶器から紹介する。6は天目茶碗で天目釉がむらなく施され16世紀前半から中葉の時期である。7・8は瀬戸美濃産の小壺で、灰釉がかかる。他に鉄釉がかかる小壺も3点検出されて

いる。

　9は2次的に火災にあってか釉が剥落しているが、器形から14世紀末から15世紀前半の古瀬戸後期前葉の時期に相当する。10は23号集石遺構の礫の間から発見された瀬戸の瓶子の胴部破片で、14世紀の前半から中葉の所産である。おもな文様は蓮華唐草文で下部に剣先文がつけられている。11は古瀬戸の鉄釉筒形香炉で、厚手のつくりである。12は袴腰形の香炉で灰釉がかかる。13は常滑または渥美の香炉である。15は縁釉皿で灰釉がかかる。他に端反皿なども検出されている。この手の小皿類は報告書に総計で43点が図示されているが、ここではこの1点のみの紹介とする。

　16は常滑の大甕の破片で、おそらく14世紀後半に位置づけてよいように思われる。他に大甕の破片がかなり多い。17は鉢の破片である。鉢類には2種あって、須恵器に質感が似たものを1類として17が、酸化炎焼成の片口を2類として18がそれにあたる。18の時期は15世紀中葉から後半の所産である。

　擂鉢は報告書に図示しているものが38点あり、そのうちの1点を採用した。19は古瀬戸大窯第Ⅴ段階（1570〜1580）に相当する時期の擂鉢で、全体に錆釉がほどこされている。その他の擂鉢は概して年代が新しくなるので本項には採用しなかった。

　20・21・22は瓦質土器で、寺中地点に集中して検出されている。21・22は同一個体であると考えられている。21・22は風炉で頸部にⅤ字状の工具による沈線が巡る。風孔は楕円形をなす。22はその脚部にあたる。15世紀前半から中葉の所産である。20は瓦質の茶釜と考えており、この三者は瓦質茶釜としてセットをなすものと考えている。

　23・24は鰐釜で他に破片総数で30点出土しているが、すべて5cm以下の細片だという。23は白色焼成である。24は褐色焼成のできである。いずれも耐久度が弱く小破片で発見されたのはそのためである。25は土釜で、前二者が14世紀を中心にする遺物と位置づけられたのに対して、土釜は古代末から中世の前半に位置づけされる。

　26は銅製の宝冠で仏像の部品と考えている。中央に蓮華状の宝珠をおき、周

囲を火炎が取り巻いている。27は銅製の亜字型花瓶で仏教法具と思われ、平安末から鎌倉時代の所産と考えられている。梅瓶、宝冠といい、亜字型花瓶といい、かつて寺中地点に寺院などの建物があったことを推定させる好材料を提供したことになる。総計12点以上検出されている香炉の出土の意味も生きてこよう。

　28は猿形の土製品である。これとて中世の寺院と結びつく可能性があるとされる。他に細かく破砕された大量のカワラケが検出されている。報告書に68点が図化されており、寺中地点の20号土坑から15点ほどの発見があっただけで他はばらばらである。29・29は乳白色の肌をしているが、その他は土色のものである。31・32の時期は鎌倉Ⅱ期（13世紀前半）に比定され、34は薄手の傾向がみられるようになっておおよそ14世紀中葉から15世紀前半に該当するといわれる。35は鎌倉Ⅵ期に該当して15世紀後半から末に比定されている。36・37はともに20号土坑出土でカワラケの分類ではⅣ群とされるという。

　図示できなかったが、染付磁器で天正期のメルクマールとされる明末万歴様式の青花破片が2点出土し、ともに釉が厚いとされる。あるいは「□明成□年造」の銘のある染付や「大明□□」の文字が書かれた染付もある。それだけではなく16世紀後半から17世紀前半の瀬戸・美濃産の陶器類も検出されているので、この遺跡の時期を理解するためにも忘れてはならない遺物である。

　また、中国銭の発見をも記しておく必要がある。嘉祐通寶（初鋳1056）、紹聖元寶（初鋳1094）、開元通寶（初鋳1368）、洪武通寶（初鋳1368）、永楽通寶（初鋳1408）、皇宋通寶（初鋳1403）などである。なかには錆で接着したものがあり六道錢として利用されたらしい。

・寺中遺跡

　前項で述べた寺中地点は正確にいえば寺中遺跡の出土遺物そのものであるが、あらためて平成3年9月から翌年3月まで伊東市教育委員会の主導のもとで、武蔵考古学研究所が発掘を実施した桑原地区、金草原遺跡、中島A遺跡、寺中遺跡を総称して"寺中遺跡"として、『静岡県伊東市寺中遺跡』（山村他　1994）が刊行された。

遺跡はA地点とB地点に分けて発掘したもので、両地点の大部分から製鉄炉・鍛冶炉・製鉄関連遺物などがもっとも多く検出され、その他に集石遺構・土坑・石垣などがそれに次いでいる。出土遺物については両地区をあわせて報告している。そのなかで代表的な遺物（図112の38〜46）を図示する。38・39は中国伝来の同安窯系の青磁で、12世紀後半から13世紀前半の所産である。40は青磁で蓮弁文の碗の破片から復元したもので、14世紀の所産である。以下国産陶器に入る。41は碗形の灰釉で縁釉皿の中間である。42は常滑のねり鉢と思われ、13世紀中ごろの所産である。43は瀬戸産の灰釉で、時期は14世紀中ごろでうる。

発見された鉄製品には刀剣があって(46)、長さ32cm、刃部の幅19cm、厚さ1.1cmを測る。それらと対応するかのように多くの砥石が検出されている。

ここまでの遺物はほぼ鎌倉時代に限定される。また、中国銭には天聖元寶（初鋳1023年）・元豊通寶（初鋳1078年）・政和通寶（初鋳1111年）などが発見されている。

第2節　伊豆諸島の中世の遺跡と遺物

伊豆諸島では相模湾の入り口に位置する大島を皮切りに、利島・新島・式根島・神津島までを北伊豆諸島といい、その南東に位置する三宅島から御蔵島・八丈島とその付属島の八丈小島・青ケ島までを南伊豆諸島という。そのはるか南に鳥島があってそこまでを伊豆諸島と総称する。

ここでは青ケ島から大島までの伊豆諸島を対象として、中世の遺跡と遺物の説明を加えることにするが、先に「伊豆諸島の中世遺跡と遺物」を発表しているので一部はそれを活用することにする。

・青ケ島の中世遺物

青ケ島にいつごろから人が住み始めたかの統一見解はない。考古学的には明確な証拠がないのが現状である。少なくとも江戸時代には噴火に遭遇して残りの島人が全滅しているので、そのことから書き始めることにしよう。安永9年

第Ⅵ章　江戸湾への道

(1780) に噴火が始まり、島の人びとが八丈島に救いを求めたが、天明5年 (1785) の大噴火によって残りの島人が全滅するという悲惨な事故を経験している。それから約50年、草木が回復したことを確認してふたたび八丈島からその子孫が渡島し、今日の青ケ島の生活が成立っている。

その青ケ島に中世の匂いのするものといえば、八丈島からもたらされたと考えられる古瀬戸である。青ケ島で教員をしていた小林亥一が、島の休戸の大根沢（名主屋敷）で採集したものである。全体に灰釉がかかり、輪積み痕が随所にみられる古瀬戸瓶子（図113）

図113　青ケ島採集の古瀬戸

で、口縁部が欠損しており、小林が歯科材料を用いて復元したものである。その高さは29cmで最大幅は胴上部にあって径16.7cm、底径は8.5cmである。時期は13世紀中葉であろう。伊豆諸島のなかでも逸品と思われるが、いつごろ青ケ島に搬入されたのかが気にかかる陶器である。ストレートに青ケ島に運びこまれたものではなさそうである。

・八丈島の遺跡と遺物

八丈島に人びとが住み始めたのは、縄文時代早期ころではないかといわれ、分厚い土器が残されていたり、神津島から黒曜石も搬入されているが、残念ながら明確な時期がいま一つはっきりしないという欠点がある。それに対して何といっても時期がはっきりしているのは倉輪遺跡で、縄文時代前期末から中期初頭の約400年にわたって各地の縄文土器がかなり運び込まれているばかりでなく、6軒以上の住居と男女3体の人骨まで発見されていて村が形勢されていたことまで明確になっている。

その後、弥生時代後期まで無人の島になっており、引きつづいて古墳時代後期と奈良時代に生活の痕跡を残し、平安時代には製塩遺跡が営まれている。こ

のことから判断すると、八丈島では奈良時代ころから人びとによる恒常的な生活が始まったのではないかと考えているが、今後の発掘調査の結果を待つことにしたい。

さて中世になると渥美の壺、唐人山出土といわれる常滑と天目茶碗、出土地点不明の四耳壺それに和鏡1面などが知られている。ここでは前者の焼き物（図114）について説明し、和鏡については後述する予定である。

1・2とも福田健司が紹介した渥美の壺（福田　1985）である。これは八丈島三根村落の「いずみ」での土砂取り現場から昭和32年（1957）に出土したもので、都農業試験場の大沢幸一が保管していた。その後、発見場所も確認されているので島にとっては第一級の考古資料ということになる。器高22.1cm、口径10.9cm、胴部の最大径18.5cm、底径9.5cmを測り、壺の肩に「上」の字の箆描きがつけられて、その上から刷毛塗りによる施釉がなされ、一部に釉が流れ落ちている。胎土は緻密で焼きも良好、硬く焼き締まっている。概して分厚いつくりで坪沢古窯の産といわれれる。

口縁部が意識的に打ちかかれているのでこの種の壺の用途は骨壺ではないかと推定され、12世紀後半の所産と比定されている。

2は四耳壺で、現在は町立歴史民俗資料館（葛西重蔵蔵）に寄託されている。残存の高さは23cm、高台の径が約9.5cm、「ハ」の字状の高台の高さ1.3cm、最大の胴部径は肩部下にあって、径は約20.9cmを測る。この壺の特徴は胴部をていねいに箆削りし、全面に刷毛で施釉している。胎土に砂粒を含み緻密につくられている。その時期は古瀬戸前期様式のⅡ期に相当すると考えられるので、13世紀前半から中ごろまでの所産であろう。なお、口縁部と耳の部分が意識的に壊されており、この四耳壺も骨壺として利用されたものと考えている。1・2は八丈島において骨壺を用いる風習が定着していたことをあらわす考古資料となる。

3・4・5は私が「伊豆諸島の中世遺跡と出土遺物」（橋口　1989）に紹介した中世陶器で、3が唐人山から採集されたと伝えられ、東京都福生市の小林亥一の所蔵である。口縁部が鉢巻きのように折返しになっており、一対の孔が

212 第Ⅵ章 江戸湾への道

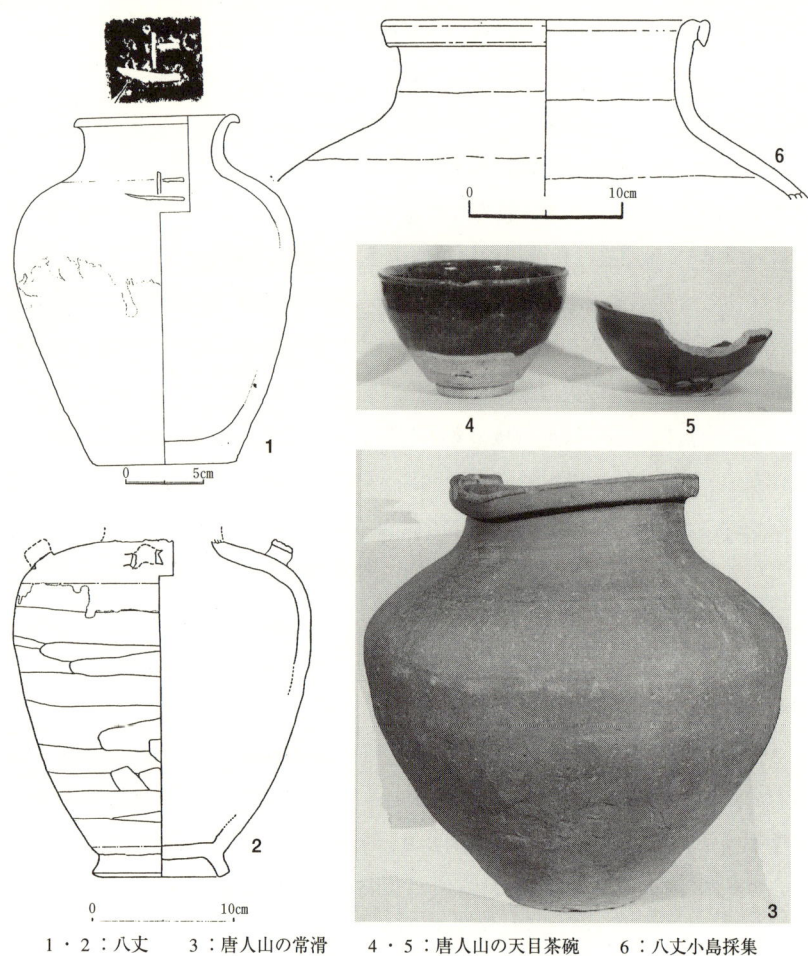

図114　八丈島・八丈小島の中世陶器
1・2：八丈　3：唐人山の常滑　4・5：唐人山の天目茶碗　6：八丈小島採集

穿たれている。肩部は削り下されてそこに刷毛目がついている。高さは34.5cm、口径は20.3cm、胴の最大径は33.2cmを測る。常滑の広口壺で残念ながら口縁に歪がある。15世紀前半の所産と思われる。

　4は唐人山出土の天目茶碗である。1967年（昭和42）ころに、一部が地表に出ていたということで採集され、小林亥一によって所蔵されている。高さ7.3

cm、口径11.9cmをはかりほぼ完形である。瀬戸大窯Ⅲ～Ⅳ段階（1560～1610年）と思われる。5は八丈島のものであることははっきりしているが、それ以上の出土地点は不明の天目茶碗片で、おそらく15世紀前半の所産と推定される。

八丈島の中世遺物は現状では以上あるが、これだけでもかなり貴重な資料ということができる。中世には準構造船を有していたとはいえ、黒潮を乗り越えて人びとが活躍していたことを証明する第一級の資料であるからである。

・八丈小島の中世陶器

八丈島の西に円錐状の八丈小島がある。今は無人島で昭和44年まで宇津木と鳥打の2集落があり、この年におもに全島民が八丈島に移住して無人島になった。1991年（平成3）、國學院大學の有志で調査にはいり、宇津木遺跡で採集された中世の陶器（図114の6）が「伊豆諸島の中世陶器」（内村・惟村　1994）に紹介されている（以下「陶器」という）。それによると壺の口縁部から頸部の破片で、全体の形状はうかがえないが、口径は推定で21.5cmを測る。胎土に白色の砂粒を多く含み、焼きは不良である。色は外側で明るい灰色をなしている。産地は常滑でその時期は14世紀中葉とされる。

・御蔵島の遺跡と遺物

黒潮の真っ直中に位置する御蔵島は、本来、神奈備型の島であったろうが麓の部分が黒潮に削られて埦を伏せたような形状をなす。島のまわりは崖になっており、上陸地点は3ケ所しかない。うち1ケ所は崖の上から綱をたらしてそれを頼りに上陸するので、実質2ケ所の上陸地点ということになる。崖が直接海に達するものとしては東洋一とも称されるし、川が滝となってただちに海に落ちる光景もめずらしい。

この御蔵島に先人が住みはじめたのは縄文時代早期のことで、土器とともに本州島からやってきたものであった。縄文中期まで人びとの生活がつづくが、その後は無人島となって弥生時代・古墳時代・奈良時代の遺跡などは未発見であるが、この島には式内社の稲根神社があるので島の歴史は相当に古そうである。

中世の陶器は稲根神社や稲根神社本宮から採集（図115）され、「陶器」に紹

214　第Ⅵ章　江戸湾への道

1〜3：採集　　4：神ノ尾遺跡

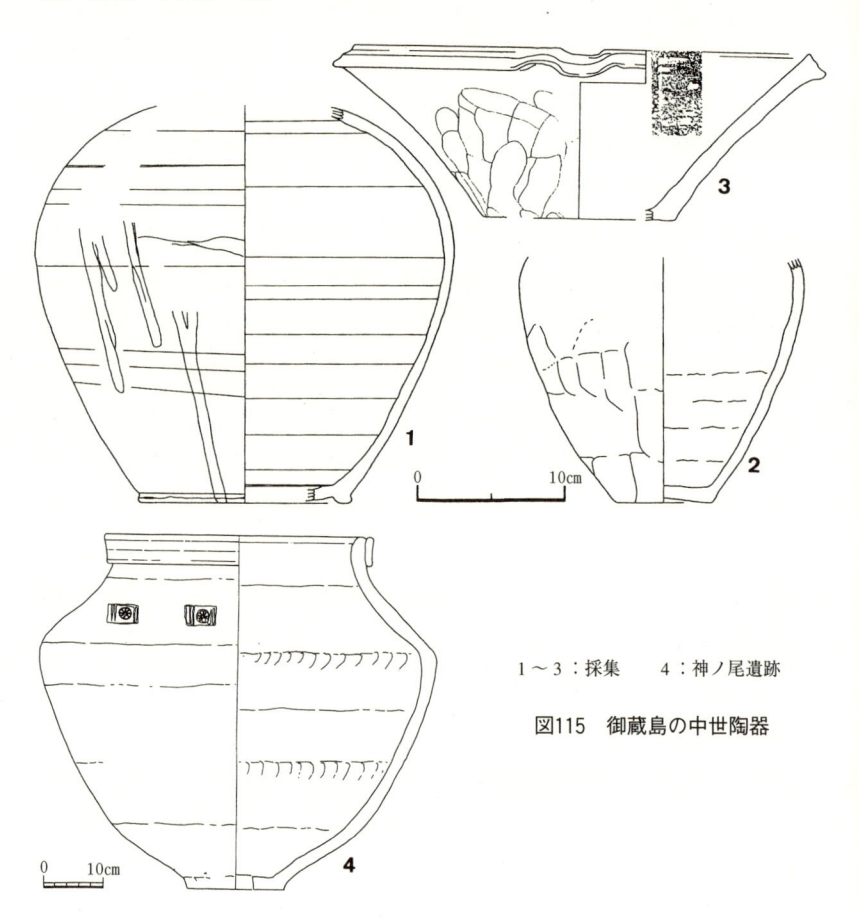

図115　御蔵島の中世陶器

　介されている。その報文をもとに概要を述べれば、1は稲根神社境内採集の短頸壺である。口縁部を欠いており、残存の高さが21.5cm、推定の底径は14.2、胴部の推定最大径は28.3cmとなるようである。胎土に白色の砂粒を含んでいるが緻密で、灰釉を施釉している。産地は猿投窯で時期は9世紀後半から10世紀代と推定されている。
　2は稲根神社本宮境内周辺で採集された壺の破片で、現状での高さは16.1cm、底径は6.8cmを測り、胎土に白色の砂粒を含み、色は赤褐色である。常滑で底の内側に自然釉が若干観察される。時期は形から推定して14世紀代と推定され

ている。
　3は同じく稲根神社境内で採集された片口の鉢で、底部が摩耗により欠損しているが体部は45度で立上がり、口縁に指圧によって片口をなし完形に近い。高さが11.2cm、口径は30.8cmで底径は12.9cmである。口縁内側に格子文とおもわれる押印がある。産地は常滑で15世紀中葉と推定されている。
　中世の遺跡は今のところ1ケ所で、神ノ尾遺跡（青木他　1993）という。中世の集石墓地（5基）と考えるのが自然で、そのうちの1基が甕棺墓であった。調査は國學院大學によって1993年（平成5）9月に実施され、おもにその甕棺墓（1号遺構）の詳細な調査と他の集石遺構の調査を行った。そのなかには3号遺構のように立石をともなうものもあり、遺物は発見されなかった。
　後年、この遺跡に立つことができたが、ひと目で遺跡の全体を見渡せるようになっていた。その中心に甕棺墓があり、まわりの集石遺構では板状石が確認することができた。
　甕棺は直立し、板状の1枚石を取り除くとすぐに人骨が発見されたといい、今でもそのなかに鑑定後の人骨が入っている。甕棺には常滑の大甕を採用しており、高さは57.0cm、口径44.5cm、胴部の最大径は肩下にあって径66.0cm、底径16.2cmを測り、5段の輪積み痕が残され、口縁は断面がN字状をなしている。また、肩部に7ケ所にわたって窯印がつけられており、車輪の押印の左右に2本の縦線を配したつくりとなっている。いずれにしても逸品であるが、埋葬用に用いられたため底部の孔が穿たれている。15世紀の所産である。御蔵島では15世紀になって甕棺を必要とする人が住むようになったのか、あるいは伊勢船や熊野船の水手などを埋葬したのかのどちらかであろう。
　また、甕棺の人骨は国立科学博物館の松村博文によって鑑定され、人骨の保存状態はきわめて不良であるが歯の摩耗の進行程度から熟年の人骨で男女については判定されていない。

・三宅島の遺跡と遺物
　三宅島は活火山の雄山（標高813m）を中心に形勢された島で、伊豆諸島のなかでも大島、八丈島について3番目の大きさの島である。初めて先人が住み

はじめたのは縄文時代早期のことで、山形押型文土器が2遺跡から出土している。それ以来、連綿として人びとの生活がつづいて今日にいたっている。この間、何度となく噴火を経験しているが、今まで無人島になることはなかった。考古学的にも相当研究されているし、いく度も発掘の経験をもつ島でもある。そのすべてをここに記すことはできないが、その代表的なものをあげれば『三宅島の埋蔵文化財』(橋口他　1975)であろう(以下『三宅島』という)。弥生時代では『大里東遺跡』(内村他　1995)が刊行された。

　中世の遺跡や遺物については、いくつかの調査も実施されているが、「陶器」などをも参考にして述べることにする。古代以降のこの島の特徴をなす遺跡や遺物といえば、なんといっても式内社が14社と卓越してることと、中世の和鏡が88面以上も発見されていることが最大の特徴となっている(後述)。

　まずは中世の遺跡と遺物(図116・117)について説明する。古墳時代の須恵器以後に三宅島にもたらされた考古資料のなかでもっとも古いのは、1の猿投窯産の広口長頸壺である。この遺物について『三宅島』のなかですでに実測図を示し、

　　故金山正好氏のメモに伊豆部落の御祭神社(通称薬師さま)出土とあり、確認された。境内のどの地点から検出されたかは不明である。壺形に近い大甕で、内外ともにロクロ痕を残し、肩部に凸帯をつけている。平安時代の所産ではないかと思われ、須恵質であるが陶質土器として報告することにした。

と記している。近年、「陶器」によってふたたび概略図が紹介されているが、本項では前者から実測図を採用している。計測値については、前者の計測で残存の高さは21cmで、後者の文献で頸部の径は細いところで約19.0cm、凸帯部の外径が約21.5cmとある。器形の特徴は、口縁は大きくラッパ状に開く形態で口唇部は失われている。胎土に長石を含むが焼きはよく緻密である。釉薬は灰釉だが透き通っていてガラス質にみえる。猿投古窯産かもしくはその周辺の窯の産と推定されている。時期は12世紀中葉ではないかと推定されている。

　2は壺の肩部から胴部にかけての破片である。現存の高さは21.8cmで全体の

第2節　伊豆諸島の中世の遺跡と遺物　217

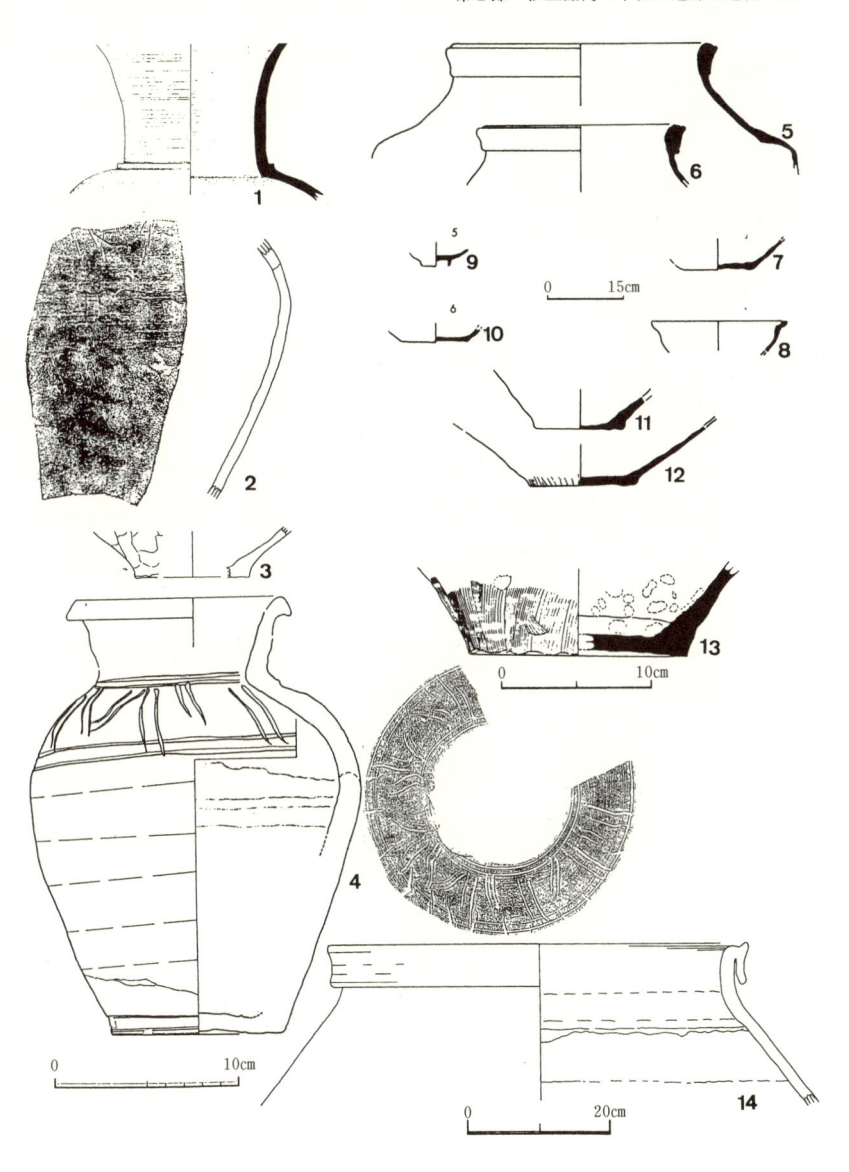

図116　三宅島の中世陶器

図117　魔王神社出土の常滑

器形はわからない。成形をみると胴部をヘラナデ、胴部下は上から下へのヘラナデで胎土に白色の粒と黒の小石を含み、高温焼成によるテリがある。産地は渥美系とおもわれるが断定できないという。時期はおおよそ12世紀から13世紀ではないかと推定される。

　3はその底部ではないかと思われ、底径が16.1cmを測る。胎土も2とほぼ同じである。4は『三宅島』に実測と若干の説明を載せているが、その後に福田健司が蓮弁文壺として、詳細な検討を加えた陶器である（福田　1989）。口縁部は打ち欠かれて、わずかに口縁のカーブが残されている。成形は輪積みで内側にその痕跡が残り、顕著な接合痕も見られるという。残存の高さは約21.4cm、最大形は肩部のすぐ下にあって径17.8cm、底部の径は9.2cmである。肩の上下に2本1組の二筋文をつけ、その間に退化した蓮弁文が描かれ、一見すると単なる沈線にしかみえないほどである。施釉は薄く施されている。時期は楢埼彰一の三筋文系陶器の編年のⅤ期かその次の時期にかかるものと位置づけられている。すなわち12世紀末から13世紀初めであろう。

　5〜12は三宅島坪田中郷第3積石遺構出土の陶器で、昭和31年に東京都の伊豆諸島文化財総合調査によって調査されたものである（後藤・梅沢　1958）。5と12は同一個体で全体の5分の1にも満たない部片で、復元の高さは81cm、口径52.8cm、底径は21cmの常滑の大甕となる。

　6と11は同一個体と思われ、接合できたとすれば高さが55.5cmと推定され、口径45cm、底径は18cm、同じく常滑である。7は浅鉢の底部の残欠で、径13.5cmの青磁の一種であろうとされる。8は坏の破片でやはり青磁である。9は高台をもつ底部でやはり青磁である。10は坏または鉢の残欠で、山坏とよばれるものであろうとある。今の山茶碗のことであろうか。

　これらの出土遺物は5・6から判断すると時期は16世紀中葉ごろではないか

と思われる。

13は昭和56年に國學院大學によって調査された、坪田中郷1号積石遺構から発見された(吉田他 1982)常滑の底部破片で、現存の高さは6.1cm、底径は14.5cmを測る。底部付近に指頭をよるオサエによって固定させている。これもおおよそ16世紀中葉ころの所産であろう。

14は「陶器」に紹介されたもので、同じ中郷の積石遺構で採集されたものである。常滑の大甕の破片で推定の口径約50cmで、胎土に長石や小石を含んでいる。おそらく15世紀の所産と思われる。

図117は坪田の魔王神社出土と伝えられる常滑である。『三宅島』に紹介しており、現在の坪田保育園のあたりに魔王神社があって、明治時代のはじめ二宮神社に合祀された際、多くの和鏡とともに出土し、その後に坪田地区から発見された和鏡もいっしょにこの常滑に入れられて、二宮神社の奥殿に白木の箱に入れられて保管されている。計測値はその白木の箱に書かれているが、記録するのをすっかり忘れ、18面の和鏡の拓本と計測だけを実施した記憶がある。高さは34.7cmで、時期はおおよそ15世紀のなかごろと考えられる。

なお、三宅島にはその他に出土地不明の須恵器の大甕が2点あって、その産地や時期など詳細については今後の解明に期待しておきたい。

・神津島の中世陶器

標高571mの天上山を中心に火山活動によって形成された1島1村の島である。人口はほぼ2,000人で伊豆諸島随一の漁業と観光の島でもある。考古学的に見れば、旧石器時代後期から縄文時代、弥生時代中期にいたるまで延々と南関東を中心に石器の原材として黒曜石を提供した島でもある。

1979年(昭和54)から1981年にかけて、律令時代の堅魚節生産の半坂遺跡の発掘を実施し、あわせて神津島の考古資料の悉皆調査を行って、平成3年に『神津島―自然・人文と埋蔵文化財―』(橋口他 1991)として刊行することができた。その際、中世の陶器が発見されず、承和5年(838)の大噴火で島に人びとが住まなくなってから、いつ生活が始まるのかという命題を突きつけられたままになっていた。しかも伊豆諸島で中世の和鏡がまったく発見されていな

図118　神津島の中世陶器

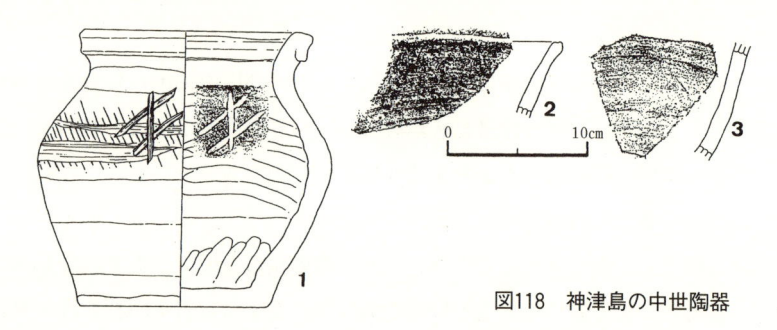

い唯一の島でもあったので、論文の「陶器」が発表されて中世の陶器が紹介（図118）されたのを知ったときには、大きな発見をしたかのような錯覚をしたものである。

　1は式内社の物忌奈命神社所蔵の甕である。計測値は高さ18・9cm、口径16.4cm、底径は13cmである。肩部に「キ」印状の窯印を箆描きしている。常滑で時期は14世紀中葉から後半である。2・3は同じ神社で採集された山茶碗系のねり鉢の口縁部破片であるが、全体の器形をうかがうことができない。いずれにしても常滑など時期がはっきりした中世陶器が神津島で発見されたことの意義は決して小さくはない。

　なお、神津島の北隣に位置する式根島や新島からは中世の陶器が今のところ発見されいない。両島では和鏡だけが発見されているが、その和鏡については後述できるものと考える。

・利島の中世陶器

　伊豆諸島のなかでも青ケ島・御蔵島と肩を並べるほど小さな島で、船上から眺めるとまさに神奈備型の島である。1島で利島村を形成し、渡島にあたっては大島からか、東京からの直行便による以外にない。人口320人前後の島であるが考古資料が実に豊富であり、式内社が鎮座する。中世の陶器は神社の境内などで採集されて「陶器」に報告されたものと、発掘によって『伊豆利島　堂ノ山神社境内祭祀遺跡』（青木　1994）に報告されたものとの2通りがある。はじめに前者の採集された中世の陶器類（図119）を紹介することにする。

　1は下上神社の境内で採集された大甕の破片である。現状での高さなどは不

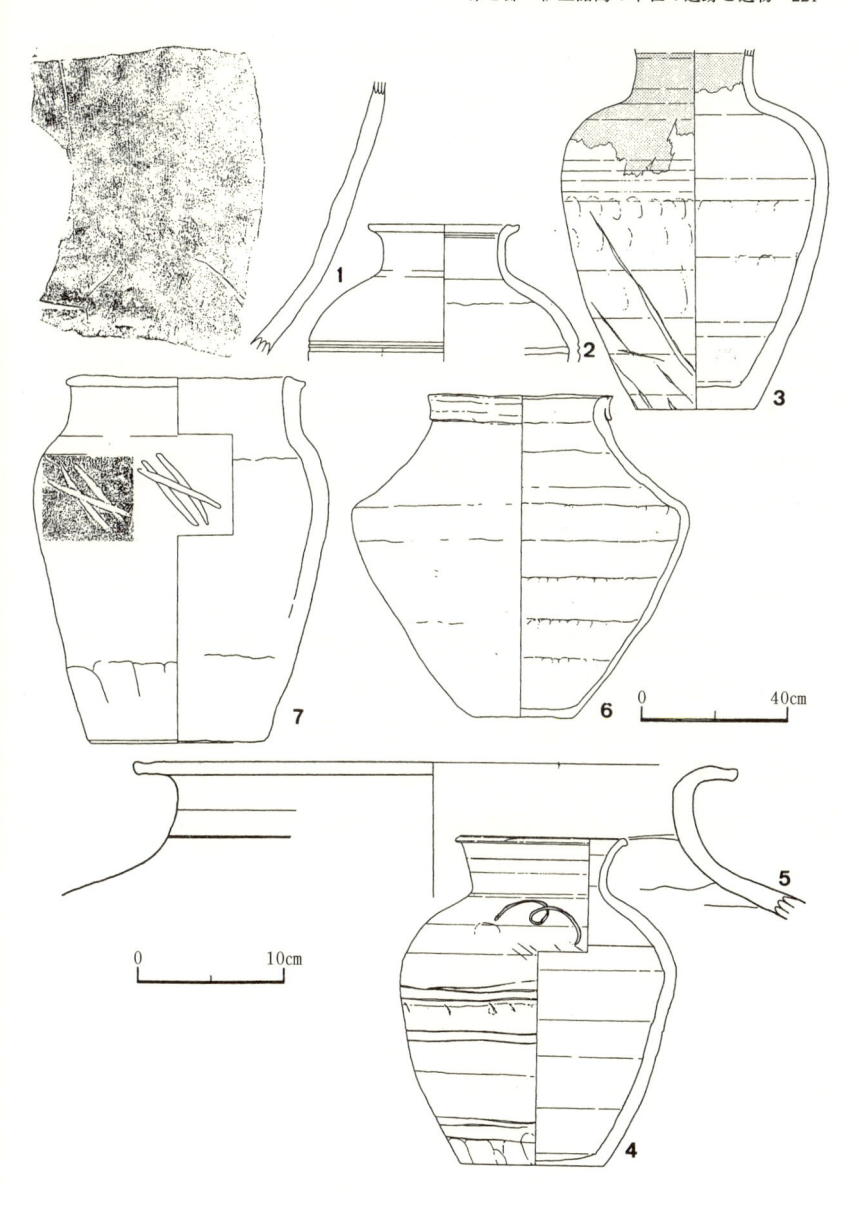

第 2 節　伊豆諸島の中世の遺跡と遺物　221

図119　利島の中世陶器

明であるが、産地は渥美とされ12世紀代の所産と考えられている。2は式内社の阿豆佐和気命神社境内で採集された常滑三筋壺系陶器の破片である。大型の壺で胴部に二本を1単位とする、断面三角形の沈線を巡らしている。肩部には自然釉がみられ、時期は12世紀の後半である。

3は島の中心にある宮塚山（507m）の中腹にある、阿豆佐和気命神社本宮で採集されたほぼ完形の壺である。残存の高さは23.5cm、口径8cm、底径8cmを測る。産地は渥美で12世紀後半の所産である。4も同じく阿豆佐和気命神社本宮で採集された壺で、底部を欠いているがほぼ完形に近い。残存の高さは21.4cm、口径11.7cm、底径9.5cmの渥美系の陶器である。胴部に二本を1組にした浅い沈線がみられ、肩部に窯印がつけられている。12世紀後半の所産である推定されている。

5は下上神社で採集された大甕の口縁部破片で、現存の高さは不明で推定口径は約49cmを測る。口縁部は指によってつまみ出してつくられ、自然釉がかかっている。胎土は粗く白色粒や小礫を含み、色は概して赤褐色である。常滑で12世紀後半の時期と考えるのがもっともよいように思う。

6は堂ノ山神社の近くの雑木林において採集されたほぼ完形の大甕である。高さは83cm、口径50cm、底径27.2cmを測る。常滑で15世紀前半である。輪積み法によって作成されており、内面にほぼ等間隔にその痕跡を観察することができる。よく肩が張っており、この時期の特徴を顕著に残している。大甕のなかで特段に大きい。

7は長久寺墓地で採集された完形の甕で、高さが23.9cm、口径が12.9cm、底径が12.1cmである。肩部に「キ」印状の箆描きがあり、外面は指ナデやヘラナデがなされ、ざっくりした感じを受ける。産地は常滑で、時期は16世紀ごろである。

次に発掘によって出土した中世陶器や銅製品などの説明をしよう。発掘は國學院大學の有志によって結成された「海洋信仰研究会」が1992・93年に10日間にわたって、利島村1番地に鎮座する堂ノ山神社の境内で実施したものである。調査地点は社殿目前のタブの木の周辺と社殿の真ん前で、その結果はわずか20

㎡の1区から集石遺構3ケ所と陶器片の集中地点がみつかり、2区では4号・5号の集石遺構が発見された。

報告書には中世の輸入陶磁器1点、瀬戸6点が図化され、常滑が11点、渥美が2点、それに常滑または渥美とされる陶器2点が掲載されている。この時期に所属する銅製品は和鏡4点、双孔儀鏡が38点、中国の銭貨が42点が図化され、その他に目貫金具、笄があり、鉄製品に火打石、和釘などがある。江戸時代の陶磁器はほとんどが破片で、おもに表土から発見されている。また、中世の遺物は重層的に出土しており、出土状態から新旧関係を把握することは困難であったとされる。

まず、図120に第3号集石遺構と出土遺物の実測図（1）を示す。標高98mの神社の前に立地し、和鏡4面、笄1点、笹葉目貫金具1点、縁釉小皿1点、瀬戸鉄釉水滴1点、同灰釉水滴1点、龍泉窯系の青磁碗1点、常滑の片口鉢3点、渥美の片口鉢1点など遺物が集中している。これらは12世紀から16世紀にかけての中世遺物である。このような出土状況を踏まえた上で、以下、遺物の説明にはいることにしよう。

2は縁釉小皿で高さが3cm、口径10cm、底4.4cmを測る。成形はロクロによって水挽きし、底部は回転糸切りにしている。口縁部の内外に暗緑色の灰釉が施している。瀬戸産で時期は14世紀であろうか。3は鉄釉水滴で、高さは2.49cm、口径は1.89cm、底径は1.87cmを測る小さな完形品である。注口は上向きで把手に孔がない。成形はロクロ水挽きで、底部は回転糸切りである。底部を除いて鉄釉がかけられている。瀬戸製で時期は15世紀と推定されている。

4は灰釉水滴で、高さが3.27cm、口径が2.5cm、底径が3.5cmである。成形はロクロで底は回転糸切りである。瀬戸産で時期は15世紀と考えておきたい。

5は輸入された青磁碗で、高さ7cm、口径15.1cm、底径5.2cmを測る。残存率65％からの復元図で、口縁部で大きく外反する。ロクロによる水挽きで高台を削り出した後に端を面取りしたものである。胎土は灰白色で緻密で焼きはよく、釉は暗緑色の青磁釉で、高台を除く全面につけられている。中国の龍泉窯系で時期は15世紀前半とされる。

224　第Ⅵ章　江戸湾への道

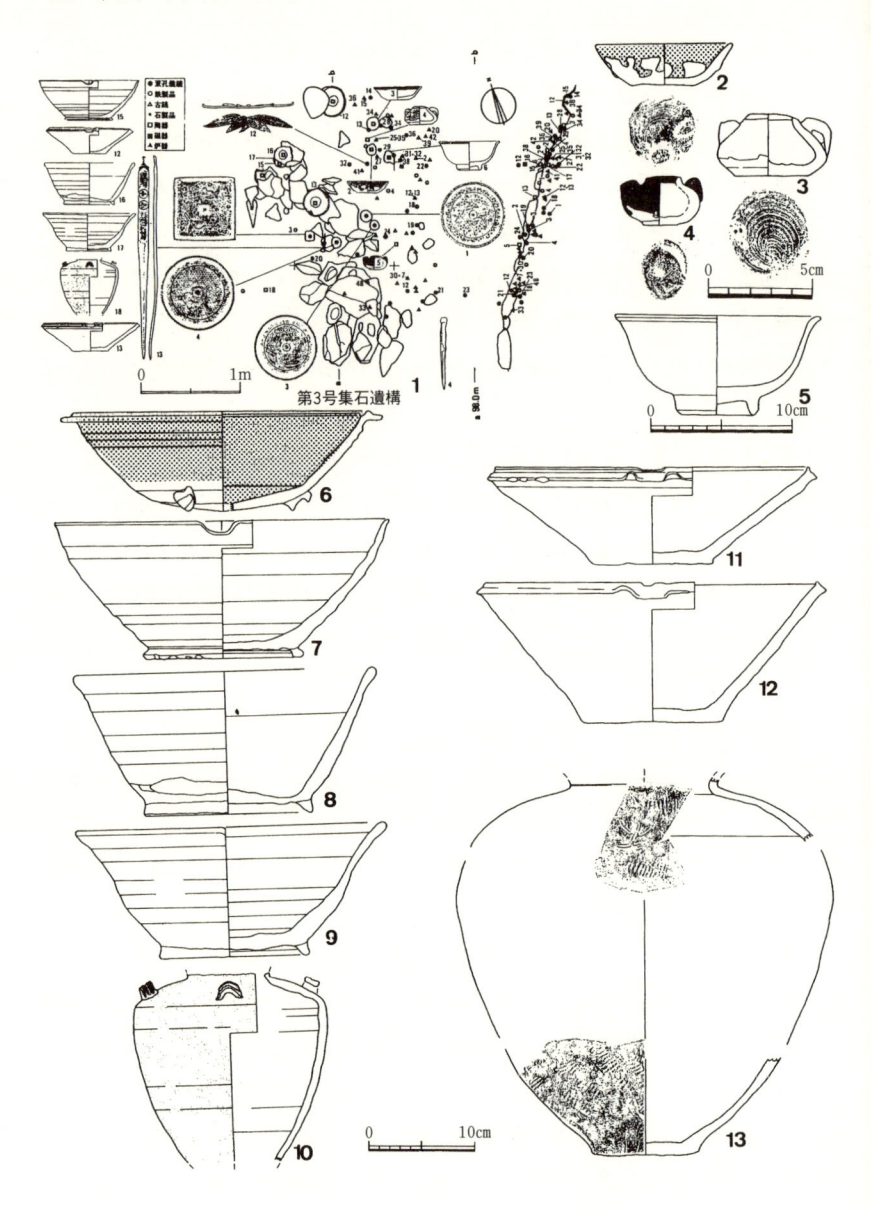

図120　堂ノ山神社境内の中世遺物（1）

6は堂ノ山神社で採集されたもので、折縁の灰釉三足鉢である。高さは9.2cm、推定の口径は30.6cm、底径14.1cmである。全体の3分の1からの復元で、口唇部が強く外反して折縁となっている。ロクロ水挽きによってつくり上げ、回転させながら口唇をつまみ出して折縁としたようである。胎土は白色系で焼きはよく、釉は透明度の高い灰釉を全面に施釉している。瀬戸で15世紀の所産である。

　7はタブの木の根元から大甕の破片に混じって、2固体が重なったように発見されたといい、その口から出土した片口鉢である。一部を欠くが比較的良好で、高さは12cm、口径は29cm、底径は14.4cmである。指圧によるていねいな片口をもち、色は明るい褐色で常滑産、12世紀後半の所産である。8は3号集石遺構から検出された片口鉢で高さは13.2cm、口径28.2cm、底径は16cmである。器の調整はロクロ挽き上げで、底部は全体をヘラ切りしている。焼きはよくない。常滑製で時期は12世紀である。

　9は片口鉢で高さは12.6cm、口径は31.5cm、底径は15.4cmを測る。胎土に長石や小石を含んで焼きはよく、産地は常滑か渥美で12世紀後半から13世紀前半である。

　10は堂ノ山神社で採集された灰釉四耳壺で、全体の約4分の1の破片を接合したものである。残りの高さは17.5cm、胴部の最大幅は18.5cmを測る。肩に孔をもつ四耳を配し、その上に3条の沈線をつけている。胎土は灰白色で緻密、焼きはよく産地は瀬戸で13世紀の所産と推定される。

　11は3号集石遺構から検出された片口鉢で高さは9.2cm、口径は31.2cm、底径は11.2cmである。口唇部に特徴があり指頭圧による浅い片口をもつ。底にかなりの摩滅痕があり、使用痕と推定されている。常滑で16世紀前半から中葉の所産とされる。

　12は片口鉢で高さは12.9cm、口径33.6cm、底径は13.3cmである。多くは指頭圧による成形の後、刷毛による調整をしている。浅い片口をもつ。常滑で15世紀後半の所産である。

　13はタブの根元から片口鉢とともに発見された大甕で胴の大半を失い、推定

226 第Ⅵ章 江戸湾への道

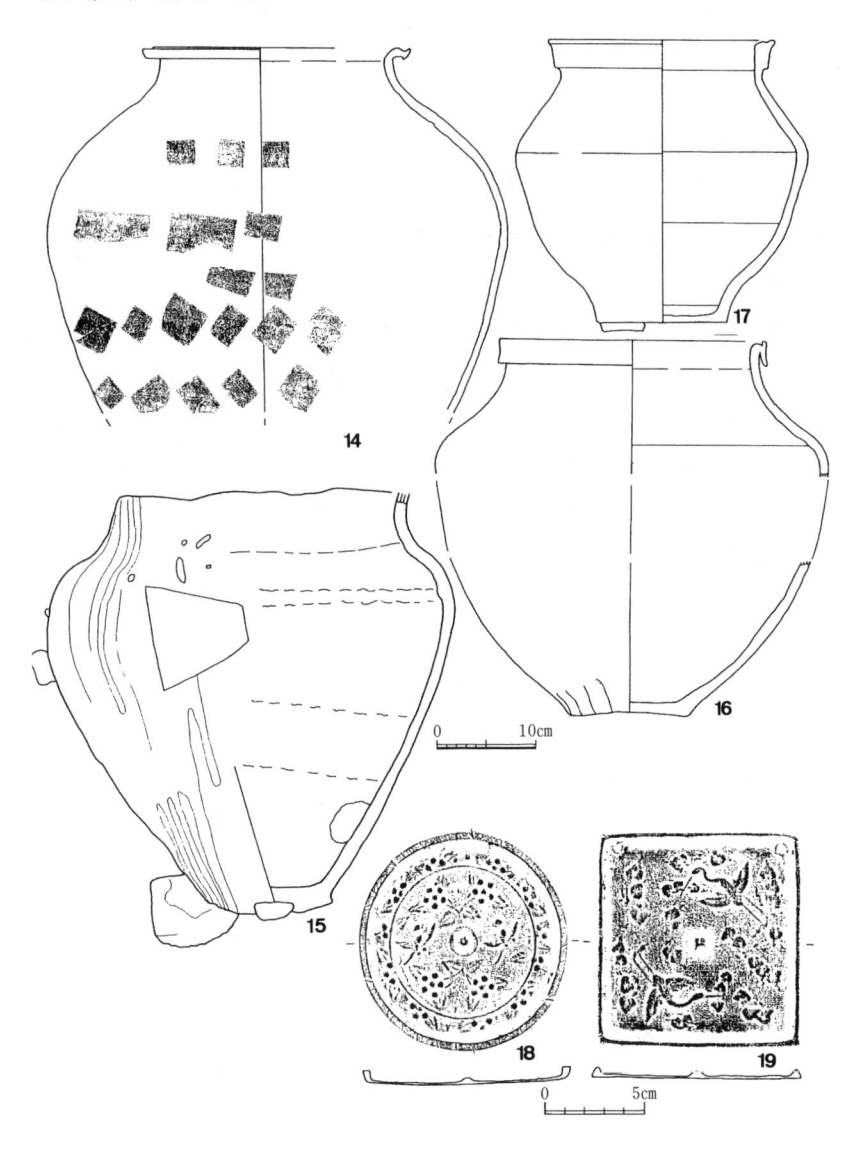

図121 堂ノ山神社境内の中世遺物（2）

第2節 伊豆諸島の中世の遺跡と遺物 227

で大きさを示してある。肩部に刻み文があり、胴部から肩にかけて叩き文様の押印がつけられている。焼きはよく渥美製で時期は12世紀と判断されている。

　図121の14は大甕で胴部の大半と底部を失っている。推定の口径は48cmで胴部は丸みをもち、頸部で大きく外反することを特徴とする。器外面に押印がなされ、胴の下半では格子文様が全周している。胎土に粗い長石を多量に含み、焼きはきわめて良好である。常滑で13世紀の所産である。

　15は口縁部を大きく欠いた大甕で、現存の高さは44cm、現存の口径は27cm、胴の最大幅は44.3cm、底径は12.5cmを測る。自然釉は器外面と内部にも強くかかり、全体にざっくりとしている。常滑で口縁部が失われているためはっきりしないが、おそらく13世紀代を中心とする時期だと思われる。

　16は大甕で胴部の大半を欠いており、高さは不明、推定の口径は41cm、推定の底径は18.7cmを測る。口縁部はいわゆる「N」状の折り返しで、凸帯を有する。器面の調整にヘラナデを採用しており、その形跡が一部に残っている。胎土に黄色の強い長石を含み、焼きは良好であるが、口縁にワレが観察される。常滑で14世紀後半である。

　17は底部を残したほぼ2分の1の大型の破片で、器形は甕である。高さは26.8cm、推定口径は22.7cm、底径は13.1cmを測り、底部からやや立ち上がってから胴部にいたるのが特徴でもある。胎土は粗く長石を含み、焼きは良好、自然釉が剥落している。常滑で16世紀後半の所産である。

　以上で陶器類の説明を終え、銅製品・鉄製品へと移りたい。まずは和鏡から始めることにする。18は山吹双鳥鏡で、面径は10.3cm、縁厚は0.45cmを測り、その時期は平安時代末と思われる。鏡の中心に花蘂中隆紐をおき、内区に山吹と左右に鳥を配して双鳥とし、外区にも山吹を散りばめる。縁はやや外反している。

　19は松喰鶴方鏡で、一辺が10.4cmの方形をなし、平安時代末から鎌倉時代初めの和鏡である。中心に方形の素紐をおき、松の枝を喰えて飛遊する2羽の鶴を配し、縁は三角縁で、両端に孔をもつので掛けられた可能性もある。

　図122の20は秋草双鳥鏡で鋳成はあまく、面径は10.3cm、縁厚は0.7cmを測る

228　第Ⅵ章　江戸湾への道

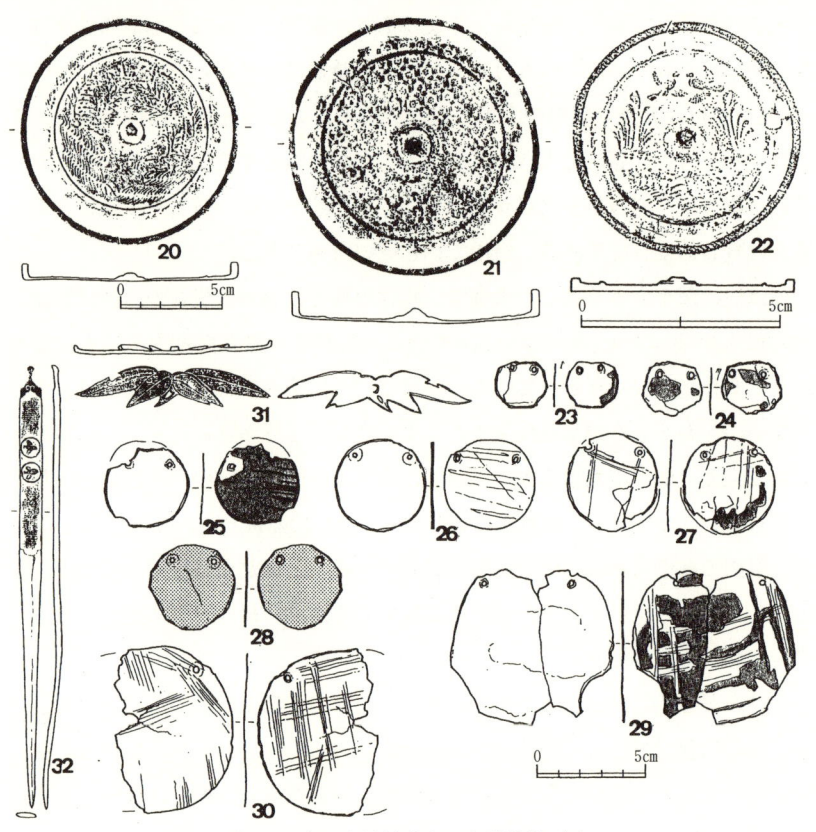

図122　堂ノ山神社境内の中世遺物（3）

鎌倉時代前期に位置づけられる。紐は花葉中隆紐で内区に流水と洲浜から伸びる秋草、飛遊する双鳥を配している。縁は直角である。

　21は亀甲地双雀鏡で面径が11.8cm、縁厚はやや高くなって1.05cmを測る鎌倉時代末の和鏡である。花葉中隆紐を中心において地文に亀甲と双雀を鋳出した単圏、直角の高縁である。

　22は内区と外区の境に2ケ所に孔をもつ室町時代後半の秋草双雀鏡である。面径は5.4cm、縁厚0.3cmを測る小さな鏡で、花葉中隆紐を中心に流水と水草、それに2羽の雀を配している。外区には竹垣を鋳出している。

また、堂ノ山遺跡を特徴づけるものに双孔儀鏡がある。総数で38面も検出されていて、和鏡の代りに奉納されたものと考えている。大中小の3種類があってここではその代表的なものを記すことにしたい。

概していうと、23・24は小型の儀鏡、25・26・27・28が中型の儀鏡で、29・30が大型の儀鏡ということになる。銅板の厚さは0.5mmから1mmと薄く、それを円形や楕円形、あるいは隅丸方形に切って作製している。28のように鍍金をしているものもあればタール状の付着物がついているもの（24）もある。

31は笹葉の目貫金具である。精緻な作風をなし表面に粟粒状の突起がつき、表面に鍍金が施される。室町時代前期に位置づけられるという。32が笄で全長19.6cm、最大幅は0.15cm、地板の長さは4.2cmを測る。室町時代前期から中期の所産のようである。

なお、他に輸入銭貨が鐚銭3点を含めて48点、27種類が検出されているが、もっとも古いのは開元通寳（621年初鋳）で新しいのは永楽通寳（1408年初鋳）であるが、江戸時代の寛永通寳も2枚ある。

この祭祀遺跡の性格や和鏡・双孔儀鏡については、「まとめ」の節で取り扱うことにしたいと考える。

・大島の中世遺物

伊豆大島は伊豆諸島のなかでもっとも北に位置する活火山の大きな島である。地層が細かく別れて島の火山活動の記録となっているが、それだけに考古学では時期判定の鍵層としても活用できるという特徴をもっている。中世の遺跡は陶器片や和鏡・古銭の出土地など7ケ所が知られているが、ここでは和泉浜B遺跡の例を紹介する（川崎　1998）。

和泉浜B遺跡はかつての船着場の側に立地し、発掘調査によって1層から28層まで確認され、そのうちの16層がY5層で、17層がY6層に相当し、この2層が中世の文化層である。すなわち、Y5層（第1文化層）が1338年以降の火山灰と考えられていてその上層から遺物が検出され、14世紀から15世紀にかけての遺物・遺構にほぼ限定されている。Y6層（第2文化層）が13世紀の噴火層と思われているが、出土遺物にはこの時期よりも古く位置づけられるものもあ

る。その意味では矛盾を内包していることになるが、時に伝世した陶器などもあると思われるので、このまま中世遺物の説明に入ることにする。

　第2文化層からは生活の痕跡を示す遺構や遺物が検出され、掘立柱建物跡ではないかと思われるピット、18点の土錘、釣針、鎌、鉄釘など、島の役人や島人の生活をうかがわせる遺物（図123・124）が多いことが特徴でもある。

　1は輸入陶磁器で青磁の口縁部である。蓮弁文がある。2は飛雲文がつけられたもので、他に3点ほど検出されている。3は香道や化粧用の白磁の合子の身の部分である。4は水瓶で常滑産で自然釉がつき、内側の輪積痕はロクロナデされている。12世紀後半から13世紀前半に位置する。5は壺で口径が14.5cmで常滑産、自然釉がつき口唇は外側に折り返され、内面の輪積みはロクロナデされている。時期は12世紀後半から13世紀前半である。

　6は広口の壺の口縁部で自然釉がつき、口唇の内側は溝状の面取りされて先が尖っている。胎土に砂粒を含むが緻密で焼きは固く、口径は24.2cmを測る。常滑で時期は12世紀後半である。

　図124の16・17は常滑の大甕である。16の口径はB-13グリッドからの発見で、口径は約45cmを測り、自然釉がかかっている。報告書には14世紀前半とあるが、どうみても13世紀の所産である。17はP-6グリッドからの発見で口径は46.4cm、自然釉がかかり器の色は茶褐色で、時期は同じく14世紀後半とあるが、13世紀の所産と考えるのが適切かと思われる。

　7は広口の常滑壺の口縁部で、口唇部の内側に一条の溝がついているのを特徴とする。自然釉がかかり、胎土には砂粒が含まれて緻密で固い焼きである。口径は34.1cmを測り、時期は13世紀後半とされる。

　8・9は羽釜である。8は口径18cm、現存の高さは2.3cmである。9は口径19cm、現存の高さは2.7cmで、口縁部の直下に0.5cmの小さい孔が穿たれている。両者とも羽部の下には煤が付着している。

　10は常滑の大壺で陶器の埋納遺構から完全に潰れた状態で発見されたもので、破片の一部に貝の粉末が付着していた。火葬墓であることはまったく考えられないという。口径は48cmで、現存の高さは約53cm前後で、外面は井桁状の押印

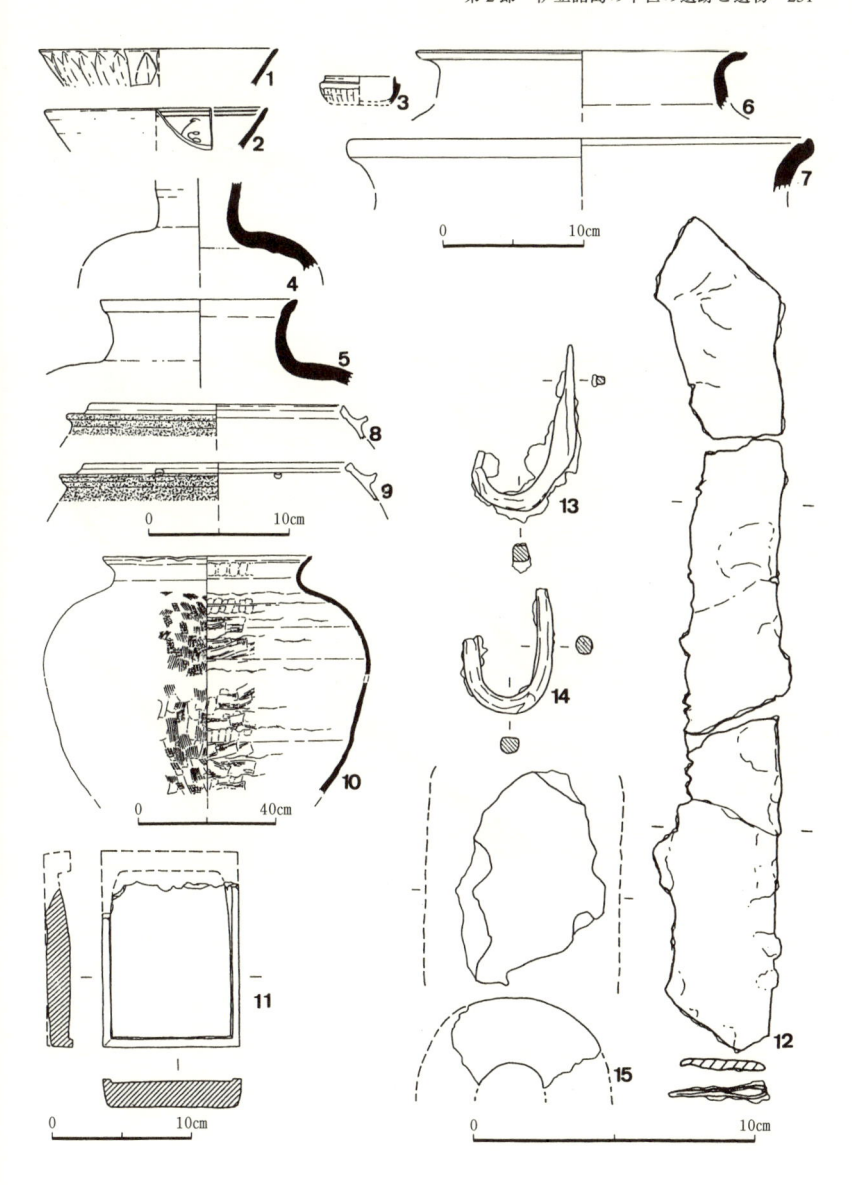

第 2 節　伊豆諸島の中世の遺跡と遺物　231

図123　和泉浜 B 遺跡出土の中世遺物 (1)

232 第Ⅵ章 江戸湾への道

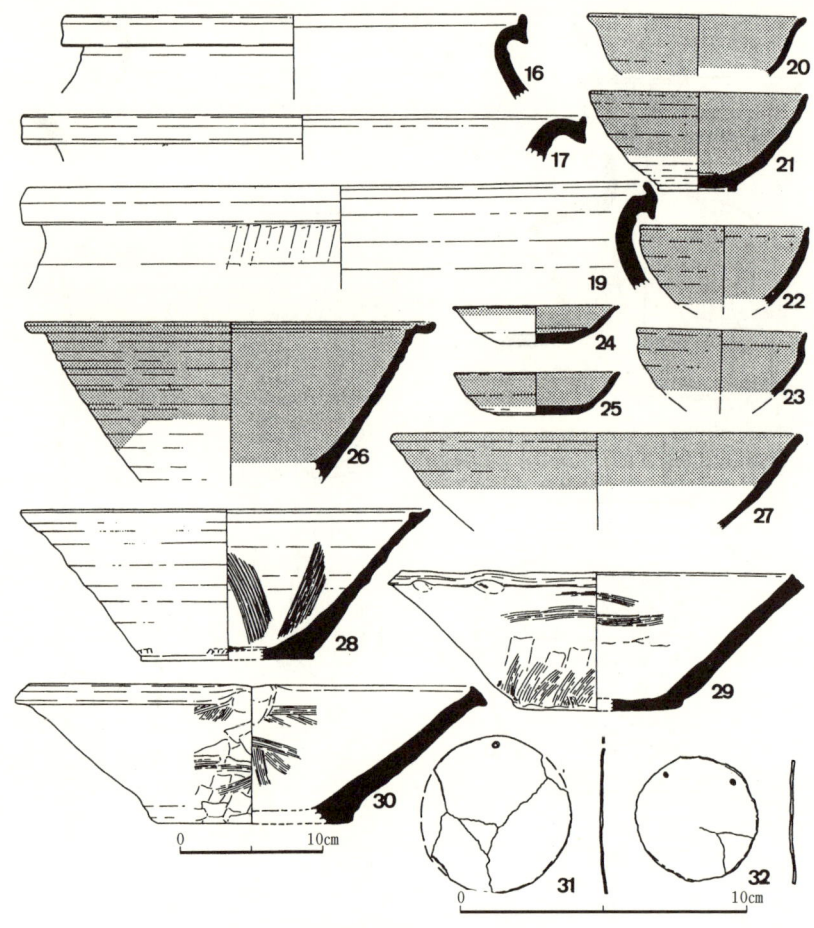

図124 和泉浜B遺跡出土の中世遺物 (2)

がていねいにつけられ、縦に櫛目状工具でナデ調整されて、かつ、自然釉が流れている。内側には輪積み痕が明確にみられヨコナデもなされて、口唇の先端は面取りされている。12世紀後半の所産である。

　13・14は釣針で、現代のネムリ針のような形態の釣針とふつうの釣針とがある。13の左右の幅は約7.5cm前後、14はそれよりもやや小さいが、左右の幅は6cm前後で大型の釣針である。沖に出ての大魚釣り用の釣針であったと思われる。

15は鞴の羽口の破片で、破損がいちじるしいために大幅に復元したものである。内側の径は7cm前後である。他に鉄滓も検出されているので、鎌倉時代に鍛冶工房があったのであろう。他に岩礁性の貝なども検出され、鎌倉時代の文化層からは先に記した掘立柱建物跡から島の役所、土錘や釣針などから島人の生活がみえてくるようで、次に述べる第1文化層の遺物の出土状況とは大きく異なっている。

その第1文化層から「L」字状の溝と外堤が検出され、方形になる可能性があるという。積石塚4基はその南側の溝にほぼ平行して立地し、もう一つの積石塚は12-Cトレンチで発見されている。第6積石塚の近くからは鋸や硯も発見され、また、溝の底面から天目茶碗や双孔儀鏡が検出されている。では個々の遺物の説明（図123・124）をすることにする。

図123の12は横引きの鋸で、現存の長さは28.8cm、鋸の歯部の長さ20cm、柄の一部もついている。11は5号積石塚の近くで発見された硯で、現存の状態から長さ11.5cm、幅が10cmの長方形の硯と推定され、墨池が欠損している。周囲に幅5mm程度の縁帯が巡っている。また、裏には鑿の痕がついている。

図124の20は青磁碗でA-15グリッドからの出土である。淡い青緑色をしており、口径は14cmで口縁は膨らみをもち外反する。時期は15世紀前半から中葉の所産である。

21は灰釉の碗で瀬戸・美濃系、高さが5.4cm、口径は15.2cm、底径が6.7cmでつけ高台である。時期は15世紀後半である。

22は瀬戸・美濃系の天目茶碗で、外面が黒褐色で内側が茶褐色、口径が12cmを測り、時期は14世紀末期から15世紀前半である。23も同じ天目茶碗で口径が12.3cm、釉は光沢をもち、黒または黒褐色である。他に3点の天目茶碗が図示されている。

24は灰釉皿でいくつかのグリッドからの出土である。高さが2.5cm、口径が11.8cm、底径が5cmである。瀬戸・美濃で時期は14世紀後半と思われる。25は録釉小皿で瀬戸・美濃製、高さは2.9cm、口径11.8cm、底径は5.4cmである。時期は14世紀後半とされる。23・25とも回転糸切りである。

26は瀬戸・美濃の折縁深鉢でが施されている。口径は29cmで残念ながらそれ以上の計測値が示されていない。体部の下半には釉がかかっていない。時期は14世紀末期から15世紀前半に所属すると思われる。27は瀬戸・美濃の灰釉鉢で、体部の下半には釉がかかっていない。口径は29.1cmを測る。15世紀後半の所産である。

28は鉄釉がかかった瀬戸・美濃の擂鉢で、器の肌に光沢があり茶褐色である。口縁の内側に突帯があり、高さは10.2cm、口径が27cm、底径が10.2cmである。15世紀後半の所産である。その他に数点の擂鉢が出土している。

29は常滑の無釉の鉢で、口縁に浅い片口を有する。高さが9.4cm、口径が29.3cm、底径が12.2cmで、内面が摩耗している。時期は16世紀前半である。
30は常滑の無釉のねり鉢で、口縁が「T」字状に張り出している。器肌は粗くて茶褐色で、口縁に浅い片口があり、高さが14.5cmで口径が33.4cm、底径は14.2cmである。16世紀前半の所産と思われる。縁がよく研磨されている。

31・32は銅製の単孔儀鏡と双孔儀鏡である。32が東溝の底面から出土し、31が12-Cトレンチからの出土している。31の径は5.5cm、厚さが0.5mmで両面ともよく磨かれている。32の径は4.3cm、厚さが1mmで、孔の間隔は2.2cmである。銅板を切り放しにした状態で、縁は研磨されていない。

この和泉浜は海底に礫を詰めて並べたような浜で、めずらしく船の接岸に支障をきたす岩礁が少ない。船が大型化した今日ではまったく使われていないが、中世の準構造船の寄港にとっては最良の「津」の役目を果たした海岸であった可能性が高いと考えている。単孔儀鏡や双孔儀鏡の役割がそこにあったのであろう。

以上のような、「伊豆の海」周辺に運ばれてきた中世陶磁器等の諸相を考えるのにどうしても避けて通れないのが、中世の船（準構造船）の問題である。その準構造船にまつわる諸問題について、まず、取り組んでみたいと思う。

第3節　中世の船名と海難

　伊豆半島や伊豆諸島に運ばれた中世陶器の集成を行うにあたってつねに念頭にあることは、伊勢湾沿岸と東国との航海と津・湊問題であった。本節を纏めるにあたって（峰岸・村井　1995）・（永原　1995）・（綿貫　1998）を参考にしてみるとかなりの頻度で船名や事故の具体例に接することができる。それをできるかぎり時代順に記してみると次のようになる。

　まず船の呼び名についてみると、

1)　「神船（供祭船）」を挙げる必要がある。神役を毎年滞りなく納める船に対して海上・津々浦々を煩いなく航行できる権利を認められた船のことで、文明三年（1481）二宮権禰宜荒木田帥秀の度会顕光状案によると、

　　……次　神船三十六艘、當時不足于二十艘之間……

と神船が少なくなったことを記している。武士勢力の伸長とともに伊勢神宮の勢力が低下してきたのと連動しているのであろう。

2)　治承5年（1181）新宮にあった源行家の襲撃に備えて伊勢湾沿岸の大神宮の荘園から尾張国墨俣に「水手雑船等」を漕送したとある。水手と雑船を送ったのである。

3)　同年源頼朝によって「走湯山五堂燈油料船五十艘」に関・泊の自由航行が認めらる。

4)　文治3年（1187）紀伊国久見和太の供祭人源未年が「坂東丸」という船を有した。

5)　建久3年（1192）には、同人が「東国」という船を有した。

6)　建暦元年（1211）、伊豆仁科荘松崎下宮の「鰹船」2艘が「石火供祭船」となった。

7)　『吾妻鏡』建保五年四月十七日条に、渡宋用の「唐船」の建造の記事。結局進水に失敗したが、石井謙治の推定によると満載排水量350t位の船とされる。

8) 貞応2年『海道記』に由比ケ浜に、
　　　……数百艘の舟どもつなをくさりて大津のうらににたり……
とある。
9) 建治元年（1275）日蓮の書状に、
　　　……大乗と申すは大船也、人も十二人も乗る上、大なる物もつみ、
　　　鎌倉よりつくし・みちの国へもいたる……
と譬え話しとはいえ水主の員数にまで言及している。
10) 正和5年（1316）のころ、北陸の三国湊に入った「関東御免津軽船」の記事がある。
11) 建武3年（1336）ころ、志摩の阿久志の有徳人道妙が坂東に派遣した「関東出立船」。
12) 応永31年（1424）、鎌倉の円覚寺正続院の用材を桑名から「群内船」で鎌倉に運ぶ記録がある。
13) 文明12年（1480）9月5日づけ、内宮一禰宜荒木田氏経書状に、
　　　……仍大小廻船中宮御神役事、……
などとあって伊勢湾を航行する大廻船と小廻船について記している。
14) 天正元年（1573）9月、「伊豆大船」が大湊に到着している。

14世紀末に品河の繁栄をも物語る『湊船帳』の船名や江尻船などを除いてもこれだけの船名等の記録を抽出できるので、想像以上に伊勢・熊野・紀伊湊と東国との航海が頻繁に行われたことの証拠かも知れない。しかも単なる船名だけではなく、その船の役割や行き先、出発した湊をさす船名が記されている場合が多い。なかには関東御免津軽船のように関東への航行が認められた船もあって、この船が三国湊まで運行しているのである。古代から大船造りの伝統があった伊豆の大船が、中世末近くに伊勢にいたっている記録もある。

また、海難の記録を集成してみても、

1) 『吾妻鏡』弘長3年（1263）八月十四日条によると、「自朝天陰雨降……午刻大風抜樹……亦自比濱着岸船数十艘破損漂没。」
2) 『吾妻鏡』弘長3年8月27日条によると、「また鎮西乃貢運送船六十一艘、

於伊豆海同時漂濤云々」

3) 文治２年（1265）９月10日、大隅国住人帖佐の平三宗能子息三郎信宗らが、帰路鎌倉から遠州灘にさしかかって天候が急変し船が沈没しかかったが、山王信仰に助けられて天竜川の河口に漂着（静岡県史資料編５　中世１の1146）。

4) 元弘元年（1331）10月悪止（阿久止）の、住人虎次郎船と泊浦の小里住人気紀内の船が参河国高松（赤羽根町）の沖で衝突。小里住人紀内の船が沈没し、小里住人犬法師太郎に届ける東国からの利益金31貫が積まれていた。

5) 文明２年（1470）、櫟木善性が八百石積船を大湊の助三郎より借りて修渡（復）し、荷を坂東より積んで的屋浦に帰ろうとして漂着。

　明応７年（1498）８月25日の大地震の被害を除いてこれらの記録をみることができるが、これらのなかで参河国高松沖で船同志が衝突してうち１艘が沈没しているのには少なからず驚かされた。明応の地震による被害については後述するとしても、伊勢～東国間の航海では苦労することもあったが、凪ぎを選んでの航海のため、概して順調であったと考えてよいように思う。

第４節　中世の海運

　本論の冒頭で綿貫友子の論文（綿貫 1989）が中世海運の研究進展の大きな役割を果たしたことを記したが、それ以前に海運の研究に大きな影響を与えた論文が網野善彦の「中世前期の水上交通について」である（網野　1979）。かねてから海民の研究を重ねている網野にとって、東国で出土する東海産の陶器の輸送問題をも念頭におき、その後は多くの航海の事例を示して中世前の東西の航海にまで言及し、鎌倉時代前期には日本を一周する廻船のルートが確立していたことを強調しているのである。

　ここでは伊勢と東国の航海について具体的に述べてみたいのだが、その前に古代の船や造船問題に言及したいとも思い、奈良時代の文献から検討したい。

『日本書記』に、

> 應神天皇五年甲午冬十月。課伊豆國造船。長十丈・船成泛海。而軽如葉馳。
> 傳云。此舟木者。日金山麓奥野楠也。是本朝造船始也

とあって、日金山とは現在熱海市日金山（十石峠）のことと思われ、その奥野の楠で大船をつくったと考える方が自然である。また、『万葉集』巻20に大伴家持の、

> 防人の堀江漕ぎ出る伊豆手舟楫取る間なく恋は繁けむ（4336）

にある伊豆手舟はまさに伊豆でつくられた手舟をさしており、防人を堀江（難波）から九州に送る大船ではなかったかと考えている。このことは辰己和弘も言及している（辰巳　1984）が、そこでは伊豆手舟（船）の生産域を狩野川中流域の狩野郷に比定している。

　平安時代になると延喜式に海運にまつわる運賃の記録がのこされるようになる。東海道に属する国でみれば、「延喜式26主税上　諸国運漕雑物功賃」の条に、

> 伊賀国駄別稲六束。……参河国三十三束、海路米一斗充賃稲十六束。遠江国三十五束。海路米一斗充賃廿三束。……

などとあって東海道では参河国と遠江国からだけ海路運賃が定められている。このことは伊勢湾西岸に向けた運賃ということになり、当時かなりの頻度で海路が開けていたことを証明したことになろう。

　中世の水運問題に言及する前に、研究者が指摘している通り、鎌倉そのものがはじめから海運と結びつき、多くの御家人も水軍に長けた一団であったことをあげなければならない。源頼朝は、西国に転戦中の源氏支援のため元暦2年（1185）春に、東国から兵糧米を輸送しようとして、「伊豆鯉名奥井妻郎津」に用意させ、兵船32艘を派遣するよう命じている。頼朝が一時期熊野水軍と対立して、土佐との関係を重視したこともあり、文治3年（1187）8月に土佐国介良荘地頭兼預所源内行景からの使者が、「弓百張、魚鳥干物以下」を船に積んで鎌倉にやってきている。これらの事例から水軍との関係を重視していることを読み取れることができる。また、鶴岡神宮寺伽藍造営のため文治元年（1185）

2月に伊豆狩野山に用材を求め、その後も伊豆に求めた用材は多くの場合、沼津の海に下ろして船で鎌倉へ運ばれるなど多くの事例を残している。

　水運の利用はそれ以降もつづき、北条氏が幕府の実権をにぎってもその政策は継承され、北条得宗家は東国から瀬戸内海を通って北九州にいたる海運の道を確保して、一族の利益をはかるしくみを追及した。

　鎌倉時代にもっとも活躍した伊勢神人は、12世紀には太平洋沿岸に立地する54ケ所に及ぶ伊勢神宮の御厨から貢納品を神宮に運んだり、一定の貢納をすることで海上の自由航行が認められ、鎌倉はもとより東国の各地に交易に出かけていた。伊勢からは常滑・渥美、瀬戸・美濃などの陶器や、ときには中国からの陶磁器、伊勢・志摩の塩などを交易品として運んでいた。鎌倉の由比ケ浜にはそれらの商品を保管する「浜倉庫」「浜御倉」「浜高御倉」などが建ち並び、やがては貞永元年（1232）には勧進上人往阿弥陀仏の進言で和賀江嶋を築くこととなる。鎌倉の外港として機能することになった。

　今日、鎌倉市域の発掘調査が進んで、常滑や渥美、瀬戸・美濃の陶器が庶民の日常生活に欠くことのできない什器として利用されている（服部　1993）ことがわかってきている。鎌倉は幕府の置かれた12世紀末から13世紀の中葉だけではなく、室町時代の東国支配の拠点として鎌倉府がおかれ、政治の中心的役割をはたしていたが、永享の乱（1437年）以降、かなり急速に衰退しはじめ、康正元年（1455）、下総古河への足利利成の退去によって鎌倉は終焉をむかえることになった。鎌倉が都市として機能したのは幕府の成立から約275年で、この間、江戸湾沿いに六浦・神奈河・少し離れて品河、さらにその北に今津などの湊と相通じ、なかでも六浦は鎌倉幕府にとっても北条氏にとってももっとも主要な湊として位置づけられていた。

　伊勢から鎌倉にいたるのにも途中に津・湊などがあって、天候に左右されていた当時の航海にとって重大な役割をはたしていた。この当時の準構造船は順風に恵まれれば帆を張って航海したが、おもな漕法は手漕ぎがであったといわれるから、嵐の前に津や湊に逃げ込むのが精一杯と思われる。先に示したように荒天によって遭難する船もかなりの数になったのも頷ける。

伊勢から東国への航海のなかで、期間的にもっとも長いものをあげれば、古代末の承安3年（1173）の僧文覚（1139〜1203）の伊豆配流の記録である。「東海道を船でくだすべし」という決定で、伊勢の安濃津から船に乗って東ノ海ツ道に出て、途中、天竜灘（遠州灘）での荒天を凌ぎ、伊豆に着いた様子を、

　　京より伊豆へつきけるまで、折節順風なかりければ浦づたいに嶋づたひして三十一日が間は一向断食にてぞありける

と、かなり難渋したことを読み取ることができる。

これに対して戦国時代のことであるが、順風に恵まれたためなのか、わずか4日で品河にいたっている例もある。天正4年（1575）6月、醍醐寺の曉雅僧正の「関東下向御四度之記」のなかに、「先雖被趣（赴）中山道依不通」とあって、伊勢から船で品河にやってきた。

　　下総江自伊勢舟乗□（リカ）
　　品川ニ付テ船路四日也
　　中一夜□（ミナト）ヘアカリ二夜
　　船ニ寝柱一本ニテ品川
　　までテ付タル事稀ノ事也

この両者は航海問題を論ずるときに欠かせない文献である。稀の異なりと曉雅自身が表現するように、この航海はあまりにも順調であった。その他の航海は困難をともなうほうが多かったに違いないが、それでも伊勢〜東国間の輸送の確実性を鎌倉の僧忍性が示している。建治元年（1275）に「宋本般若経」を鳥羽の師叡尊に送っているのがそれで、僧侶にとってもっともたいせつなお経の搬送に船を利用しているのである。

また、鎌倉幕府の崩壊によって各地の武士の勢力が伸張し、先に記した伊勢神宮の関東の18ケ所の御厨も、武士の押領によって享徳元年（1452）には5ケ所に減っているほどである。それに伴なってか、往年は36艘あった神船も、文明3年（1481）には大幅に減少し、20艘足らずになっている。

それに反比例して有徳人とよばれる豪商たちはしぶとく活躍し、南北朝初期の志摩の廻船人道妙の東国交易は、中継地を江尻においてかなり活発な交易活

動を展開し、遅れて坂東では品河の鈴木道胤・榎本道琳、六浦の新井妙法、神奈河の奥山宗麟、鎌倉の薬屋四郎次郎などの有徳人などが活躍することになる。

戦国時代になって大名は海運重視の政策を継承し、活用しているが、永禄4年（1561）には伊豆韮山城への兵粮米の搬入を伊勢の廻船問屋に命じたり、駿河国を支配下においた武田晴信でさえ、永禄13年（1570）正月に江尻の豪商に土屋木工左衛門に権益を与えたいる。豊臣秀吉の小田原攻略では、眼下の相模湾に水軍を配したのも水軍重視のあらわれであった。このころには鉄板を張った軍船が現れていた。

第5節　中世の津・湊

このように伊勢・志摩と東国との中世の航海問題などを取り上げると、どうしてもその途中の津・湊に言及したくなる。先の中世の主要参考文献やその他の文献によって伊勢・志摩から東国までの沿岸にある津・湊（図125）についてもう少し詳しく取り上げてみたい。

これらの津・湊は先に記したように荒天の避難港や風待ち湊として十分な役割を果たすとともに、そこから伊勢神宮の御厨などへの物資の受け渡しが行わ

図125　中世の主な津・湊と伊豆諸島

れることになった。それらは多くの場合は、津・湊に荷揚げされた常滑・渥美・瀬戸・美濃の陶器やおそらく伊勢・志摩の塩なども、近くの河川やクリークを通じて内陸深く運ばれていったはずである。

　目的地でもある江戸湾西岸の神奈河・品河・今津などを経由し、江戸湾に流れ込む諸河川を通じて、あるいは常陸では香取の海に流れ込む諸河川を通じて、中世陶器が内陸に運ばれていった。なかでも東国への常滑の大量輸送は13世紀から本格化して、鎌倉や六浦が中心となり、海運の最盛期を迎えたといっても過言ではないと思われる。そうなればなるほどその途中の津・湊は重要性を増すのである。

　それだけに発掘によって明確となった津や湊にかかわる遺跡の特徴を、ここで述べておくことは、どうしても避けて通れない考古資料ということになる。なかでも次に述べる伊豆半島西部の井田と、遠江の浅羽湊と密接な関係があったとされる元島遺跡の例を取り上げてみよう。

・井田遺跡

　伊豆半島西海岸の静岡県田方郡戸田村井田遺跡（滝沢・篠沢　1998）は、戸田村の主導で静岡大学が1996年12月に調査したもので、井田郷に隣接して2地点を発掘し、古代の遺物が出土した。井田は津といっても入り江ではなく風待ちの津と考えておきたいところで、本格的に避難しようとすれば隣の戸田湾の方がはるかに良港である。

　ここでは中世以前の井田の津とその出土遺物を紹介しておきたい。古代末の遺物（図126）は1〜5が灰釉陶器で6が瓷器系の陶器、7が山茶碗である。1の器形は碗か皿で高台の径は5.5㎝を測り、色は明るい灰色で胎土に白い粒が混じっている。底部は回転糸切りでその後に高台をつけている。2は碗か

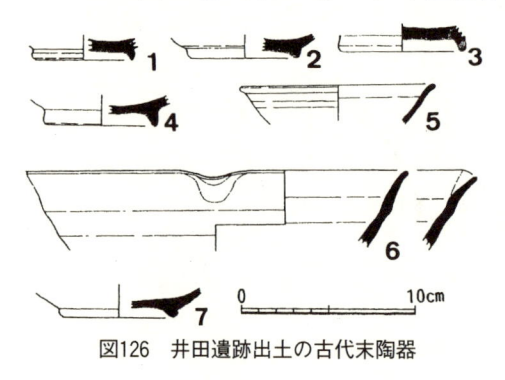

図126　井田遺跡出土の古代末陶器

第5節　中世の津・湊　243

皿で高台径は6.4cmを測り、色は灰白色で胎土に砂粒を含み、底部は厚手で回転糸切りの後に高台を貼りつけている。1・2はO53窯式で10世紀の所産である。3も同じく碗か皿で高台径は6.8cmを測り、底部は回転糸切りなのだが、高台をつけたときに消されている。色は灰白色で胎土に多くの砂粒を含み焼きは良好で、産はK90窯式、時期は9世紀後半と考えられている。

4も同じく碗か皿で、高台の径は6.4cmを測り、色は灰色で胎土に砂粒を含む。底部は回転糸切り後、高台を貼りつけている。5は碗で口径11cm、色は暗い灰色で胎土・焼きともに良好で、器面の調整はロクロナデである。4・5ともに産は百代寺窯式で時期は11世紀前半と思われる。

6は片口鉢で口径22cm、色は明るい茶褐色で胎土に多くの砂粒を含み、焼きはよくない。時期は12世紀前半である。7は碗か皿で底部だけ発見された、高台径は6.4cm、色は明るい灰色で胎土に砂粒を含み、焼きは良好である。高台は底を回転糸切りで仕上げた後に貼りつけたものである。年代は12世紀後半と考えられている。

井田遺跡で検出された陶器は、いずれも愛知県産を中心として陶器で、中世以前の伊豆への海運を考えるのに欠かすことができない遺物と位置づけておきたい。また、羽口や鉄滓が発見されていることから、この井田においても製鉄や小鍛冶が行われていた可能性が高いと思われる。

井田の集落には式内社もあり、現在でも津として機能していたと思われる小さな風よけの港もあって、これだけの遺物が運ばれてきたのであろう。鎌倉時代中期以降の遺物は残念ながら出土していない。

・元島遺跡

中世の湊関連の調査例として、磐田市の元島遺跡（加藤　1999）を取り上げたい。元島遺跡は磐田市の見付端城や見付宿に必要な物資の振り分けなどを行った遺跡と位置づけられている。元島遺跡の調査後の古地形の検討の結果では、仁治3年（1242）の『東関紀行』に詳しく書かれている今の浦に接して元島遺跡があるのではなく、まったく異なった位置に存在すると述べて、かつ、報告書では現在の地形から旧地形を判断することを戒め、中世の今の浦の位置問題

まで言及している。それだけに慎重に検討すべき内容となっている。

　元島遺跡から出土した木製碇や構造船は、明らかに元島遺跡で使用されていた遺物である。さらに、集落内を縦横に結ぶクリーリ状の水路の存在、はたまた窯道具類が貼り付いた未製品の多さ等、元島集落で選り分けが実施されていたことは確実である。これらの状況を繋ぎあわせると瀬戸産なり常滑産の物資が、伊勢湾航路を通って遠州灘から横須賀の潟湖に入り、前川を通って「湊」近辺まで入ってきたと想定しても、まったく問題はないと考える。

　湊で降ろされた物資は、クリーリ状の水路によって原野谷川・太田川と接続させれていた元島集落から河川を利用して、船で集積された可能性が高い。元島遺跡から出土した構造船は、その形態から約10m前後の大きさの河舟であったことが判明している。（なお、湊とは浅羽湊のことである）

と結論づけている。この報告書の刊行は中世の海運問題を考える上でかなり重要な意味をもつと思っている。さらに元島遺跡、周辺の見付宿・見付端城の研究にとっては、かなり重要な遺跡となっている。

　1986年（昭和61）3月30日に磐田市一の谷遺跡の保存問題に絡めて、「中世墳墓を考える」というシンポジウムが開かれ（山村　1986）、一の谷はもとより磐田市見付には塔ノ壇経塚・見付端城・馬場町墳墓などの遺跡に恵まれることが発表されている。その要の元島遺跡となると中世研究の幅が大きく転換していくのではないかと考えられるほどである。

　元島遺跡の出土遺物の概略は、弥生土器が30点、古墳時代前期から後期の土師器類18万点、須恵器60点、陶磁器類4,600点、輸入陶磁器類170点、土製鍋類5,000点、山茶碗類2,000点、石製品200点、金属製品2,200点、土製品900点、骨製品80点、木製品2200点で、そのなかから報告された遺物は、約3％といわれている。

　それらの遺物からみると、元島遺跡は前後約500年にわたって継続した遺跡ということが判明していて、さらに12世紀から16世紀までの出土遺物を比較すると、この遺跡の盛衰がきわめてよく理解できるということになる。その様相

第5節　中世の津・湊　245

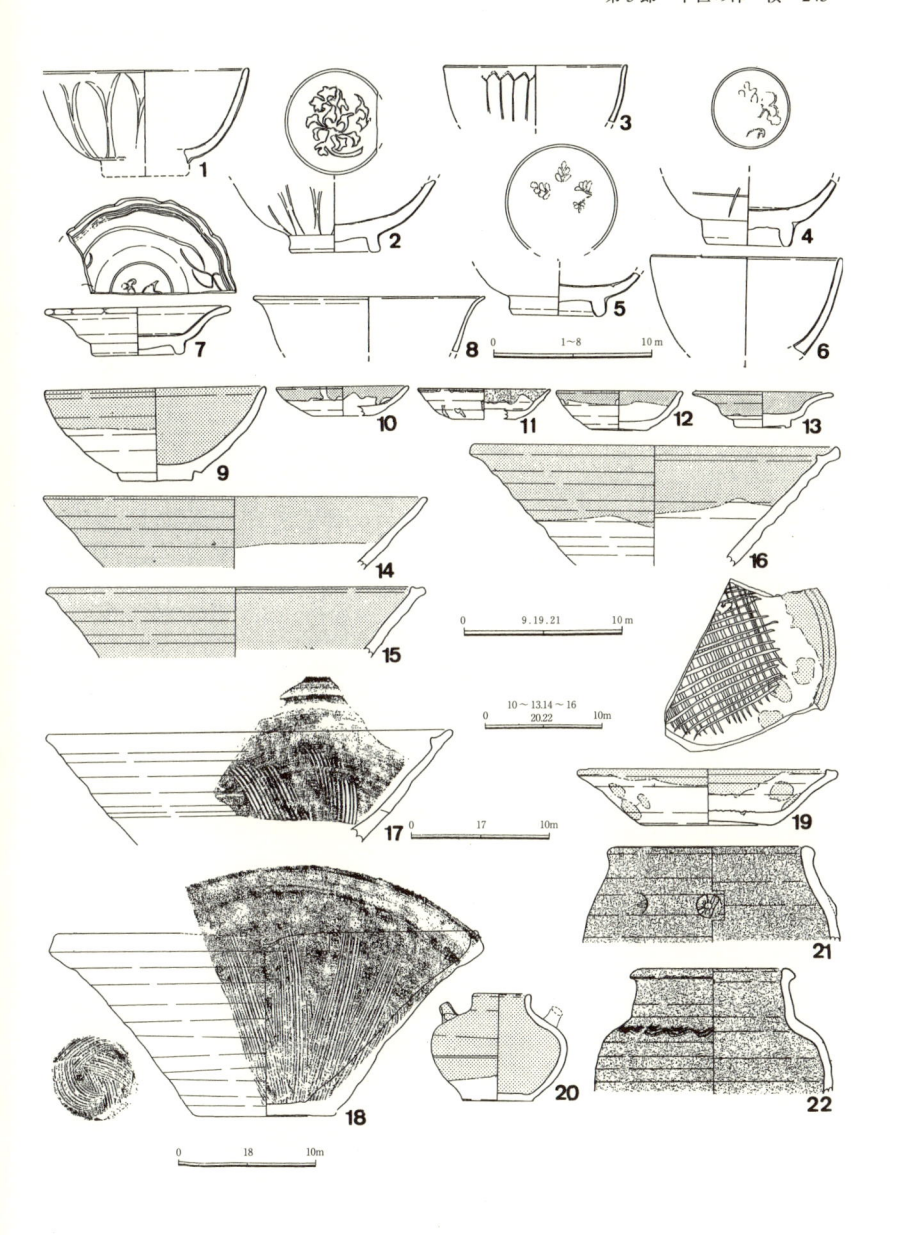

図127　元島遺跡出土の陶磁器・陶器類（1）

246　第Ⅵ章　江戸湾への道

図128　元島遺跡出土の陶磁器・陶器類（2）

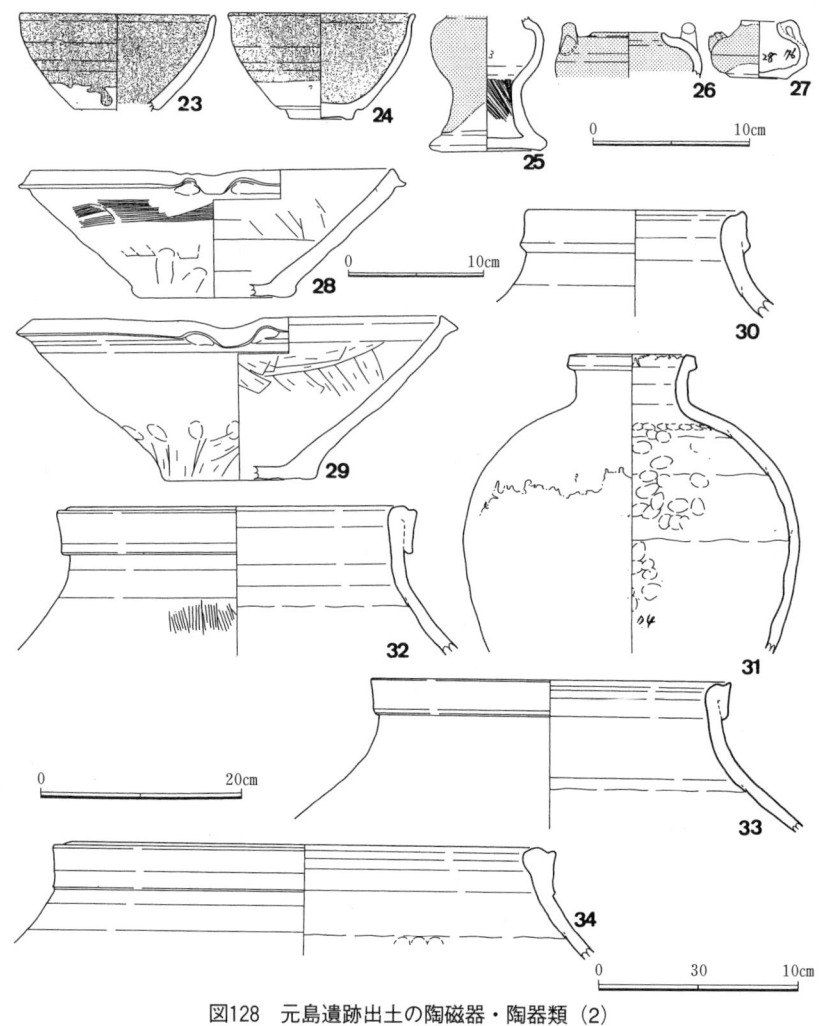

をみると、

　　　12世紀前半の遺物……………6％　　　12世紀後半の遺物……………4％
　　　13世紀前半の遺物……………6％　　　13世紀後半の遺物……………7％
　　　14世紀前半の遺物……………3％　　　14世紀後半の遺物……………7％
　　　15世紀前半の遺物……………16％　　 15世紀後半の遺物……………32％

　　　　16世紀前半の遺物…………13％　　　　16世紀後半り遺物………… 6 ％
となっており、これだけで遺跡の盛期を知るデータとなっているばかりでなく、
15世紀には、その前代（14世紀）の約7倍にあたる遺物の出土量で、急激な繁
栄を証明するものでもある。ここでは原則的に最盛期の15世紀の遺物を抽出し
て、説明（図127・128）することにする。15世紀のものと思われる構造船の船
材と木製の碇については後述することにする。

　図127の1～6は輸入陶磁器で、1は14世紀末から15世紀初頭の青磁筐彫蓮
弁文碗である。口径は13.4cmを測り、もちろんロクロ成形である。胎土は灰色
に近く緻密である。施釉は厚く、淡い灰緑色で半透明であ。2も同じく蓮弁文
が胴部に刻まれ、見込に牡丹印文があり、底径は5.7cmを測る。胎土は灰色で
良好である。施釉は暗い灰緑色で透明で、高台内は蛇の目状に釉掻きしてある。
　3は15世紀後半の青磁線描蓮弁文碗で、同部に剣先形の蓮弁文があり、素地
は灰褐色に近く、釉薬は淡い灰緑色で表面にピンホールがあって、光沢がなく
荒れている。火を受けた可能性がある。口径は11.6cmである。4は15世紀前半
の青磁雷文碗で、底径は5.4cmである。見込に不透明な印花文があり、素地は
灰白色で胎土は良好である。釉薬は淡い青緑で透明性がない。高台の内側は露
胎である。
　5は青磁の無文碗で時期は15世紀前半である。素地は灰白色をなし、釉薬は
淡い灰緑色で施釉に斑がある。底径は5.6cmである。6は15世紀後半の青磁無
文碗で口縁部の形態が直口碗ともいう。口径は12.6cmで素地は灰白色で胎土は
粗い。釉薬は灰緑色で透明性がなく、細かな気泡が多い。
　7は青磁稜花皿で、時期は15世紀中葉から後葉である。高さが2.9cm、口径11.8
cm、底径5.4cmで、腰折れ状に外反して周縁を稜花様につくり、見込に印花文
の一部が観察される。素地は白色で胎土はややよい。釉薬は緑色で透明性がな
く厚めに施釉され、高台内に流れている。8は白磁端反碗で、15世紀後半から
16世紀前半とされる。口径は14.8cmで、薄い器壁をなし無文である。施釉は青
みがかった白色で半透明である。
　以上で輸入陶磁器の説明を終り、次に数点の古瀬戸の説明に入ることにする。

9は包含層から検出された灰釉の古瀬戸平碗で、高さは5.7cm、口径は推定で14.1cm、底径が4.6cmである。時期は古瀬戸後期（15世紀中ごろ）である。10は古瀬戸の縁釉小皿で高さ2.7cm、口径は推定で9.7cm、底径は5.2cmである。時期は後期Ⅲ期（15世紀前半の中ごろ）である。11は古瀬戸の縁釉小皿で高さは2.6cm、推定で口径は11.2cm、底径は推定で5.4cmで、時期は後期Ⅳ期（15世紀中ごろ）である。12は縁釉小皿で高さが3.4cm、口径が10.6cm、底径が4.8cmで、時期は後期Ⅳ期新（15世紀後半の中ごろ）である。13は古瀬戸の腰折れ皿で、高さは2.9cm、高さは推定で12cm、底径は4.8cmである。時期は後期Ⅳ期新である。

14は古瀬戸直縁大皿で、推定の口径が28.1cmで、時期は後期Ⅲ期である。15は古瀬戸の卸目付き大皿で、推定の口径が28cmを測り、時期は後期Ⅲ期である。16は同じく卸目付き大皿で二次的に焼かれている。推定の口径は28.1cmで時期は後期Ⅳ期新に所属する。

17は古瀬戸の摺鉢で、計測値は不明である。時期は後期Ⅳ期である。18は古瀬戸の摺鉢で高さが13.1cm、推定の口径は30.7cm、底径は10.6cmで、時期は後期Ⅳ期新である。19は古瀬戸の卸し皿で、高さは3.5cm、推定での口径は16.8cm、底径は8.8cmである。時期は後期Ⅲ期である。21は古瀬戸の土瓶で、高さや底径は不明、推定の口径は12.4cmで、時期はⅢ・Ⅳ期（15世紀前半の中ごろから15世紀後半）とされる。22は古瀬戸四耳壺で鉄釉がかかり、推定で口径は10.8cmで、時期は後期Ⅳ期（15世紀中ごろから後半）である。

図128の23・24は茶道具で古瀬戸の天目茶碗である。23は推定での口径は12.5cmで鉄釉がかかる。24の高さ6.5cm、口径は推定で12.1cm、底径は4.2cmである。両者の時期は後期Ⅳ期古（15世紀中ごろ）である。

25は神仏具で尊式花瓶である。後期Ⅳ期古の所産で、高さは8.3cm、口径は推定で5.3cm、底径は7.6cmを測る灰釉がかかっている。26・27は双耳合子で灰釉がかかり、26の推定口径は4.5cmで、時期は後期Ⅲ・Ⅳ期（15世紀前半の中ごろから15世紀後半）に相当する。27は水滴で高さは3.7cm、口径は2.6cm、底径は3.8cmを測る。時期は中世後期（室町時代）に相当する。

28から34が常滑製品で、28は片口鉢で高さは9.1cm、口径は推定で26.8cm、底径は12.2cmで、時期は9型式（15世紀前半）の所産である。29も同じく片口鉢で高さが11.6cm、口径が推定で32.8cm、底径も推定で11.2cmを測り、時期は10形式（15世紀後半）である。

　30は広口の壺で、推定での口径が11.1cmで、時期は9型式である。31は玉縁口縁の壺で、口径は推定で10.8cmで、残存の高さは29cmを測る。ほぼ球形の胴部で、内部には無数の指頭痕と粘土紐の巻き上げ痕が残っている。32は大甕でN字状の口縁部をなし、頸部と密着している。一部に刷毛状の調整痕が残されていて、口径は推定で35.6cmを測り、時期は10型式である。33も同じ口縁部をなし、推定で口径は35.7cm、時期は9型式である。34は32S同じくN字状の口縁部をなし、頸部に密着している。計測値は不明で時期は10型式である。

　元島遺跡で、15世紀代の遺物が占める割合は、古瀬戸が全体の半分以上の51％、常滑が26％、静岡県内を産地とする志登呂が18％、貿易陶磁器が5％となっているが、そのなかで以上の出土遺物しか紹介できないのがはなはだ悔いるかぎりであるが。一通りの遺物を網羅した形となっている。

　井田遺跡にしろ元島遺跡にしろ、直接的には津・湊からの出土遺物ではなく、関連する遺跡の出土遺物ということになる。その点では津・湊関連の第一級の資料ではないが、将来、浅羽湊や江尻などの中世の津・湊の発掘調査が進めば、いっそう中世の航海問題が解決すると思われる。幸い中世の津・湊をかかえている地域の研究者が、そのことにつねに配慮して臨んでいるので、いずれ発掘される時期もくると考えている。

第6節　中世の船

　伊勢から東国間の航海にどのような船が就航していたのかということは、誰しも興味を抱くところである。とくに船名や海難事故、航海の日数、津・湊に関する記述をしてくると、なおさら中世の船に注目したくなる。その点で忘れてはならないのが鎌倉時代に描かれた『伝久米寺天神縁起絵巻』・『弘法大師行

図129　北野天神縁起に描かれた準構造船 (小林他　1978) より転載

状絵詞』・『東征絵伝』・『華厳縁起』・『蒙古襲来絵詞』・『北野天神縁起』・『法然上人行状詞』・『一遍聖絵』・『松崎天神縁起絵巻』・『荏柄天神縁起絵巻』や、室町時代に描かれた『山王霊験記』・『神功皇后縁起』・『真如堂縁起』・『浜松図屏風』などである。

　このなかで、まず、鎌倉時代初頭の『北野天神縁起』(小林他　1978) を採用してみると、菅原道真が讒言によって太宰府に左遷される際の浪速の出港の様子 (図129) をていねいに描き上げたもので、十梃櫓の船にはたぶん、漆塗りの屋根が取り付けられており、艫の屋形には網代囲いがつき、中央の大きな屋形には、みごとな簾がつけられている。よく見ると屋根は板葺きで、帆柱は寝かしたまま、そのまわりに帆を結びつけているのがわかる。熊手や篝火まで積んでいるのをみると、場合によっては夜間航行もあったようで、先に述べた曉雅僧正の品河への渡海も二夜は船中泊であったのを思いだす。艫側に2個の盥が積んであるところをみると賄いをする台所の可能性がある。乗船している員数は水夫10人で、艫の屋形の横にいる人物が梶取りなのかも知れない。客は菅原道真を中心に14人はいるものと思われるから総勢で25人ということになる。

　この船は前・中・後に三台の丸木舟材を船台にして舷を組みあわせて準構造船としたもので、当時としては最大級の船で300石積み前後はあったと考えられている。帆柱の支柱は大きな屋形の前に立っており、その土台には頑丈なつっかいがしてある。帆が舳先に向かって孕むのを計算しての支えであるから、

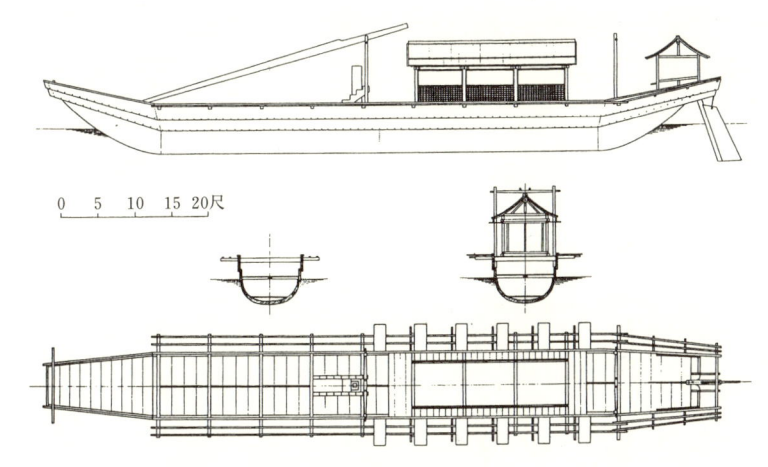

図130　鎌倉時代の大型海船復原図（石井　1983）より

この絵そのものが絵師の観察力によって完成したものであるということがわかる。

　同じ『北野天神縁起』にもう1艘の準構造船が描かれており、船としての格や、大きさともに前者の船の方が優れている。水夫も6人でやや小振りと考えた方がよさそうである。

　また、石井謙治は『図説日本海事史話叢書1　図説和船史話』（石井　1983）のなかで中世の大型準構造船の復元図（図130）を載せているが、それによると十二梃櫓の船で艫に小さな屋形があり、船の後半に大きな屋形をしたてている。帆用の支柱が船の真ん中に立っていて、階段式の支えがしてある。船台は舳先と艫、中央部分を三分する構造で、その上に舷が組み立てられて、準構造船となっている。かなりの部分で『北野天神縁起』の船の構造を生かしたものになっている。この船は全長93尺（28.2m）で、幅は8.4尺、深さ5.7尺、250石積みの船（25t）で満載排水量約45t、水手12人と推定される。先述の日蓮の手紙のなかに水主12人の大船で、「……鎌倉よりつくし・みちの国へもいたる……」とあったのを思い出す。

　この復元図の作成はたいへん貴重な業績で、なによりも中世の海運を考える際の船の具体例として重要視する必要があるように思う。それは次に述べる磐

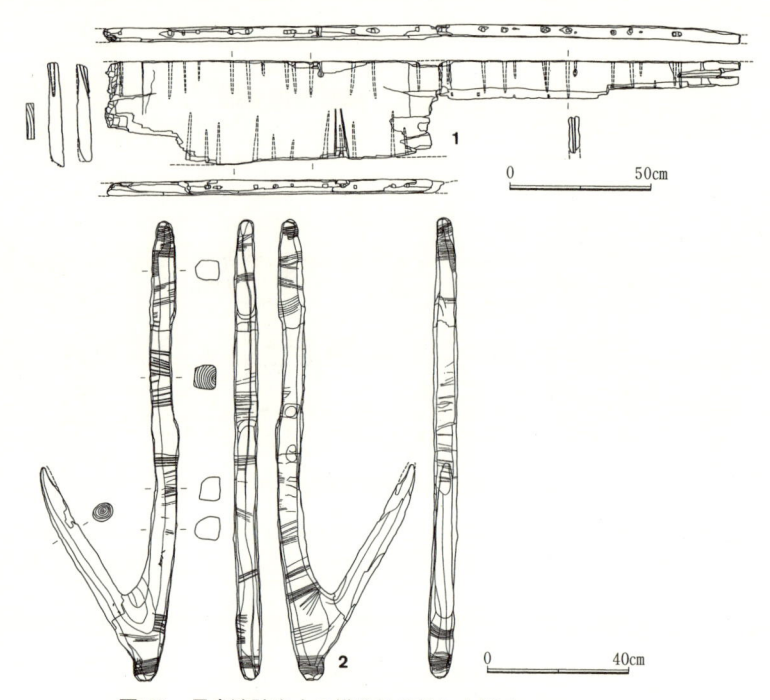

図131　元島遺跡出土の構造船の舷と木製碇（加藤　1999）

田市元島遺跡出土の構造船との関連で検討するに値するからである。

　元島遺跡からは中世の船着き場と中世の構造船の舷側板（図131）が検出され、船入り場は屋敷内に、併行して2ケ所も発見されている。構造船の舷側板は15世紀と限定され、、井戸枠として再利用されていたものである。さらにこの時期の木製の碇まで検出されて、中世の構造船の発祥問題まで言及できるほどの、好資料に恵まれたことになる。

　舷側板は現状で最長2.23m、最大幅35.6cm、厚さ4.9cmを測り、樹種は杉である。舷側板には2ケ所にいわゆるアテがあって、その部分が構造船の内側であることも判明し、合計39本の船釘跡が確認されている。舷側板の上のほうに船釘が28本、下側に11本が打ち込まれた痕跡を残している。もっとも深い船釘は長さ約5cmを測るという。

　船を復元するとおそらく長さ10m前後と考えられており、外洋船が浅羽湊で

荷揚げされた物資を潟湖を利用して元島遺跡へ運び込み、そこで仕分けされた物資をふたたび載せてクリークや諸河川、今の浦などを経由して、見付の宿や見付端城などへ運ぶ役割を果たした船ではないかとされている。

2が木製の錨で28号土坑からの検出で、志登呂（古瀬戸後期Ⅳ期併行期：15世紀後半中ごろ）が伴出しているので、錨の時期もそのあたりであろう。長さが1.24m、径が8cm、爪の長さが75cmを測る。胴部はほぼ四角に加工され、爪部は自然木のままである。頭部に残る緊縛痕が綱をくくりつけた跡と思われ、石を強く括りつけて碇とするもので、その部分がすり減っているのが、実測図からも確認できる。その後も木製の碇は昭和30年代まで全国各地の漁船などで利用されていた。

近代的な発掘調査が定着してから、初めて発見された中世の船材ということになり、この発見の意義は、中世の海運の研究にとってかなり大きいと思っている。浅羽湊の発掘調査とともに、今後大いに論議をよぶものと思われる。

とくに構造船の初現が川船であったとしたら、面白い話題を提供したことになる。海船に適応する構造船出現の時期問題が、今後論議されることになろう。

また、伊勢から東国への航海のなかで、その出発地の安濃津の研究はここ数年で相当に深化し、それだけにさらなる発掘調査がのぞまれている。今後、大いに期待されるのが伊勢大湊の発掘調査であり、先に記したように東国交易の中継湊として駿河の江尻の発掘などが実施されるとしたら、中世の太平洋海運の解明にとってもっとも切望される調査である。現状ではそのすべてが今後の機会に委ねる以外にない。

中世後期には準構造船も大型化し、記録によると太平洋航路の船で800石積みくらいにはなったと思われる。海難記録の項で見たように、文明2年（1470）、伊勢国の欅木善性が大湊の助三郎より借りて東国に航海したのが800石積みの準構造船である。このことから当時すでにかなりの大きさの準構造船が就航していたものと推定される。

室町時代には勘合貿易も行われて、明に出かける大型の準構造船がつくられていると同時に、国内用の大型商船が改造されて遣明船として利用されていた

こともあったとされる。それにしても造船技術の飛躍的な進歩とともに、やがて航海に磁石が利用される時代になっていた。

第7節　まとめ

　本章のまとめにあたって大きく 2 つの問題が浮上するように思っている。その 1 つが伊豆諸島や伊豆半島東海岸遺跡の中世陶磁器の諸問題であり、もう 1 つが鎌倉をはじめ東国への航海と和鏡とのかかわりである。まず前者から取り組んでみたいと考える。

(1)　中世陶磁器の諸問題

　伊豆諸島出土の中世遺物の集成をみると、島がおかれていた政治的状況や中世海運の問題に、言及せざるを得ないようになってくる。伊豆諸島は律令時代から流刑の地となり、平安時代末の保元の乱（1156年）後に、源為朝（1139～1177）が伊豆大島に配流となっているのもその延長であった。鎌倉時代には相模国に属して幕府の支配下に置かれ、同じく流刑の地として位置づけられていた。室町時代の前半の状況は定かではないが、15世紀後期には山内上杉氏（1466～1510年ころ）が伊豆諸島を支配し、15世紀末になると後北条氏の支配下に置かれるようになっていった。この時期に伊豆国下田の代官に連絡をとる人びとが八丈島に出現してくるのをみると、島でもかなりの準構造船が建造されはじめたことがわかるが、それ以前の島への渡航の実態を探るとなると、中世の陶磁器の分布とその時期などから検討する以外に方法はない。

　その観点から発見されている陶器の時期などを検討してみると、もっとも古いのは黒潮本流の真ん中に位置する御蔵島の猿投窯の短頸壺（図115の 1）で、9 世紀後半から10世紀代の所産である。このことから中世以前にさかのぼって、御蔵島への運行を考えておく必要がある。

　この御蔵島よりさらに本州島（伊豆半島）に近い三宅島以北の島々（三宅島・神津島・式根島・新島・大島）では、平安時代前半の陶器は未発見で、これに

第7節 まとめ

 つづく陶器が三宅島薬師神社境内発見の猿投窯産の広口大壺（図116の1）である。12世紀中葉の所産であるから平安時代末近くの陶器ということで、伊豆諸島にはそれ以降の13世紀から多くの中世陶器が運ばれてくるようになる。

 その伊豆諸島の中世陶器を時期ごとに集成（表9）してみると、当時の政治上の動きに連動しているように思われるから、不思議である。表9は、それぞれの世紀のいちばん前にその世紀名を記して、陶器の略称を載せているが、それは前期・中期・後期に確実に当てはめることが現状ではむずかしい陶器を、その欄に載せたからである。また、何世紀前期〜中期の所産という場合には新しい方に当てはめて作成してある。

 いくつかの特徴を記してみると、13世紀の中期と後期に所属する陶器が今のところ極端に少なく、14世紀でも前期に相当する陶器がわかっていない。そして、16世紀になると極端に陶器の出土数が少なくなってくることである。

 この変化と中世の政治状況などを検討すると、13世紀の中期・後期の空白部分を政治と連動させることはできないけれども、14世紀の前期に空白部分があるのは鎌倉幕府の滅亡と関係しているのではないかと思っている。また、16世紀になって極端に遺物が減るのは、明応7年（1498）のいわゆる明応地震の影響が確実に出ているのではないかと考えている。

 これに対して伊豆半島東海岸の場合は、蔭山氏の居城という伝承のある河津城は、伊勢新九郎長氏（北条早雲）の伊豆侵攻（延徳3年〈1491〉）によって落城したとされ、発見された陶磁器には伝世品もあるが、大部分の陶磁器の時期もほとんど矛盾がないと考えてよさそうである。また、城下の平地に蔭山氏の屋敷跡といい伝えのある土地もあって、今後、発掘する機会に恵まれるとすれば、蔭山氏の日常生活の様相を把握できるであろう。

 寺中遺跡の場合は宇佐美氏が建立したと思われる寺院が近くにあったらしく、仏教関係の遺物がかなりの量に及んでいる。仏像の宝冠（図111の26）、密教とかかわりの深い亜字型の銅製花瓶（図112の27）、瀬戸・美濃系の梅瓶（図111の10）、香炉（図111の13・14）、猿形土製品（図112の28）もおそらく寺院と結びつく可能性がある。

表9 伊豆諸島の

島名 \ 時期	9~10C	11C	12C	12C前期	12C中期	12C後期	13C	13C前期	13C中期	13C後
青ヶ島									古瀬戸瓶子	
八丈島						渥壺		渥壺		
八丈小島										
御蔵島 採集品	猿短壷									
御蔵島 神ノ尾										
三宅島 採集品						猿広壺	渥蓮系渥壺			
三宅島 中郷積石										
神津島										
利島 採集品			渥大甕				常三筋・常大甕2・渥壺			
利島 堂ノ山			常片口渥片口				常大甕	瀬灰四耳 常大甕2	常渥片口	
大島 和泉浜B							常大壺・常大甕・常広壺	甕2・青磁2・白磁合子・常大	常壺 常水瓶	

中世陶器時期別一覧

14世紀				15世紀				16世紀			
14C	前	中	後期	15C	前期	中期	後期	16C	前期	中期	後期
					常広壺						天目
	常大壺										
常壺						常片口					
				常大甕							
					常大甕						
				常大甕						常大甕3	
		常広壺									
					常大甕		常甕				
縁紬小皿片口			常大甕	水滴・瀬鉄水滴 灰三足鉢・瀬灰	青磁碗(龍泉)				常片口		常甕
			灰紬皿 縁紬小皿	天目茶・瀬美折	青磁碗	瀬美灰碗	瀬美灰鉢 瀬美擂鉢	常鉢 常渥鉢			

258 第Ⅵ章 江戸湾への道

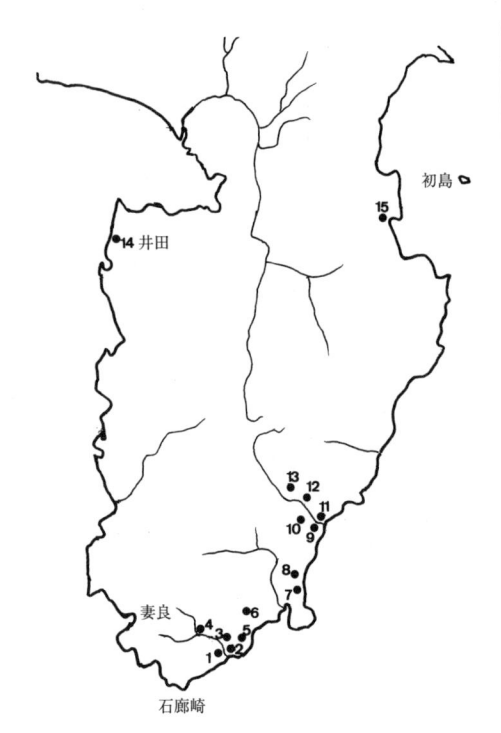

番号	遺跡名	製鉄関連遺跡	時代
1	十二爂	製　　鉄	鎌倉
2	下条	鉄滓散布地	
3	日野	製　　鉄	平安末
4	日詰	製鉄・小鍛冶	平安末
5	田牛・金草原	鉄滓散布地	
6	金山	製　　鉄	平安
7	原田	鉄滓散布地	
8	長田タタラド	〃	
9	大門	〃	
10	蛭田	〃	
11	姫宮	小鍛冶？	
12	田中・金草原	鉄滓散布地	
13	筏場	〃	
14	井田	製鉄又は小鍛冶	
15	寺中	製　　鉄	鎌倉

図132　伊豆半島の製鉄関連遺跡（外岡龍二提供に加筆）

　また、寺中遺跡では規模の大きな製鉄遺跡が発見され、宇佐美氏は鎌倉幕府の鉄の相当部分を賄った御家人であり、輸入陶磁器や多くの国内陶器が検出されたのも、鉄の効用ではなかったのかと考えている。その製鉄遺跡も伊勢新九郎長氏の伊豆侵攻によってその伝統が途絶え、生産拠点の中心が伊東に移っていったものと考えられている。

　伊豆は平安時代中期から製鉄が盛んな地域で、外岡龍二による伊豆の製鉄遺跡の分布図（図132）を見れば一目瞭然である。伊豆半島南部に製鉄遺跡が集中して中世初期に終焉をむかえて、その後は中世を通じて伊豆半島の基部に製鉄が移り、伊東市の宇佐美の寺中遺跡がその中心の遺跡となっていた。

　幅20mのバイパス道路部分の総面積3,410㎡の発掘だけで、製鉄炉16基、鍛冶炉3基、廃滓場1ケ所、製鉄関連遺構38基が発見され、全国的に箱形炉、縦

形炉が多いなかで伊豆特有のたたら跡も発見された。鉄滓は土嚢袋12,000袋、重量にして約50tもあって、あまりにも多量である。今後、この遺跡を全面的に調査すると、どれほどの製鉄関連遺構と鉄滓が出土するのか予想もつかないほどである。

宇佐美氏はこれほどの鉄滓を残した鋳物師を配下に置き、鎌倉幕府の滅亡後は関東管領の上杉氏と気脈を通じていた。上杉顕定（1454〜1510）から伊豆国守護代に列せられた宇佐美定興は、伊勢新九郎長氏の伊豆侵攻で韮山の堀越御所にて討ち死にし、弟の宇佐美高忠もまた伊勢新九郎氏に立ち向かうが敗走している。このころ嫡流はすでに越後にあって上杉謙信の軍師となっていたという。

寺中遺跡で天正期のメルクマールとされる輸入染め付けが検出されているのも、宇佐美氏が伊豆国守護代となっていたことでうなずける。

(2) 東国への道と和鏡

伊勢湾を発った船が坂東に近づいてからの、すなわち、江尻湊を出港して鎌倉や江戸湾にいたる航路の問題に言及したいと考える。中世の大部分の船は航行するにあたって沿岸を視野に入れるのが常道で、江尻を出発するとすぐに伊豆半島を視野にいれる。半島の西海岸に沿って石廊崎に近づいたときに、舵取りなり水手が意識するのは、沿岸の岩礁と神島や遠くの伊豆諸島である。

石廊崎を越えるときにはほとんどの船が荒波を経験し、風向きが変わることをも念頭に船を進めるのが常識であったはずである。天候の急変に対応する最良の方法が安全な湊に船を寄せることであったから、石廊崎の前にして妻郎津（妻良）を、石廊崎を越えてからは鯉名（小稲）や下田港が果たす役割は決して小さくはなかった。伊豆半島東海岸沿いに右手に伊豆諸島を見て航行し、南風に恵まれれば帆を張って一気に鎌倉なり江戸湾なりの航路が待っていた。

また、航行の安全を祈念するために神奈備型の利島に上陸し、祭祀行為を行った人びともいた。利島の堂ノ山神社境内遺跡の発掘で12世紀から16世紀にかけて重層的に中世の遺物が出土し、航海安全の祭祀行為の跡として、中世の海

運研究に欠かすことができない遺跡として位置づけてよいように思っている。
　ちょうど、古墳時代の大陸との航海に宗像神社の奥の院、玄海灘に浮かぶ沖ノ島で航海安全を祈願する祭祀行為が行われていた。伊勢からの古代・中世の航海安全の祈念に和鏡などを神島に奉納していたように、坂東から伊勢への中世の航海に利島は神島に匹敵する遺跡であると考えている。だからこそ堂ノ山神社境内に陶磁器類の他になによりも航海安全に欠かせない和鏡や双口儀鏡を奉納したのである。
　もともと伊豆諸島は第Ⅰ章で述べたように、古墳時代には利島から鏡形石製模造品、古墳時代後半から末にかけて伊豆大島の和泉浜Ｃ遺跡から銅釧や金・銀製の鋌などが検出され、連続して国家的な祭祀が行われていた。また、律令時代には式根島から鉄製儀鏡や小型海獣葡萄鏡などが出土して航海安全に関する祭祀行為が行われてきたという伝統があり、次に述べるように中世の伊豆諸島は和鏡が多い特殊な地域なのである。
　姫宮遺跡の項でも記したように伊豆半島南部で出土した和鏡は、姫宮遺跡から１面、他の鏡はほとんどが伝世品で総数105面を数えることも念頭に置いた上で、伊豆諸島の和鏡に検討を加える必要がある。
　伊豆諸島の和鏡については、かつて「伊豆諸島の中世遺跡と出土遺物」(橋口　1989)で集成し、総数148（155）面の和鏡を明らかにしたことがあったが、ここでは海洋信仰研究会和鏡研究部会が集成した（永峯・青木他　1993）和鏡についても追加の資料として取り上げて見たいと考えてる。これらの和鏡は、中世の航海問題の研究にとってかなりものをいう歴史資料とし位置づけ直してみたいと思っている。ここではたとえば古い鏡と新しい鏡とか、失われた鏡とか、出土状態の明確な鏡など、その島の代表となる鏡を図示（図133）してみたい。
　伊豆大島からは現在、６面の和鏡が発見されている。そのうちの４面は大正時代に巫女の指示によって差木地小学校の近くのタミ（タブ）の大樹のふもとからの発見で、林浦寺にそのうちの３面が保存されている。野増小学校付近からの出土ということで小学校に１面保存され、同じく野増の大宮神社に１面が

第7節 まとめ 261

保存されている（時期については図133を参照）。

　利島の和鏡は堂ノ山神社境内遺跡から出土したのを含めて総数25面が知られており、その大部分が堂ノ山神社所蔵の和鏡である。昭和33年（1958）の段階で18面が東京都の指定文化財となっており、昭和51年には利島所蔵の考古資料の悉皆調査に出かけた段階で、すでに1面が失われており、かわりに十二支鏡が加わっていた。この十二支鏡は堂ノ山神社の前の村道の拡張工事によって検出されたものであった。失われた1面も社殿の立替で発見されたもので、平安時代末に相当する松喰鶴鏡であった。

　その後の堂ノ山神社境内遺跡の調査などで和鏡が増えて、現在の面数になったのである。それにしても良好な湊に恵まれない利島に、これほどの和鏡がもたらされているのは驚きという他にない。やはり神奈備型の海の山として、祭祀の対象となっていたからであろう。

　新島では東京都の調査によって11面の和鏡があることが報告され、平成3年の國學院大學の有志による海洋信仰研究会和鏡研究部会のあらためての取材によって、16面の和鏡拓影図が公表され、うち2面が安土・桃山時代の和鏡である。

　式根島には2面の和鏡が保管されており、その他に奈良時代前半の小型海獣葡萄鏡が個人によって所蔵されている。

　三宅島の和鏡は、東京都による伊豆諸島文化財総合調査によりはじめて公になって（後藤・梅沢　1958）、総数70面が報告され、次いで78面の和鏡が紹介されたのが、本格的な和鏡調査の始まりといってよい。なかにはタミの木のふもとや積石塚、神社の境内などから検出されたのがかなりの数になっていた。出土状況については「伊豆諸島の中世遺跡と出土遺物」を参照していただきたいが、この時点での和鏡の総数は88面であった。その後、國學院大學によって再調査が行われ、積石塚から発見された元村長の桑原秀雄所有の和鏡1面などの拓影図なども明確になって、総数82面となっている。たぶんに欠落した和鏡があったものと思われる。その結果、三宅島の和鏡総数は括弧づきとなっている。

262 第Ⅵ章 江戸湾への道

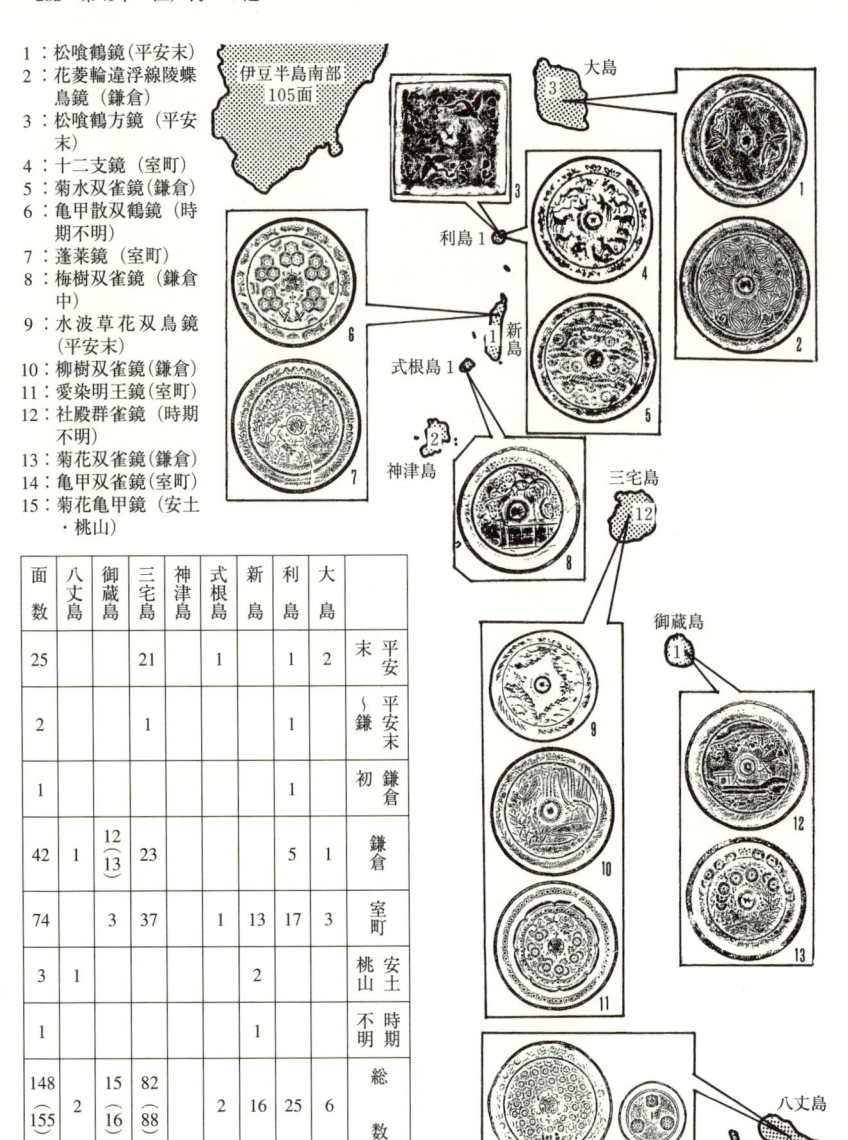

1：松喰鶴鏡（平安末）
2：花菱輪違浮線陵蝶鳥鏡（鎌倉）
3：松喰鶴方鏡（平安末）
4：十二支鏡（室町）
5：菊水双雀鏡（鎌倉）
6：亀甲散双鶴鏡（時期不明）
7：蓬莱鏡（室町）
8：梅樹双雀鏡（鎌倉中）
9：水波草花双鳥鏡（平安末）
10：柳樹双雀鏡（鎌倉）
11：愛染明王鏡（室町）
12：社殿群雀鏡（時期不明）
13：菊花双雀鏡（鎌倉）
14：亀甲双雀鏡（室町）
15：菊花亀甲鏡（安土・桃山）

伊豆半島南部 105面

面数	八丈島	御蔵島	三宅島	神津島	式根島	新島	利島	大島	時代
25			21	1			1	2	平安末
2			1				1		平安末～鎌
1							1		鎌倉初
42	1		12(13)	23			5	1	鎌倉
74		3	37		1	13	17	3	室町
3	1					2			安土桃山
1						1			時期不明
148 (155)	2	15 (16)	82 (88)		2	16	25	6	総数

島の数字は式内社

図133 伊豆諸島の和鏡一覧
（橋口 1989、1975・青木他 1994）より

第7節　まとめ　263

　御蔵島の東京都指定の和鏡2面のうち、早い時期に秋草双鳥鏡（個人蔵）1面が失われた。栗本家屋敷神出土の鎌倉時代の菊花双雀鏡の拓影図が公表され、他に稲根神社所蔵が和鏡13面あることも明確なので、総数は15面ということになる。

　八丈島の和鏡の1面は宗福寺の所蔵となっているが、もう1面が菊花亀甲鏡で安土・桃山時代の所産とされ、神湊の神社祠内の所蔵である。

　伊豆諸島の中世和鏡の時期に関していえば平安時代末から鎌倉時代の和鏡へとつづき、大部分は室町時代の和鏡である。伊豆諸島全体で総数148（155）面となる（図133）。

　和鏡数の時代ごとの変化は伊豆諸島への、ひいては東国への航海の結果を反映しているのではないか、とする見解も成り立つように思われる。表9に伊豆諸島に運ばれた中世陶磁器の年代順の変化をしるしたが、それとも共通する側面をもつ。

　しかもこの和鏡の多さは、わが国のなかでも伊豆半島を含めて特異な地域ということになり、その特異さの理由をどこにおくのかは、決して伊豆諸島の問題だけではなく、その根底に中世の海運問題が潜んでいると考えている。そういう時に調査されたのが利島の堂ノ山神社境内の祭祀遺跡であって、準構造船で東国へやってくる伊勢商人の存在を抜きにして語れない遺跡ではないかと考えている。そうであれば長年抱いてきた和鏡の問題が氷解するような気がしている。

　大きくみれば太平洋海運に従事する商人たちによって、航海安全のため伊豆半島や伊豆諸島にもたらされた和鏡で、東海地方東部にも伊豆半島にも関東地方にも、中世の和鏡を鋳込む鏡師の存在をうかがわせる遺跡は皆無である。おそらく伊勢か京都に鏡師はいたのではないかと考えるのが常道と思っている。先に述べた伊豆半島の製鉄関連遺跡は、純粋に製鉄や小鍛冶などだけで青銅関連の鋳物師のものではない。

　伊勢商人は航海安全のために利島に上陸した12世紀から16世紀までの5世紀にわたって祭祀行為をくり返してきた。堂ノ山神社境内遺跡から重層的に中世

の遺物が検出されたのは、まさにこのためであった。神奈備型の利島の歴史的な価値がそこにあった。祭祀行為のたびごとに和鏡が、時代を下るとその代替品として双口儀鏡が用いられたのである。その伝統は今でも生きていて、航海安全のために儀鏡を奉納する風習は神津島の日向神社でみることができる。

　それでは、利島以外の伊豆諸島の場合はどうかという問題に取り組まざるを得なくなるが、島にはそれぞれの顔があって神奈備型に近い島もあれば、真っ白い島もある。船を容易に寄せつけない島もあれば、中世に噴火をくり返している島もある。古代以来の火山活動にともなって海島神話が生まれた島々でもある（谷川　1987）。古代末から中世の噴火の歴史を『理科年表』で調べてみると、

　　大　島：1112年、1338年、1415～16年、1421～22年、1552年
　　三宅島：1154年、1469年、1535年
　　八丈島：1487年、1517～23年

となっており、東国への航海で伊豆諸島での噴火を確認した船もあったはずで、それなりに畏敬の念をもったはずである。加えて、伊豆諸島では古くからの信仰形態である亀卜が残り、卜部が機能していた可能性が高い島々である。そのためか式内社が多く伊豆諸島全体で22座が鎮座し、どこよりも祭祀行為が多い島々であった。

　伊勢商人から和鏡を託された島では、伊勢商人の意図とは異なって積石塚をこしらえて火の神を鎮める場合もあったようで、中世の和鏡や陶磁器が検出されるのもそのためではないかと思っている。場合によっては伊勢商人自身が積石塚をつくったのではないかと考えられるふしもある。三宅島坪田の中郷積石塚がそれで、輸入陶磁器が検出（図115の7～9）されているのは、そのためではないかと思えてならないのである。貴重品である和鏡や輸入陶磁器を購入するほど財力ある者が、坪田村落に存在していなかったとみるからである。

　いずれにしても基本的には航海安全のため伊勢商人がもたらした和鏡であると考えると、伊豆諸島の総数148（155）面の和鏡問題が解決する。

　航海安全の祈念のために鏡を用いた例は、紀貫之（？～945）の『土左日記』

(935年ごろ)に、

 ……いふにしたがひて、ぬさたいまつる。かくたいまつれれども、もはらかぜやまで、いやふきに、いやたちに、かぜなみのあやふければ、かぢとりまたいわく、「ぬさにはみこころいかねば、みふねもゆかぬなり。なほうれしとおもひたぶべきものたいまつりたべ。」といふ。また、いふにしたがひて、「いかがはせん。」とて、「なまこもこそふたつあれ、ただひとつあるかがみをたいまつる。」とて、うみにうちはめつればくちなし、されば、うちつけに、うみかがみのおもてのごとくなりぬれば、……

と、住吉大社の沖にさしかかった船上から「まなこもこそふたつあれ。ただひとつあるかがみをたいまつる。」と鏡を海中投下して、凪ぎを祈願したことでもわかるように、鏡は何よりも航海の安全を祈念する際に、もっとも重要な役割を果たすものだったのである。

 この後も鏡は航海安全(信仰)の対象として機能し、江戸時代には檜垣廻船や樽廻船などが航海の安全を祈願して、江戸湾の出口にあたる観音崎の沖で柄鏡を海中投下したのもその表れであった。漁民がときおり、柄鏡を引き上げるのはそのときの柄鏡であった可能性が高い。また、三宅島でも江戸時代の湊であった船戸湾に柄鏡を投下したらしく、海砂の吸い上げ中にポンプアップできなくなり、潜って点検してみると吸い込み口に柄鏡が吸いついていたという。鏡は現在でもさまざまな形で信仰の対象となっていることはあまりにもよく知られていることである。科学がこれほど発達しても船には鏡・穀物類・頭髪などを船玉として供えるのも、航海の安全を願ってのことである。各地の住吉神に鏡を奉納するのも近代まで残っていた。

 それにしても中世の伊豆の海の周辺に、このほどの中世陶磁器や和鏡がもたらした太平洋海運も、たった1度の大地震のため大きな被害を受けることになった。世にいう明応の大地震(明応1年〈1498〉)である。この年の8月25日にマグニチュード推定8.2〜8.4の大地震が東海沖で発生し、その被害は紀伊半島から三浦半島・房総半島まで達し、もっとも被害が大きかったのは伊勢湾沿岸であったと思われる。

伊勢の大湊では、八幡山の松の梢を船が越えて、家1,000軒、男女5,000人が流失した。坂東への交易の拠点であった安濃津は壊滅的被害を被り、遠江では前坂と橋本間が切れて浜名湖ができ上がり、駿河の江尻では海長寺が倒壊し、鎌倉の由比浜では津波が若宮大路に達し、大仏殿の堂舎屋が破壊されて大仏が丸裸になった。伊豆諸島では新島滞在中の代官長戸路七郎左衛門（八丈島）の船が荷物もろとも海に引かれ、水手1人が死亡している。

　ただ、この大津波によって、東国との交流がそれでも即座に途絶えたわけではなかった。そのことは各地に16世紀の陶器が検出されることでわかるが、前代に比較して少なくなっている。伊豆諸島も同じで三宅島の中郷積石塚や利島の堂ノ山神社境内遺跡、伊豆大島の和泉浜B遺跡などへ陶器がもたらされている。

　それにしても中世の商人たちは、度重なる海難事故にもめげることなく、くり返し東国をはじめとして北日本まで準構造船を進めてきた実績をもつ。たとえ膨大な利益の追及のためとはいえ、その度量には敬服せざるを得ないと思う。江戸湾の玄関口として機能した伊豆の海の近辺は、山当てや避難港、祭祀や信仰の対象として位置づけられるという側面をもっていたことになる。中世を通じて陶磁器や和鏡が運ばれてきたのも、それとは無関係ではない。

　伊勢から鎌倉や江戸湾沿岸、北日本などの太平洋海運の研究には、文献史学からの取り組みだけでもなく、東日本の陶磁器の研究だけでもなく、この間の航海安全と祭祀行為についての研究をいっそう進める必要に迫られてくる。少なくともその視点をもつことは決して無駄ではないと考えて擱筆することにする。

　しかも和鏡を用いての航海安全の祭祀の問題は、たぶんに卜部の存在と結びつくものでもあったことも忘れてはならないと思っている。

参考文献

青木美代子他　1984『赤羽・伊那氏屋敷跡』埼玉県埋蔵文化財調査事業団
青木　豊　1994『伊豆利島　堂ノ山遺跡境内祭祀遺跡』利島村教育委員会
青木　豊他　1993『御蔵島神ノ尾遺跡』海洋信仰研究会神ノ尾遺跡学術調査団
　　　1995『東京都三宅村　大里東遺跡発掘調査報告書』大里東遺跡調査団
　　　1998「都指定　三宅村大里遺跡」『都内重要遺跡等調査報告書』都内重要遺跡等調査団
青木　豊・山本哲也1998「和泉浜C遺跡」『東京都　大島町史』考古編　東京都大島町
浅井和宏　1986「〈宮廷式土器〉について」『欠山式土器とその前後』第3回東海埋蔵文化財研究会
東　和幸　1994「春日式土器と並木式土器・阿高式土器」『南九州縄文通信』NO 8　南九州縄文研究会
網野義彦　1979「中世前期の水上交通について」『茨城県史研究』43　茨城県史編集委員会
安楽　勉　1990「長崎県壱岐郡勝本町串山ミルメ浦遺跡」『日本考古学年報』41　日本考古学協会
池辺　彌　1981『和名類聚抄郷里驛名考證』吉川弘文館
石井謙治　1983『図説日本海事史話叢書1　図説和船史話』至文堂
石川日出志　1985「中部地方以西の縄文時代晩期浮線文土器」『信濃』37—4　信濃史学会
　　　1996「須和田式土器」『日本土器事典』雄山閣
　　　1996「II　ケッケイ山遺跡」『利島村史—研究・資料編—』利島村
石附喜三男他　1969「第1項　木製品・木器」『南紀串本　笠嶋遺跡』笠嶋遺跡発掘調査報告書刊行会
李相均　1994「縄文前半期における轟式土器群の様相」『東京大学考古学研究室紀要』122号
市川金丸・木村鉄次郎　1984「青森県松石橋遺跡から出土した弥生時代前期の土器」『考古学雑誌　69—3』日本考古学会

市原寿文他　1972『浜名湖弁天島海底遺跡発掘調査報告』舞阪町教育委員会

伊東信雄　1985「東北地方における稲作農耕の成立」『日本史の黎明―八幡一郎先生頌寿記念考古学論集―』六興出版

井上辰雄　1980「卜部の研究」『古代王権と宗教的部民』柏書房

茨城県教育財団　1980『冬木地区土地区画整理事業地内埋蔵文化財調査報告書―冬木A貝塚・冬木B貝塚』

今橋浩一　1980「オオツタノハガイ製貝輪の特殊性について」『滝口宏先生古稀記念考古学論集　古代探叢』早稲田大学出版会

今村啓爾　1977「称名寺式土器の研究（上）（下）」『考古学雑誌』63―1・2

岩永哲夫　1989「平栫式土器を中心にして」『宮崎考古―石川恒太郎先生米寿記念特集号』

岩橋小彌太　1969『上代食貨制度の研究』第二集　吉川弘文館

上野修一　1986「石器時代の本県域における黒曜石の利用について」『栃木県立博物館紀要』3号　栃木県立博物館

内村隆志他　1995『大里東遺跡発掘調査報告書』大里遺跡発掘調査団

内村隆志・惟村忠司　1994「伊豆諸島の中世陶器」『國学院大学考古学資料館紀要』第10揖　國學院大學考古学資料館

江坂輝弥　1982「縄文時代の生活の舞台―自然環境の変化について―」『縄文土器文化研究序説』六興出版

江藤千萬樹　1937「弥生式末期に於ける原始漁撈聚落」『上代文化』15　國學院大學考古学会

大島慎一　1997「小田原地方の弥生土器研究に関する覚書」『小田原市郷土文化館研究報告』33　小田原市郷土文化館

大島直行　1989「北海道出土の貝輪について」『考古学ジャーナル』311号　ニュー・サイエンス社

大島直行他　1990「3、北海道伊達市有珠10遺跡」『日本考古学年報』41　日本考古学協会

大谷宏治　1999「鈴釧の集成」「鈴釧に関して」『石ノ形古墳』静岡県袋井市教育委員会

大塚初重　1958「利島ケッケイ山遺跡の調査」『伊豆諸島文化財総合調査報告』第2分冊　東京都教育委員会

　　　　　1965「東京都三宅島ボウタ遺跡の調査」『考古学集刊』3―1　東京考古学会

参考文献　269

大宮市立博物館　1989『膝子遺跡出土　丸木舟』大宮市立博物館解説シート
大参義一　1968「弥生時代から土師器へ―東海地方西部の場合―」『名古屋大学文学部
　　　研究論集』ⅩLⅦ　名古屋大学
奥　義次　1992「朱に彩られた森添遺跡」『図説　伊勢・志摩の歴史』郷土出版社
小滝　勉他　1992『神崎遺跡発掘調査報告書』綾瀬市教育委員会
小田静夫　1991「八丈島の磨製石斧はどこからきたか（3）―八丈島・倉輪遺跡―」『学
　　　芸研究紀要』8集　東京都教育委員会
小田富士雄　1979「奈良三彩小壺」『宗像沖ノ島』宗像神社復興期成会
甲斐博幸他　1996『千葉県君津市常代遺跡』（財）君津郡市文化財センター
加藤理文　1999『元島遺跡Ⅰ―遺物・考察編1―』（財）静岡県埋蔵文化財調査研究所
金子浩昌　1987「八丈島倉輪遺跡出土の脊椎動物遺存体及び骨角牙製品」『東京都八丈
　　　島倉輪遺跡』東京都八丈町教育委員会
　　　　　1988「加曽利貝塚出土の動物質遺物からみた食料と道具の諸問題」『千葉市立加曽
　　　利貝塚博物館開館20周年記念特別講座講演集』千葉市立加曽利貝塚博物館
金子裕之　1980「平城京と祭場」『国立歴史民俗博物館件研究報告』第7集
金子浩之　1983『寺中・金草原遺跡発掘調査報告書』伊東市教育委員会
金箱丈夫　1989『赤山　本文編』川口市遺跡調査会
狩野　久　1979『日本の美術9―木簡―』至文堂
加納　実　1994「縄文時代後期・関西系土器群の新例―市原市武士遺跡の成果から―
　　　（Ⅱ）」『研究連絡誌』39号
河岡武春　1983「黒潮の海人」『日本民俗文化体系5　山民と海人』小学館
川口貞徳　1990「縄文晩期の土器」『鹿児島考古』24号　鹿児島考古学会
川口徳治朗　1981「三浦半島における縄文時代貝塚出土の貝輪について」『三浦古文化』
　　　29号
川崎　保　1996「『の』の字状石製品と倉輪・松原型装身具セットについて」『長野県埋
　　　蔵文化財センター10周年記念紀要』
川崎義雄　1984「渡浮根遺跡」『東京の文化財』16号　東京都教育委員会
　　　　　1998「和泉浜B遺跡」『東京都大島町史　考古編』東京都大島町
川崎義雄他　1998「下高洞遺跡」『東京都　大島町史　考古編』東京都大島町
神沢勇一　1983「弥生時代・古墳時代及び奈良時代の卜骨・卜甲と近世以降の諸例との
　　　比較検討を中心に―（1）」『神奈川県立博物館紀要』11号

岸本利枝　2000「名護市我地大堂原貝塚出土の土器」『南島考古だより』第64号　沖縄考古学会
木下尚子　1996「古墳時代南島交易考―南島産貝釧と貝の道を中心に―」『考古学雑誌』82―1　日本考古学会
工藤竹久他　1986「是川中居遺跡出土の縄文時代晩期終末から弥生時代の土器」『研究紀要』2　八戸市博物館
黒住耐二　1994「オオツタノハの供給地」『南島考古』14号　沖縄考古学会
古泉　弘他　1989『中里遺跡　3―遺構―』東北新幹線中里遺跡調査会
小出義治　1989「相模国古代史の断章」『神奈川歯科大学教養過程紀要基礎科学論集』神奈川歯科大学
小出義治他　1999『長沢1號墳・熊野神社下遺跡』長沢1号墳・熊野神社下遺跡調査団
小島　隆　1989「東三河を中心とした石鏃素材の分布（1）（2）」『三河考古』7・8号　三河刊行会
後藤信裕　1986・1987「縄文後晩期の刀剣形石製品の研究（上）（下）」『考古学研究』33―3　考古学研究会
後藤守一・梅沢重昭　1958「三宅島坪田における中世遺跡の調査」『伊豆諸島文化総合調査報告書　第Ⅰ分冊』東京都教育委員会
後藤守一他　1958「三宅・御蔵両島に於ける考古学的研究」『伊豆諸島文化財総合調査　第Ⅰ分冊』東京都教育委員会
小林清隆他　1985『市原市門脇遺跡』千葉県文化財センター
小林茂美他　1978『北野天神縁起』中央公論社
小林信一他　1988「式根島野伏西祭祀遺跡出土の遺物について」『牟邪志』1号
小林達雄他　1998『東京都大島町史　考古編』東京都大島町
小林行雄・杉原荘介　1968『弥生式土器聚成』本編2　東京堂
近藤　敏　1993「市原市内出土の非在地系土器―縄文時代後期を中心として―」『市原市文化センター研究紀要Ⅱ』（財）市原市文化センター
　　　　　1994「千葉・西広貝塚」『季刊　考古学』48号　雄山閣
近藤富藏　1870『八丈実記』第5巻　緑地社（復刻）
坂本　彰・鈴木重信　1982「横浜市大原（新吉田第7）遺跡の調査」『第6回神奈川県遺跡・調査発表会・発表要旨』神奈川県考古学会
佐々木猛智・草刈　正他　1995「ツタノハガイとオオツタノハガイの関係」『ちりぼた

ん』25―2　日本貝類学会

佐々木稔　1986「鉄鏡錆片の勤続学的解析」『東京都新島本村式根島吹之江遺跡』新島本村教育委員会

佐藤喜一郎　1995「栗山川流域遺跡群」『平成7年度千葉県遺跡調査研究発表会―発表要旨―』千葉県文化財法人連絡会

佐藤正好　1984「縄文期における交易」『菟久波』創刊号　菟久波会菟久波倶楽部

下高洞遺跡調査団　1983『大島町　下高洞遺跡』東京都大島町教育委員会

神社司庁　1976『古事類苑　地部一』吉川弘文館

神道大系編纂会　1980「異本三宅記」『神道体系　神社編16　駿河・伊豆・甲斐・相模国』(財)神道大系編纂会

杉江　敬　1989「海を渡った黒曜石―黒曜石の分析結果―」『館山市立博物館館報』27号　館山市博物館

杉原荘介　1934「三宅島ツル根岬に於ける火山噴火物下の弥生遺跡」『人類学雑誌』46―6　日本人類学会

　　　　　1957『神奈川県夏島における縄文時代初期の貝塚』明治大学

　　　　　1962「駿河丸子及び佐渡出土の弥生式土器に就いて」『考古学集刊』第4冊　東京考古学会

　　　　　1967「下総須和田出土の弥生式土器について」『考古学集刊』3―3　東京考古学会

杉原荘介・大塚初重他　1967「東京都(新島)田原における縄文・弥生時代の遺跡」『考古学集刊』3―3　東京考古学会

鈴木加津子　1980「関東北の関西系晩期有文土器小考」『古代』80号　早稲田大学考古学会

鈴木正男　1984「橋本遺跡採集黒曜石の原産地推定と年代測定分析」『橋本遺跡』相模原市橋本遺跡調査会

　　　　　1985「黒曜石研究の現状と課題―関東・中部地方の事例―」『考古学ジャーナル』244号　ニュー・サイエンス社

鈴木三男他　1991『行田市・熊谷市　小敷田遺跡――一般国道17号線バイパス関係埋蔵文化財発掘調査報告〈河川遺物編・第Ⅱ分冊〉―』(財)埼玉県埋蔵文化財調査事業団

瀬川裕一郎　1980「藤井原の大鉢―律令時代塙型土器の変遷―」『沼津市歴史民俗資料

　　　　　館紀要』4
　　　　1997「堅魚木簡に見られる堅魚などの実態について」『沼津市博物館紀要』21　沼津市博物館
芹沢長介　1960『石器時代の日本』築地書院
曾野寿彦・中川成夫　1950「東京都三宅島の遺跡調査概報」『考古学雑誌』36—3　日本考古学会
高橋健樹　1993「伊豆諸島の鍋型土器」『考古学ジャーナル』367　ニュー・サイエンス社
高橋　豊　1987「黒曜石の原産地推定」『行幸田山遺跡（本文編Ⅱ）』渋川市教育委員会
滝川政次郎　1969『律令時代の農民生活』刀江書院
滝沢　誠・篠沢和大　1998『井田・井田丸塚古墳群』戸田村教育委員会
武笠多恵子　1984「奈良・平安時代の伊豆諸島」『文化財の保護』16号　東京都教育委員会
辰己和弘　1984「伊豆手舟と「枯野」説話—海と山のむすびつき—」『万葉集の考古学』筑摩書房
　　　　1996『「黄泉の国」の考古学』講談社
谷川健一　1987「海島神話の誕生」『東アジアの古代文化』50号　大和書房
谷口　榮　1998「カン沢遺跡」『東京都　大島町史　考古編』東京都大島町
坪井正五郎　1901「伊豆諸島の石器時代遺跡」『東京人類学会誌』186号
寺村光晴　1974『粟island台遺跡—1973年度発掘調査概報—』銚子市教育委員会
　　　　1975「三宅島大里遺跡出土の管玉」『三宅島の埋蔵文化財—伊豆諸島の考古学研究Ⅰ（三宅島・御蔵島編）—』伊豆諸島考古学研究会
虎尾俊哉　1964『延喜式』吉川弘文館
鳥居龍藏　1901「大島の石器時代遺物」『時事新報』6482号
　　　　1924『諏訪市史』信濃教育会諏訪支部
鳥越憲三郎他　1990『大嘗祭史料—鈴鹿家文書—』柏書房
中川（伊藤）律子　1996『角江遺跡Ⅱ—遺跡編2—（木製品）』（財）静岡県埋蔵文化財調査研究所
長崎元広　1984a「縄文の玉斧」『信濃』36—4　信濃史学会
　　　　1984b「縄文の黒曜石貯蔵例と交易」『中部高地の考古学Ⅲ—八幡一郎先生頌寿記念論文集』長野考古学会

永留久恵　1982「対馬の亀卜」『賀川光夫先生還暦記念論集』別府大学
中野正樹　1972「奈良時代における出土・伝世唐式鏡の基礎資料および同范鏡の分布とその鋳造技術」『東京国立博物館紀要』8号　東京国立博物館
永原慶二編　1995『常滑焼と中世社会』小学館
永峯光一・青木豊他　1993「増補伊豆諸島出土・伝世和鏡基礎集成」『國學院大學考古学資料紀要』第9集　國學院大學考古資料館
永峯光一・小林達雄他　1987『東京都八丈島倉輪遺跡』八丈町教育委員会
永峯光一・橋口尚武他　1983『三宅島　坊田遺跡』東京都教育委員会
永峯光一・早川泉他　1985『東京都大島町下高洞遺跡』東京都大島町教育委員会
永峯光一他　1986『利島村大石山遺跡IV』利島村教育委員会
中村　勉　1998『神奈川県三浦市　浜諸磯遺跡—E地点の発掘調査報告書—』浜諸磯遺跡調査団
中山清美　1993「奄美における曽畑系土器」『考古学ジャーナル』365号　ニュー・サイエンス社
長山源雄　1934「豊後国直入郡菅生村出土の縄文式土器」『史前学雑誌』1—5　史前学会
中山吉秀　1988「千葉県の河川と低地遺跡—特に河川出土の丸木舟を中心として—」『資料の広場』千葉県立中央図書館
奈良国立文化財研究所　1981『平城京九条大路—剣道城回廻り線予定地発掘調査概報I』奈良県教育委員会
西村正衛他　1965「関東における縄文式最後の貝塚」『科学朝日』7—10
西本豊弘他　2000『礼文町船泊遺跡発掘調査報告書』北海道礼文町教育委員会
二本柳正二・佐藤達夫他　1957「青森県上北郡早稲田貝塚」『考古学雑誌』43—2　日本考古学会
沼津市教育委員会　1990『雌鹿塚遺跡発掘調査報告書』I・II　沼津市教育委員会
野内秀明・鈴木正男他　1991「三浦半島出土黒曜石の産地推定と水和層法年代測定について」『横須賀市博物館研究報告』36号
橋口尚武　1975「富賀浜B遺跡とその出土遺物」『三宅島の埋蔵文化財—伊豆諸島の考古学的研究I（三宅島・御蔵島編）—』伊豆諸島考古学研究会
　　　　　1978「東京都三宅島　島下遺跡調査概報」『考古学雑誌』64—2　日本考古学会
　　　　　1985「伊豆諸島の考古学的・民俗学的研究—予報—」『八幡一郎先生頌寿記念論文

　　　　集』六興出版
　　1988「島の考古学―第2の貝の道―」『島の考古学―黒潮圏の伊豆諸島―』東京大学出版会
　　1988「島の生活誌―三宅島―」『春秋生活学』2　小学館
　　1989「伊豆諸島の中世遺跡と出土遺物」『文化財の保護』第21号　東京都教育委員会
　　1994「東の貝の道―伊豆諸島から東日本へ―」『日本考古学協会第60回総会研究発表要旨』日本考古学協会
　　1999「海からの贈物―海産物の交流・交易を中心に」『海を渡った縄文人―縄文時代も交流・交易―』小学館
　　2000「石鍬と焼畑―奥秩父から伊豆諸島まで―」『琉球・東アジアの人と文化―高宮廣衞先生古稀記念論集―』

橋口尚武・山口康行　1975「大里遺跡発掘調査報告」『三宅島の埋蔵文化財―伊豆諸島の考古学研究Ⅰ（三宅島・御蔵島編）―』伊豆諸島考古学研究会

橋口尚武　1975『三宅島の埋蔵文化財―伊豆諸島の考古学的研究Ⅰ―三宅島・御蔵島編―』伊豆諸島考古学研究会
　　1991『神津島―その自然と埋蔵文化財―』神津島村教育委員会

服部実喜　1993「中世都市鎌倉出土の常滑窯陶器」『知多半島の歴史と現在』No 5　日本福祉大学知多半島総合研究所　校倉書房

林　謙作　1987「亀ケ岡と亀ケ岡もどき」『季刊　考古学』21号　雄山閣

樋口秀雄校訂（著者不詳）　1974『伊豆海島風土記』緑地社

福島　昭他　2000「国史跡指定・宝塚1号墳発掘調査速報」『考古学ジャーナル』464

福田健司　1985「八丈島出土の渥美の壺について」『学芸研究紀要』第2集　東京都教育委員会
　　1989「八丈島・三宅島出土の壺」『学芸研究紀要』第6集　東京都教育委員会

福田信夫　1988a『武蔵国国分寺跡発掘調査報告書Ⅷ』武蔵国分寺遺跡調査会
　　1988b「武蔵国分寺跡について―その発掘経過と成果―」『多摩のあゆみ』52号　多摩中央信用金庫

藤森栄一　1962「七宝繋文の石刀―薩摩仁田川の新資料―」『九州考古学』15　九州考古学会

堀越正行　1976「木更津市祇園貝塚採集の関西系土器」『史館』7号　史館同人

1985「関東における貝輪生産とその意義」『古代』80号　早稲田大学考古学会
前迫亮一　1993「鹿児島県姶良郡加治木町干迫遺跡」『日本考古学年報』44号　日本考古学協会
前田光雄・出原恵二　1992『松ノ木遺跡Ⅰ』高知県本山町教育委員会
前山精明　1994「"の"字状石製品の分布をめぐる新動向―角田山麓縄文遺跡群の事例から」『新潟考古』5号　新潟考古学会
益子享子　1998「Ⅱ、流路と遺物」『袋低地遺跡Ⅱ』東京都北区教育委員会
町田洋・新井房夫　1978「南九州鬼界カルデラから噴火した広域テフラ」『第四紀研究』17―3
松原和史　1988「村の生活―生業―鰹節（ナマリ節）」『青ヶ島の生活と文化』青ケ島村
松村安一　1955「奥多摩渓谷における山村成立過程の一型式」『東京学芸大学報告集』東京学芸大学
松本　一　1980『神津島の神話』私家版
水野　祐　1985「諸国風土記逸文」『歴史公論』117　雄山閣
峰岸純夫・村井章介編　1995『中世東国の物流と都市』山川出版社
宮本達希　1993「伊豆半島からみた伊豆諸島」『考古学ジャーナル』367　ニュー・サイエンス社
宮本達希他　1992・1993『河津城発掘調査概報』・『河津城発掘調査報告書』静岡県河津町教育委員会
　　　　1998「河津城と中世の河津」『伊豆歴史文化研究』創刊号
向坂鋼二　1984「静岡県における黒曜2石の移動」『駿豆考古学会会報』NO26　駿豆考古学会
森貞次郎・乙益重隆　1962「鹿児島県大口市発見の石剣」『九州考古学』15　九州考古学会
柳沢清二　1977～79「称名寺式土器論（前）（中）（続）」『古代』63・65・66号
山内昭二他　1975『伊豆柏谷百穴』静岡県文化財保存協会
　　　　1984『伊豆逓信病院敷地内遺跡』静岡県函南町教育委員会
山内清男　1937「所謂亀ケ岡式土器の分布と縄文式土器の終末」『考古学』1―3
山村貴輝他　1994「寺中遺跡―中世製鉄関連遺構を中心とした発掘調査報告書―」伊東市教育委員会
山村　宏　1986「一の谷遺跡について」『歴史手帳』14巻11号　名著出版

八幡一郎　1928「最近発見された貝輪入蓋付土器」『人類学雑誌』43―8　東京人類学会
横山貴広　1989「海獣葡萄鏡小論」『寺家Ⅱ』石川県埋蔵文化財センター
吉田　格・今村啓爾　1980『伊豆諸島の縄文文化』武蔵野美術大学考古学研究会
吉田恵二他　1982「中郷遺跡1982」國學院大學考古学研究室
　　　1986『東京都新島本村式根島吹之江遺跡』新島本村教育委員会
　　　1987『東京都新島本村　吹之江遺跡』東京都新島本村教育委員会
吉田章一他　1984『藤沢市太源太遺跡の発掘調査』青山学院大学
米川仁一他　1993『八重根―東京都八丈島八丈町八重根遺跡発掘調査報告―』東京都建設局
和島誠一他　1960『清水天王山』清水市郷土研究会
綿貫友子　1989「『武蔵国品河湊船帳』をめぐって―中世関東における隔地間取引の一側面―」『史艸』30
　　　1998『中世東国の太平洋海運』東京大学出版会
藁科哲男・東村武信・平口哲夫　1995「富来町福浦港ヘラソ遺跡出土の黒曜石製遺物の原材産地分析と考古学的研究」『石川県考古学会会誌』38号

あ と が き

　島で育った私が伊豆諸島の研究をするのは当然の使命と考えられなくもないが、それも都立三宅高校に赴任したことではじまった。さいわい教え子が考古学を専攻し、その仲間に後押しされて伊豆諸島の考古学と民俗調査を実施し、以来、35年が経過している。
　最初に世に問うたのが『三宅島の埋蔵文化財』で、そのなかでいずれは黒潮本流をさかのぼって郷里の南九州と結ぶ考古資料を探したいと考え、その期待は大きくなるばかりであった。しかし現実には他の島じまへと研究の範囲を広げると、島人の関心はいつ先人が住むようになったのか、島の歴史を解明してほしいということであった。それに答えるのも任務で各島の歴史を明らかにすることに専念した。
　やがて島の考古学研究だけでは満足しないのに気づき、本来の研究である黒潮の考古学へと気配りするようになった。世界最大の悠久の流れ・黒潮本流の雄大さやその影響の大きさに目を奪われて、考古資料による黒潮沿岸の研究は遅々として進まなかった。やがて東日本の古代文化の形成に、島が果たした役割の研究に着手し、なぜか視点が大きくなる喜びを感じていた。
　考古学を専攻する者の黒潮研究の糸口は、黒潮本流や反流の徹底的な事例研究であり、具体的には漂着実験や漂着物に注目し、船舶事故と漂着物との関係、黒潮反流の流路など、交流の研究に援用するものが多彩であった。それを補強するのが島育ちの海の実践的体験であった。
　そして、縄文時代から中世の伊豆諸島の歴史を縦軸に、横軸では縄文時代を題材によって南九州から沖縄へ、北日本へと広げ、弥生時代は東海地方から南関東を視界に入れ、古墳時代は伊豆の海の祭祀遺跡の役割を、律令時代は伊豆国を平城京との関連でとらえ、中世は伊勢商人の活躍と伊豆の和鏡の役割を追及した。それが本書となって結実したが、なによりも太平洋沿岸の交流の考古

学の一端を担っていたとすれば望外の喜びである。

　本書は計画の段階で谷川健一先生に相談にのっていただき、同成社の山脇洋亮社長とお会いして励ましを受け、多くの考古学者の貴重な援助があった。両氏をはじめお世話になった方々や機関に深く感謝する次第である。まだ道半ばであり、今後に期する向きもあると思う。

　さて、入稿して間もなく帰郷し、改めて南九州から列島沿岸の交流の考古学をみる立場となり、賀川光夫先生にお会いするのをたのしみにしていた。誠に残念であったが、本書を先生の霊に捧げることになった。衷心よりご冥福をお祈りしたいと思う。

　　　　2001年4月吉日
　　　　　　　　　　　　　鹿児島の新居にて　　橋口　尚武

初 出 一 覧

第Ⅰ章　列島の古代文化と伊豆諸島——先史・古代への島の役割——
　　　　「列島の古代文化と伊豆諸島——その先史・古代への役割——」『海と列島文化 7　黒潮の道』（小学館・1991年）に大幅に加除筆。
第Ⅱ章　黒潮沿岸の交流文化——縄文時代の交流・交易——
　　　　「黒潮圏の交流文化」『海を渡った縄文人』（小学館・1999年）に加筆。
第Ⅲ章　弥生時代の伊豆諸島——西からの文化伝播——
　　　　「弥生時代の伊豆諸島——焼畑を基盤として——」『島の考古学——黒潮圏の伊豆諸島——』（東京大学出版会・1988）を全面的に改訂。
第Ⅳ章　渡海の考古学——東日本の丸木舟・準構造船——
　　　　「渡海の考古学——東日本の丸木舟・準構造船と伊豆諸島」『人類史研究』9号（鹿児島大学考古学会・1997年）に大幅に加除筆。
第Ⅴ章　律令体制の地域的展開——伊豆諸島の堅魚節生産と平城京——
　　　　「伊豆諸島からみた律令体制の地域的展開」『考古学研究』33——4（考古学研究会・1987年）に大幅に加筆。
第Ⅵ章　江戸湾への道——中世の伊豆の海と伊勢商人——
　　　　新稿

ものが語る歴史シリーズ⑤
黒潮の考古学
くろしお　こうこがく

■著者略歴■

橋口　尚武（はしぐち　なおたけ）

1937年　鹿児島県種子島に生まれる
　　　　日本大学文理学部史学科卒業ののち専攻科史学専攻（考古学）終了
現　在　千葉大学講師（非）
主要著書　『三宅島の埋蔵文化財』（編著、東京都三宅村教育委員会1975）、『島の考古学―黒潮圏の伊豆諸島―』（東大出版会1988）、『海と列島文化7　黒潮の道』（共著、小学館1991）、『東京の鷹匠』（けやき出版1993）、『海を渡った縄文人―縄文時代の交流と交易―』（編著、小学館1999）
現住所　〒890-0003　鹿児島県市伊敷町316-1

2001年7月10日

著　者　橋　口　尚　武
発行者　山　脇　洋　亮
印　刷　㈱亜細亜印刷

発行所　東京都千代田区飯田橋　㈱同　成　社
　　　　4-4-8東京中央ビル内
　　　　TEL 03-3239-1467　　振替00140-0-20618

ⓒHasiguchi Naotake 2001. Printed in Japan
ISBN4-88621-225-5 C3321